汉传

从赤帝子到山阳公

飘雪楼主 著

华文出版社
SINO-CULTURE PRESS

图书在版编目（CIP）数据

汉传：从赤帝子到山阳公 / 飘雪楼主著. —— 北京：华文出版社，2023.12
　　ISBN 978-7-5075-5843-2

　　Ⅰ．①汉… Ⅱ．①飘… Ⅲ．①中国历史－汉代－通俗读物 Ⅳ．①K234.09

中国国家版本馆CIP数据核字(2023)第142906号

汉传：从赤帝子到山阳公

著　　　者：飘雪楼主
责任编辑：胡慧华
出版发行：华文出版社
地　　　址：北京市西城区广安门外大街 305 号 8 区 2 号楼
邮政编码：100055
网　　　址：http://www.hwcbs.cn
电　　　话：总编室 010-58336239　责任编辑 010-58336197
　　　　　　发行部 010-58336267
经　　　销：新华书店
印　　　刷：三河市航远印刷有限公司
开　　　本：710mm×1000mm　1/16
印　　　张：21.5
字　　　数：327 千字
版　　　次：2023 年 12 月第 1 版
印　　　次：2023 年 12 月第 1 次印刷
标准书号：ISBN 978-7-5075-5843-2
定　　　价：58.00 元

版权所有，侵权必究

目　录

引子　农民打井牵出秦始皇陵的千古谜团

一、秦崩的前夜

（一）反秦第一人：陈胜起义局中局
　　1. 开局：从两个传说说起　　/ 005
　　2. 谋局：弃用两牛人埋隐患　　/ 010
　　3. 败局：一群囚徒和一个车夫改写历史　　/ 013

（二）破秦第一人：项羽的浴火重生
　　1. 时机：项羽起义的前世今生　　/ 017
　　2. 转机：项梁折戟空余恨　　/ 021
　　3. 寻机：巨鹿之战成就千古英名　　/ 025

（三）灭秦第一人：刘邦的大器晚成
　　1. 生活秀：偶遇的情和迟来的爱　　/ 031
　　2. 文化秀：蛟龙、白蛇、祥云都是神的化身　　/ 035
　　3. 政治秀：我才是关中王　　/ 038

二、建汉的那道坎

（一）安内：楚汉争霸启示录
    1. 九死一生的彭城之战　/ 043
    2. 楚汉议和原来是这么回事　/ 046
    3. 项羽自刎之生死谜　/ 051

（二）攘外：匈奴的外交政策
    1. 矛头对外，这是一个美丽的误会　/ 056
    2. 挂帅亲征，这是一个生死的较量　/ 059

（三）专政：吕氏春秋覆灭记
    1. 刘邦：一个多情又无情的政客人　/ 065
    2. 吕后：一个心如毒蝎的权术人　/ 068
    3. 陈平：一个铲除吕氏的掘墓人　/ 071

三、治汉之术

（一）为什么是文景之治
    1. 休养生息背后的那位少女　/ 075
    2. 外交危机上高悬的那封信笺　/ 080
    3. 人才辈出中隐藏的那个小人　/ 084

（二）七国叛乱是怎么回事
    1. 祸起一项令：削藩，削藩　/ 088
    2. 反就一个字：带头大哥与众小弟的生死情　/ 092
    3. 定就一个人：谁是平反功臣　/ 098

四、血腥的盛汉

（一）变革前那一道伤
    1. 独尊儒术的台前幕后　　/ 104
    2. 老虎不发威，当我是病猫　　/ 110
    3. 战还是和，这是一个问题　　/ 115

（二）忍无可忍，就无须再忍
    1. 惊天动地的马邑之谋，被一个细节搅黄了　　/ 121
    2. 抗击匈奴的绝代名将，有一段旷世情缘　　/ 125
    3. 功名利禄背后的辛酸，升还是降都是命　　/ 129

（三）将征服进行到底
    1. 无情名将：老死他乡不恋国　　/ 136
    2. 悲情太子：小人做伴不还乡　　/ 141
    3. 绝情美人：杀母存子空余恨　　/ 146

五、权力的逻辑

（一）霍光：成因一人，败因一人
    1. 托孤大臣的铁腕手段　　/ 150
    2. 最毒妇人心　　/ 152
    3. 树倒猢狲散　　/ 156

（二）明犯强汉者，虽远必诛
    1. 江山代有名将出　　/ 160
    2. 远去英雄不自由　　/ 167
    3. 昭君出塞留传奇　　/ 175

六、西汉的衰败

（一）红颜祸水：一代妖后赵飞燕
    1. 汉成帝的"重口味" / 179
    2. 赵氏姐妹的"温柔乡" / 184
    3. 在劫难逃的命运劫 / 189

（二）宦官擅政：王氏的起与落
    1. 选秀风波，那最是一瞥的风情 / 194
    2. 政坛风波，那最是人性的沉浮 / 198
    3. 摔玺风波，那最是无奈的血泪 / 201

七、新朝的困局

（一）冰火两重天
    1. 跳起来摘桃子 / 207
    2. 跌入尘埃的刘秀 / 210
    3. 昆阳之战谁又给了谁 / 215

（二）人心齐，成大业
    1. 权术：更始皇帝的横空出世 / 221
    2. 谋略：甜言蜜语巧脱身 / 225
    3. 法宝：远交近攻建根基 / 231

八、东汉的中兴

（一）治天下也是一项技术活
    1. 爱情翻牌：左手阴丽华，右手郭圣通 / 236
    2. 人才洗牌：挥泪斩邓奉 / 239
    3. 政治底牌：法不容情的桓谭 / 242

（二）和边疆有约定

    1. 马援：我死不瞑目　　/ 248

    2. 班超：我弃笔从戎　　/ 251

    3. 耿恭：我有孤高节　　/ 255

九、皇帝轮流坐

（一）国舅那些事儿

    1. 该上位时就上位　　/ 260

    2. 该出手时就出手　　/ 265

    3. 该放权时就放权　　/ 269

（二）皇后那些事儿

    1. 宫里宫外一场戏　　/ 271

    2. 赶尽杀绝　　/ 278

    3. 木秀于林，风必摧之　　/ 282

（三）权臣那些事儿

    1. 几朝天子一朝臣　　/ 288

    2. 至暗时刻无人知　　/ 291

    3. 窦氏集团的末日　　/ 294

十、汉亡的历史密码

（一）外戚是把"双刃剑"

    1. 邓绥：我毁誉参半　　/ 299

    2. 阎姬：我自掘坟墓　　/ 304

    3. 窦妙：我身不由己　　/ 307

（二）没有最庸，只有更庸

    1. 大臣，卿很忙　　/ 312

2. 皇上，朕很忙　　／319

（三）天下大势，合久必分

  1. 归去，来兮　　／321

  2. 东汉灭亡是怎么炼成的　　／328

  3. 刘备的"蜀汉"算不算汉朝史　　／333

引子　农民打井牵出秦始皇陵的千古谜团

时间定格在 1974 年 3 月，地点是陕西临潼县西杨村，人物是当地村民，事件的起因是，由于天气干旱，于是村民们想要打井灌溉麦苗，结果就是在打井的时候，意外发生了——他们挖出了一个奇怪的陶俑。

挖井挖到了陶俑，迷信的村民们都认为这是不祥之兆，于是决定"另择高地"。出人意料的是，他们换了一个地方挖，结果再次挖出了一个古色古香的陶俑。

正是这些陶俑的发现，牵出了中国古代第一陵墓——秦始皇陵。

"这个地底下非同寻常啊。"几个人交头接耳一番后，把这件事上报给了陕西省文物局。文物局听闻后，高度重视，马上派专业人士来现场考察，于是发现了秦兵马俑。

秦始皇是我国历史上第一位皇帝，也是一个功绩颇多的皇帝，更是一位好大喜功的皇帝。他统一六国后，为了能够彰显"唯我独尊"的地位，便开始着手"身后事"——设计自己死后的陵墓。

皇陵的总设计师是李斯，选址是位于今陕西省西安市临潼区城东 5 千米处的骊山北麓，占地达 56 平方千米，有七八个故宫那么大，共征用人力 80 万，这人数相当于当时全国总人口数的十分之一。他们花了 39 年的时间才建筑完成。

陵墓有内外两重夯土城垣，象征着帝都咸阳的皇城和宫城，布局是仿照其都城——咸阳建造的。除了有宏伟的门阙、寝殿，还有很多陪葬坑。这些陵墓中所陈放的陪葬品，都是他生前享受过的。这是中国历史上第一座规模庞大、设计完善的帝王陵寝，其雄伟壮观、气势恢宏、美轮美奂可想而知。

更令人叹为观止的是，秦始皇陵的地宫挖得很深，可以直达地下水。据悉，地宫中的文物极为丰富，彩绘壁画、漆器、竹简、帛画、壁画、陶器、木器等应有尽有。秦始皇的棺椁躺在水银制成的"江河湖海"中，让他死后还能游览祖国的大好河山。

为了防止盗墓贼进入地宫，陵墓里设计了重重机关，可以说连一只苍蝇都飞不进去。据史料记载，秦始皇陵墓中有防盗"三重门"：

第一重门：陵外设有机关连弩。

在《史记》中就有秦始皇命人制作连弩，对敢于靠近陵墓的人射杀之的记载，班固的《汉书》中也有类似记载，根据现在兵马俑出土的连弩来看，秦始皇陵墓的连弩至少能射800步，而且功力达到700斤以上，杀伤力极大。

第二重门：陵内设有流沙暗层。

根据考古发现，很多春秋战国时代的陵墓都有流沙防盗技术：在陵墓内铺一层流沙，一旦盗墓贼挖到流沙一层，流沙就不断涌入墓葬，并将盗墓的人埋葬。据悉秦始皇陵墓也有流沙层，而且设计得相当精妙，会让盗墓者有去无回。

第三重门：陵底设有水银毒池。

水银是剧毒，秦始皇陵中注有大量的水银，打造成了水银河。主要目的是防盗墓，因为其挥发的气体就足以将进入的盗墓者全部毒死，更别说碰上水银了。

秦始皇陵不但设计了强大的防盗墓功能，还有守墓人。据悉，当年蒙氏一族就为秦始皇守卫陵墓。要知道，作为秦国最忠心的家族之一，蒙氏一族在秦王统一六国时立下了汗马功劳，他们也参与秦国内政辅政，深得秦始皇的信任。后来蒙氏成为秦始皇陵的第一任守陵人。

当然，尽管如此，从古至今，对秦始皇陵垂涎欲滴的人比比皆是。据悉，最早对秦始皇陵进行盗掘的是西楚霸王项羽。

相传项羽入关中后，杀了包括秦子婴在内的秦朝贵族，并将咸阳洗劫一空。随后，他还干了一件大事，那就是率30万大军去盗秦始皇陵，并将里面的宝物占为己有。这30万人整整运了一个月也没有运完。之后，项羽将剩余的珍宝付之一炬。

当然，这个传说并不可靠，理由如下：

一是秦始皇陵的地宫构造极为复杂，里面机关重重，水银成河，且不说项羽正身处群雄并起的乱世，争夺地盘、平息内乱等就够他劳累的，更别说有空闲带30万军队去盗墓了。

二是据专家们现场考证，秦始皇地宫上的封土没有局部下沉的现象，夯土也没有较大的松动，整个封土层上只发现了两个直径1米、深9米的盗洞，而这两个盗洞离地宫还很远。如果项羽动用30万士兵盗墓，封土不可能保持得这么好。

三是史书对楚军如何进入秦始皇陵盗宝，是否有士兵中了里面机关的暗算，是否被水银毒死，究竟盗了哪些宝物，都没有详细的记载，可见编造的可能性很大。

无独有偶，相传盗掘秦始皇陵的第二个嫌疑人是一个无名的牧童。

据《汉书》记载：一个牧童在秦始皇陵附近放羊，其中有几只羊掉进了地洞中，牧童便打着火把到地洞中找羊，结果越走越深，无意间走进了秦始皇的地宫。再后来，火把失火，把地宫点燃了，将秦始皇的棺椁及洞内的珍宝烧为灰烬。

当然，这个传说也不可靠。据专家们分析，这是无稽之谈，理由有两点：

一是秦始皇陵地宫有"三重门"的超级防盗措施，小牧童就算长了翅膀也飞不进地宫。

二是牧童焚毁事件发生在汉朝以后，而从西汉开始，官府已派专人取代蒙氏成为秦始皇陵的"守陵人"，此后"守陵人"坚持数百年。一个手无缚鸡之力的小牧童怎么可能进入保护区，还进入了皇陵内宫？

此外，还有史书记载十六国后赵的国君石季龙和唐末农民起义的领袖黄巢都对秦始皇陵进行过盗掘。

但专家们给出的结论是：天方夜谭。

其实，秦始皇修建豪华陵墓只是贪图享乐的冰山一角，好大喜功的他还干了哪些惊天动地的事，导致大秦王朝迅速灭亡，成为昙花一现的朝代呢？而取而代之的汉朝统治者又留下了哪些大刀阔斧的大手笔，使得西汉和东汉一共延续了四百零五年呢？

一、秦崩的前夜

（一）反秦第一人：陈胜起义局中局

1. 开局：从两个传说说起

秦二世元年（前209）仲夏，夏蝉高唱，蛙闹浮萍。一突如其来事件让这个炎热的夏天再度升温，并且产生了巨大的连锁反应。

阳城（今河南登封东南）的地方官派了两个军官，押着九百名民夫到渔阳（今北京市密云西南）去戍边。

在农间耕作时喊出"燕雀安知鸿鹄之志哉"的陈胜也在被征行列。他身强力壮又识文断字，和吴广一道被任命为屯长。如果路上不出什么意外，只怕这是千万批守边疆的义兵中的一批，将成为历史上的匆匆过客。然而，老天却偏降大任于他们。

这支队伍走到大泽乡时，炎热的天空开始作妖，没有征兆的大雨突然倾盆而下。这场雨很有特点，一下连着几天都没有停的迹象。大雨一直下，这下可苦了这群去守边关的义兵。此时淋雨着凉生病是小事，关键是这大雨一下，误了行程，可是要被杀头的。

等啊等，好不容易等到雨停了，正当大家准备火急火燎地赶路时，却发现前方的道路都被大雨冲毁了，寸步难行。

下雨耽搁的时间，再加上修路的时间，陈胜掐指一细算，算来算去，之后就算不停不歇地赶路，也无法按期到达目的地了。

"这可如何是好？"陈胜皱着眉头，怅然良久、伤感良久、深思良久。最后，他把屯长"助理"吴广叫进来开了一次碰头会。

"大雨误我们的行程，按照大秦法律，迟到了那是要砍头的。我们两个是屯长，更难辞其咎，只怕有十个脑袋也不够用啊。"陈胜平常和吴广亲如兄弟，此时也不再拐弯抹角，而是来了个开门见山。

"既然前进一步是死路，不如往后退一步吧。"吴广似乎有备而来。

"你的意思是逃跑？"陈胜说着，摇了摇头，叹息道，"逃也没有用，躲得过初一躲不过十五，到头来还是死路一条。"

"那你说怎么办？"吴广问。

陈胜等的就是吴广这句话，但他仍然做一番痛苦、深思状，而后才道出了他心里早已想好的法子——起义！

陈胜说道："现在世道不好，与其身陷囹圄时喊苍天喊大地喊无辜冤枉，不如趁现在还是自由身，靠自己靠兄弟靠背水一战，兴许还能置之死地而后生！咱们现在只有三条路可以选择，要么服役，要么逃亡，要么起义。选择服役是死，选择逃亡也是死，唯有起义，或许还有一线生机！"

的确，嬴政于秦始皇二十六年（前221）一统天下后，将征服进行到底，征南越和伐匈奴，征调了数十万民众。南征北战的结果并不理想，为了防止匈奴的入侵，秦始皇下令筑长城。从陇西的临洮到辽东，将原秦、赵、燕的北边长城连起来，筑成一条人工屏障，彻底把匈奴关在了国界之外！

当年，没有任何现代化的工具，要完成这样一项巨大的工程，得花费多少人力、物力和财力呢？修建万里长城一共死了多少人，现在我们已无法统计，但有史学家说，万里长城是用尸骨堆积而成的。

> 万里长城血肉筑，筑就长城千夫苦，苦尽悲来卿奈何，何止孟姜一人哭。

对一个刚刚成立的王朝，秦始皇如此劳民伤财，显然伤到了大秦王朝的根基。根基一旦动摇，即使万丈高楼也会顷刻倒塌。

秦始皇不但好大喜功，而且还奢侈享乐。为此，不惜耗费巨大的人力、物力，修建极度奢华的阿房宫。同时，他还热衷于巡游，每次出巡都是前呼后拥，各地官员百姓"迎奉"，弄得怨声载道。其修建得堂皇富丽的骊山陵墓也足以证明一切。

哪里有压迫哪里就有反抗。听完陈胜这番慷慨陈词，吴广的起义念头瞬间飙升，立马同意和陈胜一起干大事。他俩经过深思熟虑，决定来个三步走。

第一步：在个人身份包装上下功夫。

本着起义未行、舆论先行的原则，陈胜和吴广在策划这场旷世起义时，想出了两个独特的新鲜玩意儿。

第一个是"鱼腹藏书"。

陈胜负责书法题字。他找来一块帛，在上面龙飞凤舞地写上"陈胜王"三个字。字虽然不多，却很难写，运用的笔画要夸张，要尽量做到跟鬼符有异曲同工之妙。

吴广负责捞大鱼，然后把帛书塞进大鱼的肚子里，再把大鱼放生到容易被人捕获的水域。

负责炊事的戍卒在解剖的过程中，发现了帛书。然后，他如获至宝地拿着帛书为大家现场展示，"陈胜王"三个字吸引了所有人的眼球。

很快，大家看陈胜的眼光都变得不一样了，那是怎样一种崇拜和仰慕的眼神啊？

第二个是"篝火狐鸣"。

夜渐黑时，吴广趁大家不备开了个小差，背着一个"喇叭"，挑上一担柴火潜入军屯附近的一座废弃破庙。夜已黑时，吴广点燃柴火，然后开始蒙头大睡。

到了夜墨黑时，吴广醒来了，熄灭了柴火，拿出"喇叭"，开始学狐狸叫："大楚——兴，陈胜——王……"

他这一叫,把所有人都吵醒了。大家的耳畔不仅回荡着狐狸的叫声,还闻到一股股湿浓的烟味。在凄冷的夜里,这番场景显得恐怖而诡异,令人毛骨悚然。这样一折腾,所有人都失眠了。

第二天一大早,流言开始满天飞:陈胜是上天派来的王,专门来解救我们的!

经过这两次舆论宣传,大家对陈胜的看法发生了质的改变。在大家的眼里,他已经由人变成了神。

对陈胜来说,他之所以这么做,也是没有办法的办法。他家世代务农,要起义,谁会听他这个乡巴佬的话呢?所以他才会弄出这些神乎其神的玩意儿来,目的无疑是包装自己,弥补先天的不足,为领导起义铺好路。

造神成功后,陈胜和吴广马上开始第二步走:在个人行为举止上下功夫。

这天,在陈胜的指使下,吴广出场了。他把大家召集到一处,上演了"攻心"战术。

"这种烂天气,这种烂路,咱们不可能按期到达边关了。我劝大家还是直面现实,做一个明白人,千万别做痴心人、幻想人、糊涂人。"吴广义愤填膺地说道,"此时不逃,更待何时啊?"

正当吴广把大家的情绪都调动到一触即发时,负责统率这支队伍的最高行政长官——两个将尉出现了。

"你口无遮拦,狂妄放肆,传播邪论,罪不可恕!"两个将尉操起鞭子就往吴广身上抽。

"啪,啪,啪!"鞭子落在吴广身上,却痛在大家心里——是啊,当官的只想着保住自己的乌纱帽,哪管平民百姓的死活!

"这就是妄图逃跑的下场,你们若不想成为第二个他,就给我老实点!"两个将尉一边抽打吴广,一边得意地笑了起来。

然而,没过多久,他们的笑容就变得僵硬起来。他们怎么也没想到,被抽打的吴广在地上翻滚着,突然翻到一个将尉身边,一招"猴子揽月"夺下他的佩剑，对着他的心窝就是一刺。

这名将尉没料到吴广敢以下犯上，更没料到他身手竟如此敏捷，他用不可思议的眼神望着吴广，然后轰然倒地。另一名将尉见状，被吓得呆若木鸡。等他醒悟过来，准备有所作为时，却被陈胜和其他人送上了西天。

干净漂亮地干掉了两个将尉后，陈胜和吴广开始第三步走：在宣传舆论引导上下功夫。

眼看时机已到，陈胜终于从幕后走到了台前，开始发表"起义宣言"，提出了三大主张。

第一个主张：壮士不死则已，死即举大名耳。

"此番大雨误了行程，咱们怎么也不可能按时到达渔阳了，到时候暴虐的朝廷肯定要砍了大伙儿的人头。退一万步来说，就算侥幸留下来，戍卫边疆，那也十有八九是要死的啊！咱们堂堂男子汉大丈夫，怎么能这么窝窝囊囊地死呢？要死也要轰轰烈烈，名扬天下。"陈胜这一席话，一针见血地解释了"为什么要起义"。

第二个主张：王侯将相，宁有种乎？

"不论是王侯，还是将相，他们都跟我们一样，是生活在世上的普通人。他们能有如今的地位和富贵，咱们也能有！"通过这番话，陈胜旗帜鲜明地道出了"起义为什么"。

第三个主张：有福同享，有难同当。

"咱们今天就开始起义，大家尽管奋勇杀敌，斩将夺城。大家放心，我会计功授封，保证让大家日后个个都能封妻荫子，过上荣华富贵的生活。"通过这番描述，陈胜教会了大家"我能为起义干什么"。

陈胜的话像利锥一样刺痛了众人心底那根最脆弱、最敏感的神经，让人听了很受用。反是死，不反也是死。反还有一线生机，不反只有死路一条。

陈胜话音未毕，热血澎湃的士卒们便异口同声地高呼着："大楚兴，陈胜王！"

接下来，起义变得顺理成章。陈胜立刻领导大家做了以下几件事：第一，修筑高台，祭祀天地；第二，袒露右肩，歃血盟誓；第三，拥立王者，公推陈胜为将军，吴广为都尉；第四，建立政权，确立国号为大楚；第五，加强舆论，提出了"公子扶苏和项燕不死灵魂转世附体"这样的包装口号。

至此，中国历史上第一支起义军就这样成立了。

斩木而起，揭竿而起。九百壮士，挑起了天地乾坤的波涛；一帮平民，开启了生机勃勃的历史。

2. 谋局：弃用两牛人埋隐患

陈胜和吴广起义后，势如破竹地先后攻下了大泽乡、蕲县两座城池。

取得起义阶段性成功后，这支队伍才得以改善手中的武器，丢掉了打狗棒、锄头，拿起了"金箍棒"、大刀、长矛，战斗力自然也同步提高，很快又拿下了大片地区。到达陈县（今河南省周口市淮阳区）时，起义队伍逐渐壮大，军卒很快便达到了数万人。

在起义精神的感染下，一些豪杰之士也不甘寂寞，纷纷加入起义队伍。其中，张耳和陈馀的到来意义重大。

张耳可不是一般人，他是名门之后，他的曾祖父是战国时期提出"连横"学说，成功在战略层面让秦国实现独霸的著名纵横家张仪。

张耳于秦昭襄王四十三年（前264）出生在魏国的首都大梁（今河南省开封市西北部一带）。据《史记》记载："其少时，及魏公子毋忌为客。"也就是说，他年少便成了"战国四公子"之一的信陵君魏无忌的门客，并为其出谋划策。

而陈馀虽出身于贫农之家，但从小爱好儒家学说，曾多次游历赵国的苦陉。他和张耳属于莫逆之交，两人拜的是同一位老师，二人都是信陵君魏无忌的门客。

两人的发迹史虽然略有不同,但都是靠着长相和才华傍上了有钱人。张耳少年时,因为犯法而逃亡于外黄地区,结果被当地一位富翁相中,把再嫁的女儿许配给了他。于是张耳靠岳父家的支持,从此发迹,很快做上了当地的县令。

而陈馀在落魄时,也是被一位很有钱的公乘氏相中,把自己的宝贝女儿嫁给了他。陈馀也借助妻子家的财力很快闯出了自己的名声。

也正是因为很多地方都"似曾相识",陈馀和张耳意气相投,一见如故,两人建立了刎颈之交。

秦国统一天下后,视"不安分"的张耳和陈馀为眼中钉、肉中刺,于是开出了当时最大的两张悬赏令:分别以一千黄金和五百黄金买张耳和陈馀的人头。

张、陈二人自然不会坐以待毙,于是放弃了原本富裕的生活,乔装打扮,改名换姓,开启了颠沛流离的逃亡生涯,最后躲到陈城里谋了一份看门的苦差——里门监。

从名士到隐士,对有理想且自命比天高的张、陈二人来说,不但需要很大的勇气,还需要很多的隐忍。

有一次,陈馀犯了个小过失,结果里长小题大做,用粗暴的方法把陈馀按倒在地,举手便要打他。陈馀感觉受到了莫大的污辱,怒发冲冠,想跳起来反抗。正在这个节骨眼上,一旁的张耳用脚狠狠地踩了陈馀一下,并对他使了个眼色。

这一抬脚一使眼,原本躁动不安的陈馀突然变得安静、老实起来,只见他默默地闭上眼睛,像一只温顺的绵羊,任凭里长对他拳脚相加。留得青山在,不怕没柴烧,陈馀当然明白张耳的用意。

事实证明,二人的隐忍没有白费,因为他们很快等来了陈胜、吴广的起义大军。这是弃暗投明、扬名立万的最佳时机。二人没有丝毫迟疑,马上奋不顾身地直奔陈胜的军营。

陈胜见二人谈吐不凡,非等闲之辈,便把他们奉为上宾。

二人见陈胜这般求贤若渴,便为他献上了一份特别的"见面礼"——一个大活人——孔鲋。

孔鲋是孔子的第九世孙,才高八斗,和张耳、陈馀交情颇深。张、陈二人一牵线,孔鲋很快便加盟了义军。

陈胜见到孔鲋来投,自然笑歪了嘴。他不仅仰慕孔鲋的才华,更仰慕他的美名。如今,连孔圣人的后人都愿意加入义军队伍,这对提高士气、壮大队伍大有助益。

眼看起义形势焕发出勃勃生机,陈胜本着趁热打铁的原则,马上在陈县主持召开了一次三老、豪杰会议。

所谓三老、豪杰会议,其中的"三老"是指县中的中层官吏(掌教化),"豪杰"是指才智勇力出众的人。总而言之,陈胜这次就是广发英雄帖,把在陈县有威望、有才智、有勇力的"三有"人员全部请来开了一次会。

会上,陈胜请大家敞开心扉,畅所欲言,积极献计献策。三老、豪杰都不是浪得虚名之辈,个个争先恐后地发了言,为陈胜指出了一条光明大道——自立为王。

大家纷纷认为,陈将军披坚执锐,带领义军以替天行道、推翻暴秦为己任,攻无不克,战无不胜,把亡了国、绝了后的楚国恢复了。如此大智大勇、大功大德,应该立为楚王。另外,不封王怎么号令诸将,更好地领导义军呢?所以,这个楚王必须得封。

陈胜听了很高兴,但考虑此事重大,他并没有马上表态,而是找来张耳和陈馀进行了"问计":"众人都建议我现在称王,这王我是称,还是不称呢?"

面对陈胜的坦诚,二人也同样给了坦诚的回答:"不能称。"为什么呢?张、陈二人给出了以下三点解释。

第一,现在刚起义,如果您立即称王,会让众人看出私心,不利于凝聚人心。

第二,一旦称王就会树大招风,成为秦朝重点扫荡的对象,这对我们显然是不利的。

第三,三老、豪杰之所以强烈要求您称王,都是为了一己之私,想跟着加封追赏,飞黄腾达,满足全家富贵的政治欲望。

不仅如此,二人还为陈胜提出了两点小建议。

第一,低调做人,高调做事。当务之急不是称不称王,而是攻城拔寨,消灭大秦,为天下贫苦大众开拓出一条光明之路来。

第二,只有做到强基固本、兵强马壮、丰衣足食,才能消灭暴秦,解救天下苍生。到时候称王便是水到渠成、顺理成章的事了。

张耳、陈馀是本着开诚布公的想法对陈胜进行劝谏的。虽然他们有说实话的勇气,但陈胜没有听实话的勇气。面对二人的直白,陈胜非但没有醒悟,反而固执地认为张、陈二人太过懦弱。于是,他不听劝阻,自立为王,定国号为"张楚"。

之后,陈胜任命吴广为假王(意思是仅次于自己或者相当于自己的大王),任命蔡赐为上柱国(相当于丞相),任命武臣(陈县豪族代表人物)、周市、周文等人为将军,建立了政治和军事领导机构。然后,他又以消灭秦国为己任,兵分四路,对暴秦采取了强有力的军事行动。

路阻且长,行则将至。行而不辍,未来可期。看着自己精心部署的四路大军浩浩荡荡地向既定方向进军,陈胜长长地舒了一口气,脸上露出灿烂的笑容,仿佛看到了胜利的曙光。然而,他不曾料到,道路长且险,行而必有挫,义军的起义之路注定充满血腥。

3. 败局:一群囚徒和一个车夫改写历史

秦二世元年(前209)九月,周文率领的十万中路大军,突然出现在咸阳东面的戏亭(骊山附近),赵高只好派章邯率囚犯出战。结果,出人意料的是,章邯率领的这支"乌合之众",竟然打败了周文的十万大军。

周文被困时，离他最近的义军是吴广这一路军。当时，吴广正在全力围攻荥阳。荥阳的守军是李斯之子李由。当时李斯还没死，仍是朝廷的当红丞相，所以李由自然会很卖命地守城。对李由来说，此时的荥阳比他的生命还重要。

作为义军的"二号人物"，吴广很卖力。但他却犯了屯兵于坚壁之下的兵法大忌。几个月都拿不下荥阳，军中人心已涣散，此时周文被围告急的书信不断传来。倔强的吴广非要拿下荥阳再去救援。

结果，荥阳还没攻下，周文就已经死了。

吴广没有及时救援周文，有失做人最基本的仁义和道德，这件事连他的部下都看不下去了。他们原本就对眼界不高，缺乏军事、政治和领导才能的吴广心存疑虑，加上吴广平时骄傲自满，不可一世，与士兵的隔阂也越来越深。你对周文无情，休怪我们对你无义。部将田臧和李归一番密谋后，设计杀死了吴广。

田臧和李归杀了吴广后，伪造吴广造反之罪上报陈胜。鉴于当时危急的局势，陈胜并不敢对吴广的死做过多的调查，只得封田臧、李归二人为上将，嘱咐他们尽力西进攻秦。田臧和李归倒也不是贪生怕死之辈，领了命令后，二话不说就率领手下义军急忙西进，扬言要替周文报仇雪恨。

可他们二人忘了考虑一件极其重要的事：章邯灭了周文后，士气正旺，正张着血盆大嘴等着他们呢！面对送上门的食物，章邯岂有不收之理。田臧和李归最终只能以人头相送。

至此，陈胜委以重任、期待最大的第四路军和第一路军全军覆没，而第三路大军在这个关键时刻也出事了。

其实，此时的第三路大军早已经脱胎换骨。武臣当了赵王，复立了赵国，因此他的军队称为赵军更为恰当。但就是这个赵王，不幸成了吴广第二,也死在了部下的手里。

第三路大军在内讧发生后,自相残杀,还没等章邯来,已经四分五裂,难成气候了。

至此,陈胜寄予厚望的四路大军,两路全军覆没,两路各自为王,形势一落千丈。而这时的章邯在长史司马欣、都尉董翳的支持下,全力反攻陈胜的义军。

此消彼长,从这以后,陈胜的义军兵败如山倒,没有人能抵挡不可一世的章邯。面对不断传来的噩耗,陈胜顿感大势已去,而陈郡又不是能坚守的固城,所以他只能选择退兵。当初种下的孽因,此时结下了苦果。

陈胜在保命的关键时刻,又犯了一个致命的错误——退军路线。他没有选择投奔部将秦嘉,而是选择逃往自己的家乡一带。秦军早已料到陈胜的退军路线,于是布下重防,只等陈胜自投罗网。

但是,秦军的如意算盘落空了,因为有一个人抢先一步了结了陈胜的"故乡梦"。这个人就是庄贾。

庄贾只是陈胜的车夫,是个小人物。原本默默无闻的他却不甘寂寞,不走寻常路,用一把刀把义军的首领陈胜送上了西天。

庄贾为什么要拿自己的主子开刀呢?追根溯源,还是陈胜自己造的孽。

陈胜在待客、用人上都存在严重失误。种种失误搅和在一起,很快就让手下的将士们寒了心,这其中就包括庄贾。

庄贾是陈胜义军最早的追随者之一。也正是因为这样,陈胜才将他视为亲信,做自己的"专职司机",同时兼"私人保镖"。然而,就是这样的亲信,陈胜却并没有把他放在眼里,平时对他呼之即来,挥之即去,当奴隶一样使唤。对此,庄贾的心自然很受伤。

而此时,在逃亡的路上,陈胜因为一夜之间从天堂掉进了地狱,心情自然糟糕透顶,于是他把所有的怒气都撒到了庄贾身上。

面对陈胜不断的责骂，庄贾心中蹿起一股无名怒火。对他来说，这股火埋藏在心底多时了，以前一直压抑着、强忍着不让它爆发，此时眼看大势已去，而陈胜却依然如此嚣张，庄贾内心的新仇旧恨一起烧了起来。

于是，他利用高超的赶车技术，把大部队远远甩在了后面。行至一偏僻处，庄贾假借车子出了故障，骗陈胜下车，然后趁机一剑刺穿了他的心脏，陈胜领导的中国历史上第一次农民起义就这样以失败告终。

陈胜、吴广起义之所以失败，除了陈胜过早自立为王这个因素，还有三大主要失误奠定了不可逆转的败局。

第一，建都的失误。

陈胜在称王的同时，建都于陈郡。陈郡虽然地处交通要道，物产丰富，经济繁荣，但从军事上来看，此地趋于平川，易攻难守，一旦秦军派兵围攻，守不能守，弃又不能弃，故相当危险。

都城是根基，一旦根基不稳，又何谈生存与发展？单从这一点看，陈胜虽然赢在了起跑线上，但同时也输在了起跑线上，可谓时也，命也。

第二，待客的失误。

当陈胜称王的消息传遍五湖四海时，他的亲戚、朋友都来投奔他。

"苟富贵，无相忘。"陈胜遵守自己的诺言，将投奔自己的亲友视作贵宾。

而这些"亲友团"都是贫苦出身，哪会料想到陈胜发达后竟如此风光，说话也变得口无遮拦起来。于是，陈胜当年的好事、坏事、糗事、鸡毛蒜皮的事、不堪回首的事都被他们说了出来。

陈胜眼看自己的隐私被公之于众，威严受到挑战，自然恼怒不已。

一怒之下，那个当年和他一起耕田的伙伴，因为直言不讳地评价他"夥涉为王"而被处死了。

如此一来，那群跋山涉水而来的"亲友"开始人人自危。陈胜的岳父兼"亲友团"团长不堪舆论压力，来了个不辞而别。他临走之前还撂下了一句话:"怙强而傲长者,不能久焉。"意思是凭借强势而骄傲自大的人,是不会长久的。

随后,亲友团的其他成员也不甘落后,纷纷选择了三十六计的走为上计。得民心者得天下。或许在陈胜的"亲友团"全部离开时,他的悲剧命运便已注定。

第三,用人的失误。

如果用一句话来形容陈胜的用人,那就是"重小人,轻贤人"。

张耳、陈馀一片忠心,力劝陈胜缓称王;陈胜非但不听,还把二人"雪藏"不用。恨屋及乌,张耳、陈馀推荐的孔鲋尽管出身名门,具有经天纬地之才,但陈胜只是以太师之礼敬他,真正到孔鲋想给陈胜出"金点子""银策子"时,陈胜却全当耳旁风。

面对陈胜的盲目进军,孔鲋建议他要立足自身谋发展,不要脱离实际。陈胜非但不以为然,反而嘲笑道:"儒者可以与守成,难与进取。"意思是说,孔鲋只适合当守成的儒士,而不能当进攻的将军。对此,孔鲋大失所望。虽然他本着"忠臣不事二主"的原则,没有弃陈胜而去,但从此不再出一谋一策,最后落得"卒与(陈)涉俱死"。悲也,哀也!

与此同时,陈胜重用朱房掌管起义军队的人事调动。任用胡武专管起义军中违纪违法的人员。结果他们假公济私,排除异己,残害忠良,任人唯亲,导致起义军内部乌烟瘴气。

对此,陈胜却睁一只眼闭一只眼。从长远来看,他的这种做法寒了起义将士的心,为后面的众叛亲离、最终失败埋下了伏笔。

(二)破秦第一人:项羽的浴火重生

1. 时机:项羽起义的前世今生

项家人世世代代都是楚国的贵族,为楚国的复兴和繁荣立下了汗马功劳。项,这个特别的姓氏,就是因他们功勋卓越而被楚王赐予的。

项家也不负君王厚爱,名将辈出。到项梁的父亲项燕时,因为当时秦强楚弱,项燕成了楚国的守护神。当时嬴政手下久负盛名的"少年杀手"李信以初生牛犊不怕虎的精神拿下了魏地,把整个黄河流域都纳入了秦朝的掌控之下。但在征服楚国时,却遭到当头一棒。项燕采取声东击西的战术,打得秦军丢盔弃甲,狼狈而归。

但是,仅凭项燕一己之力,是不可能阻挡强秦进军的步伐的。随后,嬴政重用原本已被"雪藏"的老将王翦对付项燕。这两人棋逢对手,所以打了很多回合都难分伯仲。就这样僵持一年后,项燕率领的楚军因为后方粮草供应问题,终于熬不住了。无奈之下,项燕只好撤军。随后,王翦乘胜追击,大败楚军。项燕为国捐躯,楚国也随之灭亡。项梁为了不被秦军赶尽杀绝,不得不隐遁他乡。而项羽自幼丧父,十来岁时就被叔父项梁领养。

虎父无犬子。项羽从小力大过人,常常有举鼎过头的惊人之举。他长着一双重瞳眼(据说是帝王才有的眼睛),眉宇间透着一股英豪之气。

为了培养项家这个接班人,项梁倾尽了自己的精力。

他教项羽学文化。三年下来,先生们发话了:还是让他学剑吧。项梁看着先生们一个个愤愤而去,那个揪心的痛啊,既痛项羽不成材,也痛"学费"都白扔了。

"文化课"是学不了了,那就练剑吧。光阴荏苒,又是三年下来,师父们发话了:还是让他学点别的吧。项梁看着师父们一个个拂袖而去,那个裂肺的痛啊,那金灿灿的光阴就这样被白白地浪费掉了。

文也学不好,武也学不好,将来光复楚国还怎么指望这小子呢?项梁不禁有些生气。这时,项羽说话了:"认字不过记个姓名,学剑也不过抵挡一人,这些没什么了不起的。我要学的是抵挡万人之术。"

话已至此,项梁只好亲自教项羽兵法。

然而,项羽是个浅尝辄止的人。不到一年,他就对兵法深恶痛绝,一谈到兵法就大呼头疼。用现在的话来说，项羽是个半桶水。当然，半桶水虽然没有一桶水那样的高度和深度，但其好处就是给自己将来的领悟和提升预留了空间。每样都懂一些，自己就变成全能选手了，相较于专才而言，也是一种优势。当然，话虽如此，那时的项梁却没少为此生闷气。

秦始皇一生最喜欢出巡，并美其名曰微服私访。一次，他率军游会稽、过浙江时，项羽在项梁的带领下进行了一次"零距离"观光。在喧天的锣鼓声中，在威凛的吆喝声中，在滚滚的车辘声中，在赫赫的歌功颂德声中，出现了一个极为不和谐不协调的异样之声："彼可取而代也！"

短短的六个字，如同平地一声雷，震得大地为之颤抖。敢说出这样大不敬话的人便是初生牛犊不怕虎的项羽，这句话的意思简洁明了，大致意思包含三层：一是我可以取代他；二是我比他强；三是我可以超过他。

再延伸开来就是，像秦始皇那样当皇帝，或是像秦始皇那样当超级皇帝，才是项羽的人生追求和奋斗目标。

项羽说完这话，就有人把他们叔侄告到县衙，罪名是"莫须有"的造反。

项氏叔侄也不是省油的灯。他们一听到消息就脚底抹油，赶紧开溜。这一溜就来到了吴地（今江苏省苏州市）。在这里，项梁开始展现英雄本色。他豪爽大方，仗义疏财，办事果断，不久就成了当地操办红白大事的"大拿"。

当然，项梁如此热衷于红白大事的操办也不纯粹是想为他人服务，他是有政治目的的。在操办过程中，他一边招募人员，一边了解每个人的长处和本领，为日后做准备。

机会总是留给有准备的人。当陈胜吴广起义的号角在神州大地上吹响时，项梁知道自己等待的时机终于来了。十余年的光景，项羽也早已被他调教成一个风度翩翩的人才。

十年磨一剑，这句话果然不假。

楚虽三户，亡秦必楚。陈胜是楚国人，项梁、项羽也是楚国人。后来也正是由于楚国人的前赴后继，才把腐朽的秦王朝彻底推翻了。

正在项梁开始筹备起义的节骨眼上，会稽太守殷通主动把他请到了府上。这件事促使项梁将起义日期大大提前了。

如果殷通后来知道自己这一请是引狼入室的话，一定会后悔不已。当时，殷通以敏锐的眼光看到了秦朝即将灭亡的大势。历史的潮流如此，已经不可逆转。先发制人，后发制于人，于是，他决定先发制人。殷通找来项梁是想让他助自己一臂之力。

一番必要的客套后，殷通终于点到了正题。他正色说道："我想起义！"

项梁闻言先是一震，然后开始装傻，表示听不懂太守的话。

"我想起义。"当殷通第二遍说这句话时，项梁才知道太守并不是在开玩笑，也不是在试探自己。

"大势所趋，太守真是识时务者。"项梁说这句话时，已明白太守这次请他来的目的了，心里不由得暗叹："你虽识时务，却不识人。我堂堂项氏名门之后，岂会和你这个昏庸无能的太守同流合污。"

"我想任命你和桓楚做将军。"殷通继续说道。

项梁先是客套地用"无德无能"之类的话推托一番，然后才说："桓楚最近不知所踪。除了我侄子项羽，其他人都找不到他。"

"那赶紧把项羽请来。"

项梁等的就是这句话。随后，他马上引来磨刀霍霍多时的项羽。项羽进府后，没有多说废话，就毫不客气地给了殷通一刀，让他去阎王那里报到了。

就这样，项梁、项羽合计斩杀了会稽太守殷通。然后，叔侄俩振臂一呼，早就对秦朝不满的众人欢呼雀跃，纷纷拥到项梁叔侄身边，不出几天就达八千余众。

秦二世元年（前209），"项氏集团""正式挂牌成立"。而这八千壮士日后跟随项梁和项羽征战大江南北，横扫东西，成为"项氏集团"的骨干精英，谱写了一曲曲荡气回肠的赞歌。

2. 转机：项梁折戟空余恨

话说秦朝第一悍将章邯在打击陈胜吴广起义军时，眼看战国赵、燕、魏、楚、齐、韩六大"旧集团"纷纷"复辟"，为了大秦帝国，为了自己的前程，他心中焦急万分，决定采取各个击破的战术，一个个地摆平。于是，他首先选择了相对来说是软柿子的"魏氏集团"开刀。

秦二世二年（前208），气势汹汹的章邯大军开到了魏王都城所在地——临济城（今河南省封丘县附近）。

眼看招架不住了，魏王马上派自己的相国周市溜出城去，向邻近的齐和楚求救。这时候，六大"旧集团"都明白唇亡齿寒的道理，早已达成了联手抗秦的口头协议。此时楚国势力最大，接到求救信后，自然不能坐视不管。项梁马上派出大将项他带兵前去救援，而齐王田儋为了显示联手抗秦的决心，更是亲自挂帅前往魏地。有了援军的支持，周市信心大增，马上集中了魏国所有的精锐兵力。

于是小小的临济，一下子汇集了四路大军，三对一正式开打。令章邯始料不及的是，这一战居然打了三天三夜都没分出胜负。这下章邯急了，他自出道以来，一直都是把别人打得落花流水，自己还从未吃过亏。

既然硬打不行，章邯就想出来一个歪招。在双方打得难解难分之时，他手一挥，领着自己的兵马潇潇洒洒地退了。

三国联军三天三夜都没合过眼。见秦军退去，几乎所有人躺在地上倒头就睡。

就在三国联军酣睡时，章邯的军队却没闲着。他们拿出干粮，吃饱喝足，稍事休息后，然后趁着浓浓的夜色出发了，准备杀三国联军一个回马枪。

也许有人会疑惑，章邯大军和三国联军一样，都打了三天三夜的仗，此时居然还能作战，难道他们是铁打的不成？其实，章邯大军本来就不是普通的军队，他军中的兵士大都是曾在骊山服役的囚犯，什么苦没吃过？什么累没受过？什么痛没尝过？这几天的连续交战对他们来说简直就是小儿科。

接下来，就是简单粗暴地突袭了。项他感觉风声不对，来不及穿鞋披衣，就狼狈而逃。其他人可就没这么幸运了，包括齐王齐儋、魏王魏咎、魏相周市在内的三国联军都成了刀下之鬼。

听到项他和魏咎弟弟魏豹的哭诉，项梁的心哇凉哇凉的。伤感之余，他更清楚章邯的下一个目标就是自己了。与其等章邯来攻，倒不如先下手为强。于是，"项氏集团大军"主动来到了章邯大军所在地——东阿。

不克东阿，誓不回军，项梁下了死命令。随后，他进行了严密的战略部署，对手中的强将龙且、英布、项羽、刘邦都进行了详细的分工。

章邯打了这么多仗，从未败过，所以刚开始不免有轻敌之心。他选择了"真情对对碰"的对攻战术，一点儿也不顾及秦军刚刚打了一场生死恶战，已是强弩之末，急需休整。

一边是狼虎之师，另一边是疲惫之师，结果可想而知。对攻一开始，秦军便兵败如山倒。留得青山在，不怕没柴烧，章邯选择了三十六计，走为上策。

项梁自然不会轻易放虎归山，于是率兵猛追。章邯好不容易逃到濮阳（今河南省濮阳市），才长长地舒了一口气。这濮阳是秦军的军事重地之一，易守难攻。章邯到后，马上挖开水渠，引共河之水环绕濮阳城。此时，老天似乎也在帮他，下起了大雨，结果整座濮阳城外犹如水漫金山。

项梁这下只能望城兴叹了。眼看拿章邯没辙了,项梁心中一股子劲儿没处发,索性大手一挥,杀向了百里开外的定陶县(今山东省荷泽市定陶区)。而与此同时,他派刘邦和项羽一同去进攻城阳县(今山东省鄄城县)。

事实证明,项梁的兵分两路取得了出奇制胜的效果。一到城下,项梁便发现,看似小小的定陶并不好攻,城墙坚韧,防守严密,是块难啃的骨头。在他进攻受阻的情况下,刘邦和项羽这对绝代双骄的第一次合作很成功。二人刚柔并济,一举拿下了城阳县。

随后,二人继续挥师前进,一路兵来将挡,水来土掩,竟然顺风顺水地杀到了由李由把守的雍邱。这时,李由的父亲李斯已被赵高陷害入狱,生死未卜。李由正急得焦头烂额,哪里还有心思布防?所以,还没等李由明白过来是怎么回事,就已经沦为项羽的刀下之鬼。

项羽和刘邦的接连胜利让"项氏集团"声名远播。作为"项氏集团"的头领,项梁同样掩饰不了内心的喜悦和激动。是啊,连章邯都被他们打败了,这秦军之中还有谁是他们的对手?尽管此时他还在定陶城下徘徊,尽管他还一筹莫展,但他相信,只要坚持下去,攻克定陶只是时间问题。

对定陶守军来说,时间非常宝贵,他们在等援军——章邯大军的到来。此时,章邯在得到秦朝政府为他提供的兵源和粮草后,很快重整旗鼓,神不知鬼不觉地向定陶集结。

此刻,"项氏集团"沉醉于眼前的胜利,对潜在的危机毫无认识。项梁当局者迷,但他的手下部将宋义却旁观者清。宋义本着认真负责的态度马上提醒项梁:骄兵必败。

对此,项梁只回了四个字:庸人自扰。随后,他就把宋义打发到宋国做使者了。

在去宋国的路上,宋义遇到了齐国的使者高陵君。

"兄弟,你这是去找项梁吗?"宋义问。

"是的。"高陵君答道。

"我劝你还是悠着点走。"

"为什么？"

"因为项梁马上将面临刀光之灾，谁去了谁倒霉。"宋义淡淡地答道。

高陵君听糊涂了。他心想："这个宋义是项梁的部将，他说这样的话，如果不是对项梁极度不满，就是对项梁极度失望。不管怎样，还是先观望较妥。"

于是，高陵君放慢了脚步。很快，项梁的噩耗就传来了。

原来，就在项梁准备动用人海战术填平定陶城时，偏偏天公不作美，下起了连绵不绝的大雨。雨一直下，这仗是没法打了，但项梁又不甘心撤兵。进也不是，退也不是，最后没辙了，项梁只好整天和士兵们躲在营帐里借酒消愁。

那天夜里，倾盆大雨还在下，一队人马却神不知鬼不觉，悄悄地向项梁的大本营靠近。不错，他们就是章邯和他的手下。在这漆黑的夜里，他们踏过泥泞不堪的路，就是来取项梁的命的。

还沉浸在美酒之中的项梁发出一声惨叫，被章邯一刀砍杀。

而此时，百里之外的项羽和刘邦正磨刀霍霍杀向陈留，无力回援，只能眼睁睁看着项梁大军全军覆没。

定陶战役的后果非常严重。项梁战死，将项羽推向了历史的前沿，让他成为反秦斗争的主角。

项梁兵败的最主要原因还是太过于轻敌和仁慈。

项梁犯了和他父亲项燕同样的毛病——轻敌。在还没有研究透自己的对手时就贸然进攻，知彼知己方能百战百胜，项梁显然犯了兵家大忌！但是他犯这个错误并不是他不懂，而是他太着急取胜，太急于尽快灭掉秦国，结果酿成大祸。

仁慈是因为项梁太过于注重自己的名声，面对自己一手扶持当上楚怀王的熊心，作为拥有实权的楚军统帅，还是楚国能够复国的实际领导者，项梁就应该成为楚国说一不二的实权统治者，他却以仁慈之心服从这个被自己捧上王位的楚怀王。结果，项梁在新成立的楚国的威信大打折扣，处处受制于人，这也导致项梁不得不持久在外打仗，没有喘息的时间。因为他亲手恢复的楚国正在背后准备"清算"他。可以说，项梁是被逼才兵败身亡的，这也难怪项羽后来会杀掉楚怀王。

3. 寻机：巨鹿之战成就千古英名

"摄政王"项梁死后，"傀儡王"楚怀王马上做了三件事。

第一件事：迁都。楚怀王把国都从盱眙迁到了地理位置优越、城防坚固如铁的老地盘——彭城（今江苏省徐州市）。理由是为了防止章邯来攻。

第二件事：封赏。楚怀王封刘邦为武安侯，封项羽为长安侯，封老将吕臣为司徒。项梁死后，项羽羽翼未丰。他虽然心里一千一万个不情愿，但也只能顺应形势，听从楚怀王的调遣。

第三件事：约誓。他首先封宋义为主将，项羽为次将，范增为末将，率领军队北上救赵。其次，他下令由刘邦率另一支军队在南线（黄河以南）开辟战场，并向关中方向挺进。

说是两步走，其实这两步是同时走的。因为楚怀王还规定，谁先打败秦军，占领关中，就封谁为关中王。

关中王，这是一个很有诱惑力的位子。舍不得孩子套不住狼，楚怀王就是想以"关中王"套住刘邦和项羽，让他们相互制约，相互消磨，达到"唯我独尊"的政治目的。

可惜，对项羽这样的贵族子弟和刘邦这样的江湖人士，楚怀王的认识还很不足；而且他当时乃一文弱少年，又不能亲自带兵打仗，以致夺回的兵权又迅速地失去了。

秦二世三年（前207）九月，楚军北线作战部队在宋义的率领下来到了安阳（今河南省安阳市）。到了这里后，宋义突然停下来不走了，下令安营扎寨，大有在此长期驻扎之意。

这下可急坏了项羽和范增二人。现在秦军正在围攻巨鹿，如果此时迅速渡河去支援，楚军攻其后，赵军应其内，内外接应，便可以一举击败秦军。这是打败秦军的最好机会，不能就这样白白浪费掉了啊。

项羽是火暴脾气，他气冲冲地闯进宋义的营帐，质问其为何按兵不动。不问倒好，这一问，宋义便抓住机会给项羽上了一堂生动的政治课。

"两虎相斗，必有一伤。"宋义娓娓道来，"秦军和赵军之战，马上就会出结果了。如果秦军胜，他们也是疲惫之师，到时候我军以逸待劳，正好可以趁机将之攻破；如果秦军败了，我军更可顺利西行，直捣秦都咸阳。"

宋义的意思，就是让秦、赵两家再斗一阵子，待双方两败俱伤时，再去坐收渔翁之利。

应当说宋义这套隔山观虎斗，坐享其成的理论很高明。但是，在现实中，这只是他一厢情愿的想法。没有真正和章邯交过手的他，并不知道章邯大军的强大。如果他们此时不助力攻打，章邯根本就不可能败。如此延误战机，等到赵国真的被秦军灭了，下一个目标很可能就是他们楚国了。由此，我们也可以看出宋义的书生气来，而且他对形势的分析，也有点纸上谈兵的味道。

项羽可不吃这一套，大骂宋义贪生怕死后愤愤而去。宋义身为主将，至高的权威受到了挑衅，自然也不是吃素的。他当即下了一道命令："猛如虎，狠如羊，贪如狼，强不可使者，皆斩之。"（《史记·项羽本纪》）项羽自然知道这就是针对自己说的。就这样，两人的矛盾迅速升级。

宋义军止步不前的一个半月后，机会终于来了。

别看宋义整天逗留在这无比荒凉的山野地区，却也办了一件值得炫耀的私事：他成功地把他的儿子宋襄"推销到"齐国做了丞相。

据说，齐国丞相一职是"公开招聘"的。很多才华横溢之人都去报了名，但齐王最终选中了并未参加"应聘"的弱冠少年宋襄。

然而，就是这件喜事，直接把宋义推入了万劫不复的万丈深渊。

他大摆酒宴，为儿子去齐国举行了一次别开生面的送别宴。举行送别宴原本也没什么，只是宋义可能忘了当时义军的情况。宋义饮酒高歌，与众官员吃香喝辣的时候，士兵们的待遇却完全相反。他们已多日食不果腹，连吃冷喝凉的机会都没有。

这时，项羽抓住机会在军中大造舆论，无非是说宋义只关心他儿子的前途，哪里关心士兵的饥寒。这舆论一造，原本就对宋义不满的士兵自然火冒三丈。

沉默啊沉默，不在沉默中爆发，就在沉默中灭亡。

做好舆论铺垫后，项羽不再沉默。第二天一大早，项羽借机冲进了宋义帐里，二话没说就把他干掉了。随后，项羽当众宣布，宋义在搞阴谋诡计，企图与齐国合谋反楚，自己是奉了楚怀王的密令才将他诛杀。

众将士本来就对宋义不满，一听他死了，大家反而很欢喜。这时候，项羽派出一队人马追上即将抵达齐国的宋襄，来了个斩草除根。最后，他才派出心腹桓楚向楚怀王报告，说宋义迟迟按兵不动，想谋反。

项羽这招先斩后奏真是高明至极，反正死无对证，自己又领兵在外，就算你楚怀王怪罪，也没辙。

楚怀王接到报告后，虽然心存疑惑，但碍于当时的形势，只得任命项羽为主将，继续北上抗秦。就这样，项羽重新夺回了整个楚军的兵权。

"章邯，我来了，我来替叔父报仇了！"项羽大手一挥，带领全军火速向巨鹿进发。

巨鹿大战一触即发。比较双方实力，秦军兵力优势明显，且占据邯郸、棘原（今河北省平乡县境内）等咽喉要地。而楚军拥有超级谋士范增，在战术上实力更强。同时，楚军立誓要为项梁报仇雪恨，再加上六国联军"助威团"，对秦军起到了很大的牵制作用，所以楚军的人和优势也很明显。

项羽率部抵达漳水后，望着河对岸的巨鹿城和章邯所在的棘原，他并没有马上下令强渡黄河，而是采纳了范增的建议，派英布和蒲将军各带一万人马负责捅马蜂窝——断秦军的粮道。

英布和蒲将军久负盛名，果然不是吃素的。他们很快便突破了秦军的河岸防线，然后悄悄绕到秦军的后面，以打游击的方式把秦军的输粮通道给切断了。

听闻粮道被断，章邯急了，马上派兵前来抢夺阵地。但是，这些人哪是骁勇善战的英布和蒲将军的对手，屡战屡败。最后，秦军只好绝望地放弃了这场争夺战。

英布稳住阵脚后，马上开始不定时地在秦军的后防驻地搞突袭，弄得秦军苦不堪言。

这时，一直观望的项羽见时机已到，马上带领楚军渡河北上，誓与秦军决战。而就在渡黄河时，项羽做出了惊人之举：出发时要求士兵只带三日干粮，渡了河就凿沉船只，摔破锅釜。这就是历史上著名的"破釜沉舟"典故。

这置之死地而后生的架势，激发了所有楚军将士必胜的决心，将楚军的人和优势发挥到了最大。

来到巨鹿城外，项羽碰到了一个强劲的对手——王离。

王离乃名门之后。他的爷爷是秦国名将王翦，曾率军拔赵国、毁燕国、灭楚国。王离的父亲是王贲。王贲也是一员骁将，曾率军败魏国、降齐国。由此可见，秦国之所以能一统天下，王家功不可没。

如今，秦国处于危难之际。身为侯爷的王离被派到前线。尽管屈居于章邯手下，但以江山社稷为重的他毫无怨言。英雄一出手，果然不可小觑，王离不负王家威名，攻无不克，鲜有败绩，在秦军中威望甚高。

此时两强相遇，旗鼓相当，胜败自然难料。但是，在两人交战之前，却有人预测王离必败。原因有二：

首先，哀兵必胜。这次项羽打着为叔父报仇的旗子，楚军心里都憋了一股气——不克秦军，誓不回师。就凭这股士气，这股豪气，这股勇气，便势不可当。

其次，事不过三。为将三代者，因为世代杀戮太重，树立的仇敌太多，结下的冤气太深，所以最后一代要来承担前辈的罪过。

这番预言出自谁之口，我们现在已经无从考证。也许它是项羽故意派人放出的烟幕弹，想要扰乱对手的军心。

第一天，王离仗着自己人多，想冲进楚军，杀个人仰马翻。但是，楚军在项羽的带领下无懈可击，王离很快就败下阵来。就这样败了又攻，攻了又败，三进三退。此时此刻，王离才明白，自己跟项羽根本就不是一个级别的将领。

在围棋中，人们习惯把顶尖棋手分为一流和超一流。其实，他们之间也许就只隔了一层纸，但如果这层纸一直捅不破，一流棋手也只能一辈子望"超"兴叹。现在的王离和项羽就好比一流对超一流。实力虽一纸之隔，但差之千里。

王离既然打不过项羽，那就只有一条路可走了——逃。

项羽首战告捷，虽然取得的战利品有限，却令楚军士气大增。

听说王离首战失利，章邯又惊又怒。上次交手，项羽就把自己整得很没面子，如果不是后来利用项梁的大意，偷袭得手，只怕当真颜面无存了。这一次，章邯岂会放过和项羽第二次较量的机会？

这时，英布和蒲将军在完成断粮和骚扰的使命后，也马上向巨鹿靠拢。于是，巨鹿城外，汇集了秦军和楚军四十余万人马，一场大战就要上演了。

两军交战勇者胜。决战打响后，项羽一马当先，冲在最前面，这极大地鼓舞了楚军的士气，人人都奋勇向前，见了秦兵就杀，见了秦将就砍。可怜训练有素的章邯大军被这疯魔般的楚军冲得横七竖八，阵脚大乱。最后，秦军一溃千里。项羽率领楚军追杀其到天黑才意犹未尽地收兵。

第二天，依然是项羽大胜，歼敌无数。

第三天，天刚蒙蒙亮，项羽便召集全部楚军，开了一次军事大会。项羽准备和王离在巨鹿城下决一死战。巨鹿之围能不能解，赵王能不能脱困，成败在此一举。

"自渡黄河破釜沉舟以来，今天已是第三天了，"磨刀不误砍柴工，项羽首先做了战前动员演讲，"干粮就只够今天吃的了。面前是秦军，身后是黄河，我们已经没有退路了。生死成败，只在今朝！"

随后，项羽下令兵分两路。明面上，他率大部队到巨鹿城下和王离进行大决战；暗地里，英布和蒲将军负责打游击，悄悄绕到秦军后面，来个攻其不备，前后夹击。

决战时刻来了。双方进行了激烈而残酷的阵地战。王离的军队刚刚惨败，还没有从失败的阴影中恢复过来，此时再次面临项羽大军，信心明显不足。而这时一直躲在城里的张耳眼看救兵到了，也带领赵兵杀出城来。再加上外围英布和蒲将军的猛攻，最终秦军惨败，连个退路都没有。王离也被生擒。

十六年前，项羽的祖父项燕兵败于秦将王翦之手，自刎而亡。十六年后，项羽生擒王翦之孙王离。王项两家三代人的恩怨情仇就此画上了句号。

王离军的覆灭是章邯带兵出战以来遭到的最严重的一次打击。从此，项羽伟岸的身影成了章邯心中挥之不去的痛，这让他再也没有勇气和信心重新组织人马来挑战了。最终，他率二十多万剩余的秦军投降了项羽。

(三）灭秦第一人：刘邦的大器晚成

1. 生活秀：偶遇的情和迟来的爱

秦昭王五十一年（前256），刘邦出生在沛县丰邑中阳里（今江苏省徐州市丰县）。

据史料记载，早在魏国时期，刘邦的祖父曾官至丰公（县令），但后来家道败落，到了刘邦父亲这一代已沦落为靠种地为生的普通老百姓。

刘邦是家中最小的孩子，所以父亲就给他取名叫刘季，长大成人后，刘邦才把"季"改成"邦"。

刘邦从小游手好闲，不事生产。对此，刘父经常指着他的鼻子破口大骂："出了你这么一个败家子，真是家门的不幸啊。"

面对家人的嫌弃和父亲的讽刺，刘邦不以为然，依然我行我素，每天晃晃悠悠地跟着一群酒肉朋友，混迹度日。

因为家里穷，再加上刘邦整天不务正业，所以他一直到三十好几了都娶不到老婆。

刘邦虽然晚婚，但这并不代表他在外面就没有女人。据史书记载，刘邦很早就和在家乡开酒馆的寡妇曹氏有染。

要知道，刘邦当"游侠"的日子过得很不如意，寒碜得令人心痛，他常常为了吃饭而发愁。想收保护费吧，可当时在沛县称王称霸的是王陵，刘邦只是个三流混混，做点偷鸡摸狗的事还行，想要横行黑白两道简直是白日做梦。为此，他想到大哥家蹭饭，结果只蹭了几天饭，他的大嫂便有意见了，说了一句和陈平的嫂子大同小异的话"有这样的叔叔，还不如无"后，做出了"请君勿入"之举。把吃饭的时间提前，等刘邦等人来时，她开始表演吹拉弹唱之功，又是敲碗筷，又是摔茶杯，总之清脆之声不绝于耳，她用这样的"贝多芬交响曲"告诉刘邦：对不起，小叔叔，你们今天来晚了，我们已吃完饭了，明天记得早点来哦。

这是什么玩意儿，刘邦当然不是好糊弄的主，他马上选择了"验证"，亲自跑到厨房里揭开锅盖看，结果不看不知道，一看吓一跳，锅里盛满白花花的米饭。有饭不给吃，这是怎样的奇耻大辱。对此，刘邦选择了怒目而去，从此，再也没有踏进大哥家的大门。

后来，刘邦当了皇帝，对这件事依然耿耿于怀，所有的亲朋好友都得到了分封，唯独大哥的儿子得不到分封，最后是刘老爹出面说情，刘邦碍于老父的情面，才极不情愿地把大哥的儿子刘信封为侯，还是一个带点嘲讽意味的封号"羹颉侯"——这样异常的侯爵，可见这件事让刘邦刻骨铭心。

当然，不幸运的刘邦同时也是幸运的，因为他很快找到一张长期饭票——寡妇曹氏。曹氏在村里开了个小酒馆，因为身边没了男人，门前是非当然多。但有了刘邦坐镇，自此便安安稳稳了。不但如此，店里的生意也越来越兴旺发达。

曹氏很好奇：这个刘邦不但带来了好运，还带来了财运，因此，她视他为"贵宾"。而刘邦每次吃喝完之后拍拍屁股就走人，只留下一句话：账给我记上，下次一起结，永远都是记上，永远都是下次结，永远都是永远，到了岁末年尾，该算总账时，曹氏的举动却很惊人，当着刘邦的面把账本撕掉了，引用《史记》里的专业用语就是"折券弃责"。

曹氏之所以做出这样的豪爽之举，是因为刘邦不是寻常人。虽然刘邦在整个沛县只能算个小混混，在中阳里村却是村霸村痞，他说一没人敢说二，有刘邦"罩着"曹氏的酒店，自然少了许多磕磕碰碰、纷纷扰扰的繁杂事。

寡妇需要的是保护，需要的是呵护，刚好刘邦光棍一条，正值血气方刚之年，既能满足她的生理需求，又能满足她的呵护需要。一个干柴,一个烈火,两人自然一点就着。

刘邦身边有很多女人,尤其是他贵为皇帝之后。不过,在刘邦没发达之前,能够一直跟着刘邦,并且为之生儿育女的,最喜爱刘邦的女人莫过于曹氏。

曹氏的全身心付出也没有白费,得到了丰厚的回报,那就是她为高祖刘邦生下了长子刘肥,而刘邦也没有忘记这位遗落在民间的私生子,很快便把他接到皇宫。然而,刘肥虽系刘邦长子,但其生母曹氏不是刘邦的原配妻子,因此,刘肥是庶子。按传统的嫡长子继承制,刘肥没有资格成为太子和继承皇位。汉高祖六年(前201),刘邦封刘肥为齐王,封他七十座城,百姓凡是说齐语的都归属齐王。从一个乡巴佬一跃成为王爷,这份迟来的爱当真是丰而足。

如果说刘邦在事业上的改变是因为"意外"当上泗水亭亭长这个连芝麻官都谈不上的差事的话,那么刘邦在爱情上的改变就是因为一次"意外"的酒宴。

当时刘邦虽然只是个小小的亭长,但县里的官员萧何却对他器重有加,主动和他称兄道弟,来往甚密,丝毫不顾别人的眼色。一天,萧何告诉刘邦一个消息,说是吕公家举办乔迁之喜,当地名流会去喝酒,刘邦最好也去一下,这是个结交当地名流和权贵的好机会。

刘邦接到消息后,悲喜交加,喜就不用说了,喝喜酒、结交权贵当然高兴。悲的是宴是好宴,酒是好酒,但不能白吃白喝,要出血——"贺礼"。吕公是有头有脸的人,去的也都是有头有脸的人,因此,每个人的贺礼都很贵重,都是白花花的金银珠宝。

但刘邦呢?刘邦很穷酸,当混混时只能勉强混口饭吃,当亭长后也好不到哪里去,因为以前欠的旧账太多,因此,那点薪水是不够花的,据《史书》记载,他外出出差的路费因为不能报销,只能筹集,求爷爷告奶奶,每一次出差都是一场人生苦旅。总之,他一无存款二无生财之道,去哪里找贺礼送人。

思来想去，刘邦最终还是决定去，他没有钱财可带，却带了两样东西：一颗善心、两袖清风。来到现场，人来人往，收贺礼的萧何忙得不亦乐乎。一千钱，二千钱……这样高额的贺礼比比皆是。刘邦摸了摸口袋，连一个子儿都没有。关键时刻，他充分发挥超级大胆无敌的流氓作风：刘季，贺礼一万贯。刘季是他的小名。

他这一喊，萧何顿时有机会从"埋头苦干"中解脱出来，开始打量"财神爷"，发现是刘邦，哭笑不得，刘邦的老底，萧何是一清二楚的，他很是纳闷，今天怎么出手这么阔绰，还没问，刘邦已经叫嚷道："快写上，刘季，贺礼一万贯。"萧何只能挥笔，写上刘邦的大名。

而这时一直在屋里迎客的吕公出现了，他挣脱众人，直奔"财神爷"而来。于是，两个素昧谋面的人一见如故，又是握手，又是寒暄，总之，简直如故交。也正是因为这样，酒席上，刘邦成了当仁不让的主角，此时他开始充分展现才能，凭着一张三寸不烂之舌胡吹神侃。天南地北，趣事逸闻，众人只有洗耳恭听的份儿。

散席时，终于轮到主人翁吕公说话了："远方的客人，请您留下来。"刘邦一听当然不会走了，但回过神来时，才发现，只有他一个人了。吕公又说话了："只有您才配留下来。"刘邦还是很纳闷，心里盘算着：吕公这葫芦里卖的是什么药呢？正在这时，吕公的第三句话出炉了："就让我的女儿拿着扫把屋里屋外地伺候您吧。"就这样，刘邦娶到了他的女儿——吕雉。

吕公自降身份钓了个"清龟婿"，吕公的女儿是什么意见呢？她当然不同意，不但她反对，吕公的老婆也坚持不同意，毕竟刘邦当时是什么情况呢？一是超级大年龄，三十好几的人了。二是家徒四壁，穷得叮当响。吕公这一回却充分发挥了大男子主义，管你同意不同意，这门亲事就这样结定了。

吕雉毕竟还是出身于富贵之家，懂得深明大义四个字，嫁到刘家后，主动担起了妇女能顶半边天的责任，在刘邦每天上班——泗水亭亭长工作时，她也没有闲着，把家里的活都主动揽了下来，特别是农活,她也接手了,这对于一个娇生惯养的富家女来说,是很难能可贵的,当然,吕雉肚子也很争气,很快为刘邦生了一对金童玉女。而正是这对金童玉女成了吕后日后继续辉煌的基础。

应该说吕家对刘邦的帮助是很大的,刘邦在发迹前,吕家对刘邦的资助,吕雉主内的井井有条,刘邦在闹起义后,吕家依然鼎力支持,别的不说,单是刘邦在彭城大败,逃往下邑,就是吕雉的弟弟吕泽担任守将,下邑之所以这么牢靠,这肯定跟守将是家人有关。总而言之,刘邦娶个富婆吕后当老婆,对他的人生发迹,以及人生转变起到了不可估量的作用。

2. 文化秀:蛟龙、白蛇、祥云都是神的化身

刘邦不但在"生活秀"方面丰富多彩,在"文化秀"上也同样流光溢彩。集聪明狡诈于一身的他以大胆创新的方式在包装上下功夫,创身份和树形象,为自己开拓出一片新的天地。

包装一——攀蛟龙"兜底"。

为了改变布衣的身份,刘邦无所不用其极,在蛟龙身上下功夫。

据《史记·高祖本纪》记载:秦昭襄王五十一年(前256)的一天,沛县丰邑农夫刘执嘉的妻子,在田间干活干得太累了,就躺在湖岸边休息。没想到,大白天竟然睡着了,而且还做了一个美梦。梦中,她与一尊神相遇,双方一见钟情,两情相悦,缠缠绵绵,真是妙不可言。然而此时,在梦境之外,却是阴云密布,雷鸣电闪。刘执嘉看天气不好,大雨将至,急急忙忙去找妻子。来到湖边,眼前的情景把他吓坏了,怎么回事?原来,他看见一条蛟龙,正伏在妻子身上。妻子自此之后,便有孕在身,经过十月怀胎,产下一子,就是刘邦。那刘邦生就长颈高鼻,龙模龙样。有时喝醉了酒,醉卧庭院,还会有一条龙在他的身体上方现形。

总之，刘邦在自我出生上下功夫，阐明他的出生不是传说，目的是为"兴爹"提供先天条件。

包装二——斩白蛇"炫富"。

刘邦在出生方面进行了包装后，效果果然明显，刘邦的清贫形象一下子变得光辉鲜艳起来。尝到甜头后，他并没有小富即安，为了证明自己来得"清白"，为了证明我爹是蛟龙，后续工作还得继续做。

那么，刘执嘉之妻梦中的神，也就是刘邦的生父蛟龙是什么神呢？是赤帝。这是白帝的老婆告诉刘邦的。

在刘邦刚刚起兵反秦的时候，一天夜里，他与十几个部下行走在沼泽之中。突然，走在最前面的一位小兵慌慌张张地跑回来报告："前面路中间，一条大蛇挡住了道路，走不过去了，赶快拐回去吧。"好酒的刘邦，此时又喝得醉醺醺的，酒壮英雄胆，他大喝一声："壮士行路，何惧大蛇当道？"然后拔出利剑，来到大蛇旁，迷迷糊糊地一剑斩下去，大蛇立时分为两段。

又趔趔趄趄地走了几里地，实在不胜酒力，刘邦一头歪倒在路边，昏昏睡去。而走在最后的那个人，来到大蛇尸体旁的时候，见一老妇人抚蛇痛哭。那人问老妇人为何而哭，老妇人答："有人杀了我的儿子。"那人又问："何人？为什么杀你的儿子？"老妇答："我的儿子是白帝之子，变化为蛇，挡住了赤帝子的道路，结果被赤帝子杀死了。"那人以为老妇人在胡说八道，正要与她理论，老妇人却神奇地忽然不见了。赶上队伍之后，此人将这段奇事告诉了大家，大家从此对刘邦更加刮目相看。而刘邦却在惊喜，原来蛟龙是赤帝，自己是赤帝之子。

总之，刘邦在白蛇身上下功夫，证明了"我爹是我爹"，目的是为"养老"创造后天条件。

包装三——老者"扬名"。

刘邦既然是神龙之子，为什么不生活在神的世界，来到人间干什么呢？《史记》又用一个经典的故事给了我们答案：

某一天，刘邦的老婆吕氏与一儿（后即位为汉惠帝）一女（后封为鲁元公主）在田间干活。一位老人路过，饥渴难耐，向吕氏讨水喝。吕氏不仅让老人喝足了水，还把自己的干粮也让给了老人。感激不尽的老人看看吕氏的相貌，说出一句："我看夫人之相，真是天下贵人。"吕氏闻言大喜，急忙把儿女推到前面，让老人给看相。老人说："夫人的儿女都是贵人，尤其是儿子，是天下大贵之人。夫人所以为贵人，也是因为你有这个儿子的缘故啊。"老人离去不久，刘邦来到田间看望妻儿，吕氏高兴地把老人的话学给刘邦听。刘邦听后，很感兴趣，急忙追赶上老人，请老人再为自己看看相。老人端详良久，说道："夫人和儿女都是沾您的光，才成为贵人。您的相貌，实在是贵不可言。"刘邦答道："假如真如您所说的那样，绝对不敢忘了您。"当然，可以想象得到，等到刘邦贵为皇帝之时，谁也不可能再见到那位老人。

总之，刘邦在老者身上下功夫，说明天将降大任于斯人，目的是为"扬名"打下坚实基础。

包装四——借祥云"立万"。

神秘老人昙花一现的目的，毫无疑问，只是为了说出那句"贵不可言"的预言。可是，"贵不可言"，到底贵到什么程度呢？贵为天子。这是秦始皇望气得出的结论。

据说刘邦起事之后，秦始皇常说："东南方向有天子之气。"于是，经常到东方巡游，一是为了魇压此气，二是趁机盘查可疑之人。刘邦心知此气与自己有关，惶惶不安，只好亡匿于芒砀山（今河南省永城市境内）中。虽然刘邦自以为藏得十分严密，可以做到深不知处，可只要吕氏想见他，却每次都能找到他，从不落空。刘邦觉得很奇怪，就问吕氏到底凭什么找到自己的。吕氏说："不管你藏在哪里，上方常有五色云气。只要循着气去找，一定可以找到你。"吕氏口中的"五色云气"，不用说，就是秦始皇所说的"天子之气"了。头顶天子之气，当然必为天子。

总之，刘邦在亲人身上下功夫，表明自己是天之骄子，目的是为"立万"筑牢万年基石。

上述环环相扣的神话故事，不过是要告诉人们，刘邦是神的儿子。刘邦这个神的儿子，降临人间的目的，是执行神的使命，当天子统治万民。

其实，这些奇奇怪怪的神话故事，是谁发明的，又是谁传播四方的呢？

答案很简单，除了刘邦，不会有别人。制造和传播这些谎言，目的是用来说明刘邦乃是奉神之命，下凡治理百姓，以便从当时的"法理"上证明刘邦君临天下的合理合法。显然，这些谎言的最大受益者就是刘邦及其家人。

3. 政治秀：我才是关中王

刘邦虽然发迹比较晚，属于大器晚成的牛人，但懂政治是他成功的法宝。

作为接过陈胜、吴广起义反抗暴秦接力棒的刘邦和项羽，其实两人在最开始的时候并不是"死对头"，而是好朋友。刘邦自号沛公，从沛县起兵的时候，其势力和项梁项羽叔侄率领的起义军相差很大，为了自保，刘邦选择了走政治路线的"委屈求全"——挂靠以项梁、项羽为首的"项氏集团"。在反秦的斗争中，刘邦和日后的对手项羽在同一阵营，共同领兵作战，可以称为难兄难弟。

刘、项二人走向对立面是因为一个著名的历史约定："先入关者为王。"

秦二世二年（前208）九月。秦国大将章邯统领大军荡平邯郸城，赵国主力撤退至巨鹿，大军也被围困。

当时重新崛起的六国贵族尊楚怀王为天下共主，赵国被围困，各国自然要挺身救援。

当时作为诸侯共主的楚怀王下令两路大军出击，并定下"先入关中者为王"的承诺。当时刘、项二人正好被分到了两支不同方向的军队，一支由刘邦带头，向西进行西征；另一支则由卿子冠军宋义率领，向北前往巨鹿救援赵国。结果，出人意料的是，项羽先是杀死宋义夺得兵权，然而毅然渡河，破釜沉舟背水一战，以弱胜强九战连捷，一举歼灭秦军主力，坑杀秦军二十万俘虏，威震天下。

然而，就在项羽进行艰苦的巨鹿之战时，刘邦却抢先一步攻入关中，接受了秦王子婴的投降，成了楚怀王口中的"先入关者"。

原来，和项羽直线进军的方式不同，刘邦刚刚出兵的时候，选择蛇皮走位的方式，他从砀郡出兵，击败成武、栗县守军，又返回砀郡休整。秦二世三年（前207），三月。刘邦再度从砀郡出发北上，绕过未能顺利攻克的昌邑城，转而西行进入河南地区。

在这里，刘邦出其不意地攻克陈留，截获了大量的物资，一举解决了粮草供应不足等后勤问题。随后，刘邦大军沿着大梁（今河南省开封市）、曲遇、荥阳，想从函谷关向关中进军。进军途中，半路杀出个程咬金——赵国的司马卬突然出兵想要抢先进入关中。

刘邦听闻消息后，开始与时间赛跑，他带领大军狂飙似的冲击到平津，扼守平津渡口这个军事要地，一举封堵住司马卬及其他势力从函谷关进入关中的通道。

此时的刘邦虽然紧邻函谷关，却没有能顺利攻克洛阳。眼看久攻不下，他以曲径通幽的方式掉转大军南下，想要从武关进入关中。

秦军主力屯集在巨鹿一带围攻赵国，但以洛阳、荥阳、大梁为核心的防御战线，并不容易被突破。

想要拿下武关，先要拿下军事重镇——宛城。

刘邦对宛城展开了多轮进攻，结果都没有奏效。对此，刘邦动摇了，他决定选择绕行从南阳一带向武关进军。

关键时刻，张良挺身而出，他力劝刘邦拿下宛城才是首要的任务，只要攻克这里，武关、咸阳自然不攻自破。而选择从南阳一带进入武关，必须沿着秦岭山脉行军，一旦后翼被包抄，势必会死无葬身之地。

刘邦在起兵之初，因实力弱，采取了打游击的战术。当然，那是当时特定的形势造成的——华北平原一片坦途，这样不会遇到真正的险境。然而，南阳盆地、秦岭一带山脉众多，绕其城池而行军，很容易被包围挨暴揍。

刘邦采纳了张良的意见，对宛城进行了围攻。久困于宛城的郡守自知大势已去，选择了投降。随后，刘邦统领大军拿下武关，向咸阳逼近。

这时的秦朝内部连遭政治变故，赵高弑杀秦二世，削夺秦国帝号，将子婴立为秦王。出人意料的是，上台后的子婴竟然诱杀了赵高。

子婴虽然大权在握，却内忧外患，刘邦的大军已进抵蓝田直逼咸阳城，秦军纷纷选择弃城而走。

攻城为下，攻心为上。刘邦兵临咸阳城后，并没有选择直接攻打，而是给子婴写了一封招降信。

看到这封信后，子婴坐在龙椅上半天都没动。应该说子婴是一个很有才华和大志的人，然而他生不逢时，如果早点让他来当秦王或者皇帝，相信凭他的能力，一定会把秦国治理得国泰民安。然而，胡亥已经把大好江山给毁得不成样子了。三年里，胡亥醉生梦死荒淫无道，赵高指鹿为马权倾朝野，逼得各地起义不断，而忧国忧民的子婴却夜不能寐。

普通人只看到皇家人的风光和体面，却看不到身为皇家人的苦楚和无奈。古往今来，帝王将相或为争权夺势，或为社稷安危，一旦皇宫有变，就将株连九族血流成河。

子婴感到很无奈，也很无助。最开始他还试图负隅顽抗，因为不甘心祖辈辛辛苦苦打下的江山就这样毁在自己的手里。然而，峣关之战，他倾尽咸阳所有兵力去守也没能守住。从这里他也明白了一点，再凶险的关口、再坚固的城墙也会被攻破，只有人心的稳固才是最牢固的防护。秦朝当年的建设工程搞得太多了，再加上苛捐杂税和一些扰国伤民的政策，全国百姓的心都向着起义军。秦王朝的气数终究是要到尽头了，这已非人力所能逆转。

"罢了，罢了，与其做无谓的抵抗，倒不如给自己留条后路吧。"

子婴握笔的手在颤抖，他知道自己这一笔下去，秦朝就将彻彻底底画上一个句号。罪人也罢，无颜面对祖辈也罢，子婴凄然一笑，闭上眼睛用那只颤抖的手写下了一个大大的"降"字。

秦王子婴元年（前206）十月，历史的聚光灯对准了咸阳。出降这一天，子婴白衣白袍，白绫系颈，乘着白马素车，气氛沉重而压抑。如果不是刘邦那一身鲜艳欲滴的红衣红袍分外惹眼，整个世界都似乎沉浸在无边的白色中。

刘邦以胜利者的高昂姿态接过了子婴双手呈上来的玉玺。一枚小小的玉玺宣告了一个国家和一个时代的彻底终结。大秦王朝就这样画上了句号。

"楚虽三户，亡秦必楚。"一语成谶，诚为斯也。

值得一提的是，四十九年前，周天子也和子婴一样，白马素车，跪拜于地，双手呈玺，狂风大作，天地为悲……

《史记·秦始皇本纪》中，记有秦始皇在灭掉六国后说过的一些话，其中有几句颇为耐人寻味："寡人以眇眇之身，兴兵诛暴乱，赖宗庙之灵，六王咸伏其辜，天下大定。今名号不更，无以称成功，传后世。""朕为始皇帝，后世以数计，二世三世至于万世，传之无穷。"

贾谊在《过秦论》中写道："天下已定，始皇之心，自以为关中之固，金城千里，子孙帝王万世之业也。"文中点评的正是秦始皇当时的心态。"燕赵之收藏，韩魏之经营，齐楚之精英"，秦帝国都拥有了，还怕什么呢？

巅峰处的孤独，让人失去理智。这种孤独，是失控的孤独，是没有掣肘的孤独。秦始皇这几句话，相当傲慢自信，甚至是狂妄自大。在历史上，处于事业巅峰的君王，一旦头脑极度发热膨胀，失去清醒和理智，大都很快跌入谷底。

《过秦论》中分析秦亡的原因："一夫作难而七庙隳，身死人手，为天下笑者，何也？仁义不施，而攻守之势异也。"有形的敌人没有了，无形的敌人正在聚集。"族秦者，秦也，非天下也"，杜牧《阿房宫赋》中的这句名言，说得准确、精当、深刻。从秦国到秦帝国，这段漫无边际的奋斗史和短暂的盛衰史，发人深思，耐人回味，令人感慨。

那么，为什么当时实力远不如项羽的刘邦能够做到先入关中呢？

一个重要的原因是秦军主力全部集中在了河北一带。章邯当时集中所有兵力围困赵国，以图巩固黄河以北地区。这样一来，他就能够腾出手来南下进攻楚军。章邯不会想到此次的赵国争战成了他一生中最大的误点，被一穷二白的刘邦捡了漏。

还有一个重要原因是刘邦身边的参谋张良非常给力，他不但改变了刘邦的作战方式，还健全完善了刘邦的战略部署，使得刘邦以最好的进军路线和方式攻入了关中。

当然，刘邦尽管第一个入关中，但他并没有成为关中王，关中王被实力更为强大的项羽占据，被架空的楚怀王的诺言成了一纸空言。随后，项羽分封十八王，将刘邦贬谪在巴蜀之地，让他当"山大王"去了。

二、建汉的那道坎

（一）安内：楚汉争霸启示录

1. 九死一生的彭城之战

楚汉战争，这场长达四年的争霸战概括起来分两条战线：主线和支线。主线包含三大战役，分别是彭城之战、成皋战役、垓下战役，而支线包含四大战役，分别是三秦战役、安邑战役、井陉战役、潍上战役。

下面，来看主线三大战役的第一大战役：彭城之战。

刘邦出关后，采取大将军韩信"明修栈道、暗渡陈仓"之计迅速平定了三秦之地，撕开了项羽在关中设下的警戒线和屏障区。而这个时候的项羽正率大军在"安内"——征讨东边不安分的齐国。刘邦借此良机，一方面以信笺的方式稳住项羽，说是平定了三秦之地便会收兵；另一方面率军大举东进，目标直指项羽的都城彭城。

当时，刘邦的大汉有塞王司马欣、魏王魏豹、翟王董翳、殷王司马卬、河南王申阳、赵王赵歇、代王陈馀、常山王张耳、韩王韩信等十大诸侯王相助，总兵达五十六万。

随后，刘邦采取了兵分三路的战略部署。第一路中路军由刘邦亲自统领，从洛阳直接向东前行，目标直取彭城。第二路北路军由曹参、灌婴统领，会合陈馀军从梁鲁，与中路军会师，目标直指彭城。第三路南路军由薛欧、王吸统率,自关中出武关走南阳,攻阳夏,再一路向前,目标也是彭城。

面对刘邦的出招,项羽采取了"兵来将挡、水来土掩"的战略部署,派韩王郑昌和殷王陈平前往韩地,目的是抵挡住刘邦中路大军的推进,同时派"战神"龙且抵挡北路军,派"战仙"钟离眜率兵攻阳夏阻拦南路军。同时,项羽还马上遣使者赴九江,请九江王英布出马支援,彭城之战的外围战就这样悄无声息地打响了。

首先,来看刘邦的先发制人——猛虎下山。

针尖对麦芒,比的是实力和势力。三管齐下,效果果然是看得见的,首先是北路军发威,在定陶击破了项羽手下的"战神"龙且,南下砀和冲破了楚军二王(韩王郑昌和殷王陈平)的阻挡,和刘邦的中路军胜利会师后,一鼓作气拿下了项羽都城彭城。虽然驻扎在阳夏的"战仙"钟离眜是唯一没有辜负项羽厚望的将领,成功抵挡住了汉军南路军的进军步伐,但随着彭城的告破,他一夜之间成了孤立无援的孤军。值得一得的是,九江王英布以"生病"为由,自己安心在九江坐山观虎斗,为了给项羽一个"交代",他只好派了几千老弱病残的士兵前去支援了事,结果这点兵自然连塞汉军的牙缝都不够。总之,以迅雷不及掩耳之势夺取彭城,刘邦的先发制人效果显著。

其次,来看项羽的后发制人——灵蛇出洞。

彭城被刘邦攻陷后,楚地成了刘邦的一亩三分地,项羽面临着艰难的选择。齐国是个"难剃头",屡平不息,此时还处于动荡状态,如果项羽回师救楚,则面临两线作战,腹背受敌,进退维谷的危局。如果不去救,继续征服齐地,坐等刘邦的联军在楚国地盘上扎牢了根,到时候只怕想再来撼动他就比登天还要难。

关键时刻,项羽的政治眼光还是体现出来了,他终于看明白,齐国虽然乱,但不足为虑,让他们闹闹也无妨,而刘邦才是心腹大患,不及时拔掉这颗比老虎还毒的毒牙，留下的必定是无穷的祸患，对于他来说，可能是毁灭性的后果。对于项羽来说，没有过多的时间来考虑，他必须果敢迅速地做出决定。于是乎，他以快刀斩乱麻的方式，立马做出了一个超乎常人想象的军事行动：一是让楚军大部队继续在齐国境内"剿匪"，这是"欲盖弥彰"，达到迷惑刘邦的目的。二是亲自带领三万精兵去救彭城，这是"绝处逢生"，达到驱逐刘邦的目的。

这个作战部署的风险很快就体现出来了，以三万兵力去对付对方五十六万兵力，这无异于鸡蛋碰石头，自取灭亡。项羽却用实际行动证明了什么叫出奇制胜。因为他这时率领的三万兵马不是一般的兵马，而是楼烦骑兵。

楼烦人能骑善射，战国时就给赵国充当雇佣骑兵。秦朝蒙恬率大军击破匈奴，收复河套，筑长城驻守，也收编了不少楼烦骑兵。而在巨鹿之战，秦将王离率领的楼烦骑兵被项羽击败。项羽便借机收编了这支楼烦骑兵，逐渐培养成了自己的秘密武器。此时所启用的正是这个秘密武器。

而项羽和他的骑兵让人眼前一亮的地方主要体现在两个方面：一是速度快。因为是专业骑兵，这支队伍的行军迅速惊人，用日行千里来形容一点也不为过，这样的速度是常人无法想象的。二是战斗力强。行军到鲁地时，遇到了大汉集团第一悍将樊哙，结果一向天不怕地不怕的樊哙被打得满地找牙，狼狈而逃。楚军随后绕道今山东枣庄、曲阜等地，尽量避免和汉军交战，尽量做到快马加鞭，神速至极。最后穿越胡陵后，包围了萧邑，然后一番攻防战后，汉军大败，残余部队逃往彭城。

而项羽没有给他们苟延残喘的机会，穷追不舍地追到了彭城外，从而迎来了楚汉两大集团第一次真正的大碰撞。

战斗很快就一边倒，拥兵三万的楚军，以一敌百，个个生龙活虎、锐不可当。而几十万联军此时还在睡梦中，突遇楚军的大规模偷袭，怎能慌乱两字可以形容。而慌乱的结果是造成刘邦联军指挥系统瘫痪，根本无法组织有效的反抗，而趁热打铁也是项羽的拿手好戏，于是在他攻势如潮的攻势下，抵挡不住的汉军只有溃逃的份了。

然而，彭城三面皆陡山，一面环水（睢水），与其向"血山"上求死，不如向"死水"中求生。结果睢水成了汉军心中永远的痛，落水后，被水淹死的大有人在，被自己人踩死的大有人在，被追逐而至的楼烦骑兵砍杀的也大有人在，九死一生而成功过河的少之又少，大部分都死在了睢水之中，以至于出现了"睢水为之不流"的凄惨景观。就连统帅刘邦也是充分发挥脚长善于跑步的特长，在彭城西又利用三寸不烂之舌使得楚将丁公放了自己一马，利用老天爷狂风怒号发威的帮助，才得以成功逃脱，最终有惊无险地逃到下邑，成功脱险。

2. 楚汉议和原来是这么回事

彭城之战中，刘邦因为大意，所率五十六万大军被项羽三万铁骑打败了。痛定思痛的刘邦很快召开了一次会议，随后制定了"游击战术"去骚扰项羽后方的战略。他于是派卢绾和刘贾率领两万人潜入楚地腹部，很快就与一直在那里搞"游击战"的彭越彭大将军会师了。

三人分工很明确。彭越熟悉地形，负责放火（烧辎重）；卢绾和刘贾在外面等着，负责杀人，很快便把项羽的后方捣得一团糟。

而在正面对战中，项羽充分发挥个人善战的特点，将刘邦围困在荥阳达数月之久。特别是项羽派兵捣破了刘邦的运粮通道后，刘邦的好日子便彻底结束了，接下来没粮的紧日子让他真真切切体会到什么是冰火两重天。这时候的楚军像潮水一般越来越多，他们斗志昂扬，士气大涨，把荥阳围了个里三层外三层。在这个危急时刻，谋士陈平出场了，他给刘邦献出了反间计。

结果刘邦散尽千金让陈平去实施反间计。都说有钱能使鬼推磨，果然，陈平在散尽千金的同时，效果也是很明显的。很快，楚军大营内谣言四起：钟离眜等人多年征战而未得封赏，有反叛项羽、投降刘邦之心。结果愣头青项羽很快就对钟离眜等人产生了"信任"危机。

这样一来，钟离眜等将领的才干无法发挥，前线作战的能力便大打折扣了。楚军对荥阳城的攻势也因此缓了下来。

至此，陈平的反间计初见成效。接着，他再接再厉，马上施行了反间计更深层次的"攻心战"。

陈平攻心战的目标是项羽手下唯一的谋士范增。结果没脑子的项羽再度中计，很快对范增产生了怀疑。范增一怒之下告老还乡，结果病死在归乡途中。

此后，痛定思痛的项羽对荥阳展开了强攻，刘邦眼看抵挡不住，便采取了"诈降记"，用人假冒自己投降，然后乘乱从后门溜走了。

慌不择路之下，刘邦只带了夏侯婴一个"保镖兼司机"。到了齐地后，他上演了"微服私访"，眼看韩信还在睡觉，他迅速做出了偷梁换柱的举动，把韩信的令牌拿在了自己手上，然后理所当然地把韩信的兵权夺过来了，从而使得原本是孤家寡人的自己，一夜之间又变成了拥军数万的主子，从而很好地起到了稳定军心的作用和效果。

刘邦逃走了，项羽顺利拿下了荥阳和成皋，但就在这个大好时候，彭越等人在楚军的后方又是杀人放火，又是烧毁粮道，弄得楚地一地鸡毛，千疮百孔。

彭越这时也充分展示其悍将的作风，他并没有小富即安，而是马上再向楚地的其他地方进军。很快睢阳、陈留、外黄等十七座城镇（均在今河南商丘以西）就由楚旗变成了"彭"字大旗。

这一下事情可就闹大了，后防的危机直接关系到前方的战局。项羽在成皋坐不住了，于是派大司马曹咎守成皋。

事实证明项羽就是项羽，他的剑光指到哪里都是战无不胜的，这次也不例外。彭越连夺十七城，他还来不及高兴，就惊愕地发现项羽的大军已经攻到自己所在的外黄城下了。都说一物降一物，别看彭越平日勇猛异常威不可当，但在项羽面前就像一只病老虎一样，哪里还有半点生机。很快，彭越占领的城池又都被项羽夺了回来。

然而，就在项羽回军的时候，刘邦趁机对成皋进行了反攻。结果守成皋的曹咎是个庸才，很快被刘邦打败，就这样，成皋又重新被刘邦夺回去了。

项羽率大军归来后，经过和刘邦的汉军数轮交锋，双方对峙于广武。汉军的策略很简明，依据险要地形，坚守不战，任凭楚军如何挑战都无动于衷，就这样双方对峙数月后，项羽着急了，他急着与刘邦决一雌雄，原因有两个：一是粮草告急。此时的刘邦拥有敖仓之粮，吃上一年半载也不愁；而楚军后方的粮道被彭越已经糟蹋得不成样子，粮草告急，温饱成了楚军的当务之急。二是局势告急。刘邦重用韩信，让他开辟北方战场，结果不负众望的韩信很快便歼灭了归附项羽的赵王歇、魏王豹，而齐地此时成为唯一"健存"的楚军盟友。如果齐地再失陷，韩信、英布、彭越三虎一旦联合起来，那么楚军将会陷入四处挨打的万劫不复之境。

项羽当然没有选择坐以待毙，而是选择了主动出击，使出了看家本领，打出了三张牌。

第一张牌：亲情牌——黑虎掏心。

项羽此时把在彭城之战中擒获的刘邦的父亲刘太公和老婆吕雉从幕后推到了前台，绑在大木案上，旁边架起一口大锅，锅下火光熊熊，锅内热气腾腾，然后对刘邦放出狠话，要想你老爹和你老婆活命，投降是唯一的选择。

面对项羽赤裸裸的"威逼"，刘邦直生生地回了两句话。第一句话：要我投降，白日做梦。第二句话：我们一同起义，是拜把子兄弟，一起同过窗（共侍义帝），一起分过赃（这个不能无）……总之，我爹也就是你爹。如果你真要煮杀你爹，那就分一杯肉汤给我喝吧。

见过流氓的，没见过这么流氓的。项羽一怒之下就要动刑，结果

"老好人"项伯在这个关键时刻出现了，在他的劝说下，项羽悬崖勒马，饶刘邦的亲人不死。

总之，项羽的第一张亲情牌，因为刘邦的"无情"而没有发挥作用，黑虎掏心变成了一片痴心。

第二张牌：爱情牌——一箭穿心。

威逼刘邦不成，项羽索性赤膊上阵，约刘邦进行单挑。理由是再苦不能苦百姓，再穷不能穷百姓。为了天下苍生着想，为了让百姓早点解脱战乱之苦，咱们以这种公平公开的方式了却此生恩怨，岂不美哉、快哉。

刘邦呢？当然不会跟项羽比这种毫无技术含量的单挑定输赢的游戏。但面对咄咄逼人的项羽，他也不愿在楚汉两军面前丢脸，于是提出了自己的观念：我只和你斗智，不斗勇。

项羽便大骂刘邦是缩头乌龟，并指出他"胆小如鼠、色胆包天、欺世盗名、无耻小人"等"恶贯满盈"，是个不折不扣的"小人"。

刘邦便大骂项羽是乌龟王八蛋，并宣布他"杀君弑主、残暴不仁、背信忘义、大逆不道"等"罪十条"，是个不折不扣的"伪君子"。

刘邦那是什么人，是靠一张利嘴闯天下的，到最后自然说得项羽一无是处，说得项羽哑口无言。项羽一怒之下，顾不得文明不文明了，搭弓上箭一气呵成，对着刘邦就射了过去。刘邦猝不及防，箭正中他的胸部。

但刘邦毕竟是刘邦，他有着过人的智慧，就在受伤倒地，众人一片惊呼之际，他忍着伤痛，爬起身子，对项羽大声说道："项羽无耻小人，暗箭伤人，果然不愧为神箭手，居然射中了我的脚指头。"

用语言迷惑住项羽和楚军后，当天夜里，刘邦用行动（当天夜里，装着若无其事的样子巡营）迷惑了手下的汉兵们，然后，悄悄转到成皋去养病，一个月后，康复了的刘邦才又回到一线。而整个过程，项羽都不知情，也就放弃在刘邦受重创期间对其发起最后一击。可以说刘邦的"瞒天过海"之计取得了完美的成功。

总之，随着双方重新进入大对峙阶段，项羽的第二板斧也以失败告终。

第三张牌：友情牌——剑胆琴心。

逼迫人质失败，单打独斗失败，自感时不我待的项羽没有犹豫，也没有徘徊，果断地再度出招，打出了第三张牌：抗汉援齐。

韩信在北方战场取得了巨大的成功，破魏，破赵，降燕，占领了楚的东方和北方的大部分地区，大有形成对楚国的围攻态势，此时他又把目标对准了齐地，欲彻底平定北方。面对咄咄逼人的韩信，齐王田广一边把"说客"郦食其扔进油锅炸以泄其愤，另一方面，向项羽示好。唇亡齿寒，目前楚国和齐国就是一条线上的蚂蚱，相依相靠，相辅相成。因此，项羽自然不能坐视不管，决定抗汉援齐。为此，项羽派出了自己最为得力的干将龙且做主帅，外加虎将周蓝、项冠为副帅，并给了他们二十多万楚军，意在一举击溃韩信，解除两翼的压力。

结果轻敌的龙且大败于战神韩信手下，齐地自然也成了汉军的一亩三分地。

总之，随着龙且的惨败，项羽的第三张友情牌宣告失败。而龙且的损兵折将更加减弱了项羽正面战场上的进攻力量，使项羽的处境更趋困难。这个时候，韩信彻底平定了北方，完成了对楚国的剪翼行动。英布所部在淮南也取得重大进展，和刘邦、韩信组成了"犄角"关系链，形成了对楚国三面包围的态势。而与此同时，"钻山豹"彭越也很给力，他的游击军不断扰乱楚军后方，攻占了昌邑（今山东省荷泽市巨野县和济宁市金乡县境内）等二十多座城池，切断了楚军的补给线。很快，楚军粮食告急，陷入了进退两难、饥饿难忍、生死两茫茫的尴尬之境地。

腹背受敌，陷于绝境。项羽见大势已去，危局难撑，于西楚霸王四年（前203）八月释放了太公和吕雉，和刘邦签订了和约：楚汉平分天下，鸿沟以东归楚，鸿沟以西归汉。这样，才出现了人们所熟知的"楚河""汉界"。

楚河汉界位于荥阳成皋一带，它北临黄河，西依邙山，东连平原，南接嵩山。至今荥阳广武山上还残留着两座古城遗址，其东叫霸王城，其西叫汉王城，相传为当年刘邦、项羽所建造。两城之中有一条宽约300米的沟，就是当年楚汉对垒的鸿沟。

3. 项羽自刎之生死谜

"鸿沟和议"后，西楚霸王项羽信守诺言，率十万"疲军"绕南路、沿固陵方向的迂回线路向楚地撤军。然而，汉王刘邦言而无信，他听从谋士张良、陈平的建议，趁楚军疲师东返之机自其背后发动偷袭，最终逼使项羽兵败退守垓下。

项羽和刘邦的最后大决战也拉开了帷幕。是英雄还是枭雄，垓下这一战见分晓。这是项羽率领楚军和刘邦率领汉军第一次正儿八经的大规模正面作战，也是最后一次，成王败寇，在此一举。

西楚集团的总兵力只有十余万人。而大汉集团的总兵力高达五十余万。其中具体分布为：刘邦自带军十万余人，韩信拥兵三十余万，彭越拥兵五万余人，英布拥兵五万余人。决战前，刘邦祭出明智之举，把兵权交给战神韩信，让他来指挥这场旷世之战。

韩信也不负刘邦的厚望，马上祭出了高级战术：十面埋伏。

两军开战后，韩信首先祭出打草惊蛇战略。他亲率一部分先锋军主动向楚军发动挑衅性进攻，项羽那是啥火暴脾气，听说汉军来了，立刻倾巢出动，亲自率领十万楚军发动其标志性的"直线攻击"战术，目标直指汉军统帅韩信，想以雷霆之势将汉军直接击溃。

接着，韩信又祭出抛砖引玉战略。他率的先锋军与楚军稍作简单的"离距离"的接触后，便立马后撤。楚军自然不愿意让他们轻易逃走，于是奋起直追。汉军且战且退，优哉游哉，吸引着楚军进入了他们的埋伏圈。因为汉军已做好坚实的纵深布置和充分的准备，项羽的锋矢根本不能接触到韩信的指挥系统，非但直线攻击战术无法奏效，还使得自身的阵型出现散乱，造成前后军之间严重脱节。眼看已经达到诱敌深入的目的，早已磨刀霍霍的孔熙、陈贺所率的左右两军自楚军左右两侧迂回包抄楚军侧翼。

最后，韩信祭出了趁火打劫战略。韩信见时机成熟，率军发起反击，他精心布置的十面埋伏开始发威。项羽越来越感到不对劲，以往对手就像一堵墙，一捅就破，但今天的对手就像一团棉花，柔柔软软，层层叠叠，冲破一层又一层，似乎无穷无尽。眼看形势不妙，项羽充分发挥果敢的作风，掉转马头，下令让前军变后军，立马突围。但这时楚军已经深陷汉军的埋击圈，想要全身而退，不是那么容易的事了。结果可想而知，尽管项羽凭着举世无双的匹夫之勇突围成功，他手下的楚军却没有那么幸运了，大多数成为汉军的刀下鬼和阶下囚。

至此，垓下之战的正面之战以项羽的惨败告终。

垓下大战以楚军大溃败而告终，从而宣告了楚汉之争的主线三大战役落下帷幕，现在汉军要做的就是：收拾残局。

面对楚军采用缩头术的防守，刘邦感到很头疼。正在这时，韩信出现了。他刚刚率大军凯旋，显得满面春风，笑容可掬。刘邦像是抓住一根救命稻草一样，马上问计于他："爱卿，项羽如果一直坚守不出，我们如之奈何？"

哪知韩信听了哈哈一笑，没有直接回答刘邦的问题，而是反问道："大王，问您一个问题，如果一只鸟儿不肯叫，该怎么办？"

"等它叫？"刘邦弱弱地答道。

韩信点了点头，又摇了摇头，然后道："要想让鸟儿叫，办法有三种，一是等他叫，二是求他叫，三是逼他叫。你觉得哪种最好？"

刘邦这回学乖了，直接摇了摇头，表示不知道。

"这个要看时机和火候。比如在起义之初，我军势单力孤，要想让鸟儿叫，我会求他叫，因为只有他叫了，才能帮助和保护好我们，我们才有机会脱颖而出。比如在争霸之中，双方势均力敌，要想让鸟儿叫，我会等他叫，因为我那时没有足够打败对手的能力，只有等待，才可能等到突如其来的好机会。"韩信说到这里，顿了顿，才接着道，"然而，此一时彼一时，现在让一只鸟儿叫，最佳的办法是逼。为什么这么说呢？我们现在占据天时、地利、人和的绝对优势，击败对手如探囊取物。如果在这样良好的局面下，还一直苦等，一直苦求对手'叫'，一来可能坐失良机，二来可能痛失良策啊。"

"现在项羽被我们的大军里三层外三层地围困，这的确是良机啊。只是这良策还得请爱卿赐教啊。"刘邦显然听出了韩信话中的"弦外之音"，自然喜出望外。

韩信没再转弯抹角，直接说出了四个字：四面楚歌。

楚歌是指中国古代楚国之地的歌曲名谣，屈原的《离骚》就是楚歌中的代表之作。每个人都有故乡情结，因此，对于楚军来说，楚歌便是他们心中的动力源泉和精神支柱。

通过唱楚歌的方式，动摇楚军的军心，瓦解楚军的士气。这的确是一个好办法啊。刘邦大为称赞。

很快，一支由楚军的降兵和汉军中能歌善唱者组成的楚歌"文艺演唱队"便成立了。因为当时的条件有限，如何让楚军们都能顺利听到楚歌，宣传至关重要。刘邦不断增加楚歌"文艺演唱队"人数，都说众人拾柴火焰高，很快这支楚歌"文艺演唱队"就演奏出穿越时空的天籁之音，歌声传遍了楚军大营内外。

项羽军中大部分人是楚人，思乡情切，想尽快结束战争，在歌曲的感染下，纷纷选择逃离，楚军铁打的营很快便成了流水的兵……

项羽原本是想等天亮了，组织剩下的三万楚军再和汉军决一死战，

二、建汉的那道坎　053

夜间听见四面围住他的军队都唱起楚地的民歌，不禁非常吃惊地说："刘邦已经得到楚地了吗？为什么他的部队里面楚人这么多？"接着，他又听闻楚军将士逃离的消息，心中已丧失了斗志，便从床上爬起来，在营帐里面喝酒，以酒解忧，自己吟了一首诗，诗曰："力拔山兮气盖世，时不利兮骓不逝，骓不逝兮可奈何，虞兮虞兮奈若何。"并和他最宠爱的妃子虞姬一同唱和。歌数阕，直掉眼泪，在一旁的人也非常难过，都低着头一同哭泣。唱完，虞姬自刎于项羽的马前，项羽英雄末路，带了八百余名骑士突围，最终只余下二十八人。他感到无颜面对江东父老，最终自刎于江边。

后人有诗叹曰：生当作人杰，死亦为鬼雄，至今思项羽，不肯过江东。

项羽为什么会做出如此过激的选择，以至于让后人唏嘘不已，不时发出"至今思项羽，不肯过江山"的悲悯之情来呢？

后人分析项羽不肯过江东的主要原因是其自尊心过强，羞于见江东父老父亲。然则，有一个很重要的细节，后人却忽略了，那就是那位如同诸葛亮般算路深远的乌江亭长。

乌江亭长究竟是什么样的人？他怎么知道项羽一定会逃到乌江边来？他为何要冒死来救项羽呢？

要解开诸多疑团，我们还是回到那次乌江大逃亡中来。项羽在慌不择路时，曾向一个田里耕作的老民问过路。其实，我们都知道，如果不是情况万分火急，依项羽的性格是不会主动和"陌生人"问话的，但这个时候的他是人在屋檐下，不得不低头，所以一向金口难开的他说出了自毁前程的话。这个对象是找到了，老农在田里耕地，显然是本地人，自然对这一带相当熟悉，因此向左走向右走这样简单的两条路他是了如指掌的，闭着眼睛也知道往哪里走。但偏偏项羽平常就是个大大咧咧的人，再加上他当大王这么多年了，向来都是被万众景仰的，向来都是他打人骂人杀人，我行我素，因此，才会在这十万火急的关键时刻还把自己当大哥，当主宰者。

　　这就是项羽的霸道，但老农不吃这一套，他虽然没法直接跟他的霸道抵抗，却采取温柔一刀，用手随意一指，项羽的命运从此就被改变了。正是因为迷路风波一闹，耽误了时间，项羽成了汉军紧追不舍的对象。连一个老实巴结的老农都敢欺骗他，这是天真而纯情的项羽始料不及的，也是极为震撼的，对他的打击之大可想而知，对他的心灵冲击堪比"地震"。也正是因为这样，面对此时乌江亭长的恭敬、体贴、谦卑、礼让，项羽丝毫没有被感动，相反，他在思考着这样的问题："亭长是不是一个别有用心的人？"

　　当然，客观分析，乌江亭长的举措确实有可疑之处。

　　首先，乌江亭长怎么知道项羽一定会跑到这里来？当然，这也可能是因为亭长很熟悉这里的地形，算准了项羽只有从这里才逃得出去。

　　其次，乌江亭长为什么只弄了一条船，而且是小得不能再小的船，只能容下一个人。多弄几条船或是搞个船队就不行吗？当然，这也可能跟时间紧有关，亭长可能是听到项羽战败的消息马上赶到这里守候的，匆忙之下便没有工夫做其他事。还有就是亭长对局势很了解，看清了形势，知道垓下之战，项羽必败。一直守在这里，就是希望碰着项羽，关键时刻贡献自己的力量。再有一个原因就是船多了目标大，容易让人怀疑，特别是刘邦的势力已经在全国各地开花，甚至江东都被韩信的大军步步蚕食了。弄个船队，等于掩耳盗铃，自取其咎。

　　其实，稍有常识的人也会判断出乌江亭长是个好人，为什么呢？因为亭长根本用不着这样舍身来救项羽。退一万步来讲，如果亭长是个坏人，或是刘邦的间谍，到了这个时候根本就不用再露面了，因为前有大江，后有刘邦的大部队追兵，项羽已经进退无路。此时如果项羽直接杀了他，自己把船摇到江对岸去，岂不更好？

　　一朝被蛇咬，十年怕井绳。项羽的心扉一直不曾为外人打开，因此他为人做事除了鲁莽，便是警惕，除了身边几个最熟悉的人，其他人都是不信的，特别是陌生人，你给他一百个理由也不能让他对你信任。而这次逃亡，项羽在问路时就被一个老农给骗了，给忽悠了，因此，此时面对一脸善意一脸真诚的亭长，他是犹豫的，是怀疑的，自然不会完全相信亭长是一心一意、全心全意来救他的，再加上兵败后自感无颜再面对江东父老的自尊心作怪，最心爱的虞姬自刎而死的灰心作祟，最终他选择了一条不归路：宁鸣而死、不默而生。选择了以虞姬同样的自刎方式结束了自己光辉而短暂的一生。

（二）攘外：匈奴的外交政策

1. 矛头对外，这是一个美丽的误会

在长达四年的楚汉争霸中战胜不可一世的项羽，一统天下后，刘邦并没有就此过上高枕无忧、安稳舒适的生活。相反，他为边疆问题而烦恼着痛苦着。

挑起边疆纷争的是北方的强悍游牧民族匈奴。

匈奴人生活在北方广大的草原和戈壁上，他们从小就能骑善射。凭借这一本领，他们常常到处掠夺奴隶，抢夺财物，扩大地盘。

项羽和刘邦进行楚汉争霸时，匈奴人也进行了一次翻天覆地的内部动荡调整。一个叫冒顿的年轻人继承单于之位后，东灭东胡，西征大月氏，北破丁零，南征楼烦，还吞并了乌孙、楼兰等三十六国的大片土地，在大漠南北和现今的东北、西北及中亚、西伯利亚的广大地区建立了霸业。

在北方建立霸权后，野心勃勃的冒顿一直觊觎中原的肥沃和富有，很快就把目光锁定在雄霸中原的大汉王朝身上。

他多次侵扰汉之边疆，弄得鸡犬不宁。告急文书雪花般传来，刘邦一怒之下，不顾自己年老体衰的现实，决定亲自挂帅出征，去抵抗匈奴。

汉高祖七年（前200）十月，刘邦挑选三十万精兵，从咸阳直接向太原出发。由于是刘邦亲自出征，很多元老级重臣都跟随他出征了，其中包括樊哙等武将，也包括陈平等谋士。

刘邦大军很快就抵达了马邑。冒顿见汉军势大，于是将计就计，采取了"诱敌深入"的办法，派一小部军队和其交战，然后故意大败，引刘邦的大军穷追不舍。

当骑兵到了平城（今山西大同）时，步兵和一些落队的骑兵被远远地甩在了后面。

这时天气突然变得奇好。刘邦终于看到了蓝天白云，下令在平城休息休息再说。

结果刚进城，冒顿的四十万大军突然出现在城外二十里的地方，大有包围平城的迹象。刘邦大吃一惊，这平城城小墙薄，被困在这里只有死路一条。他当机立断，马上下达了撤军命令。

这时，匈奴骑兵的叫声越来越大，已从四面八方围集而来。汉军仓皇之下，交起手来，但哪里是人家的对手，只有节节败退的份儿。

好在天无绝人之路。就在刘邦认为凶多吉少时，前面出现的那座大山救了他一命。刘邦喜出望外，下令向山上撤退。这山口两边是峭壁巨石，中间只两丈来宽的口子，易守难攻。这座山叫白登山（位于今山西省大同市东北）。

冒顿眼看一时半会儿攻不上去，他是聪明人，知道此时的汉军不到十万人马，而且山上又没有挡风避雨的屋子，这天寒地冻的，只要把汉军围在山上几个月，饥寒交迫之下他们肯定会不攻自破。于是，他马上叫手下四十万人马把山围了个水泄不通。

刘邦上山后，眉头紧锁：这光秃秃的山上既无衣又无食，自带的粮食只够吃五天啊！更要命的是，他的步兵又被冒顿派人半路拦截住了。

几天过去了，匈奴人只围不打，刘邦的眉头锁得更紧了，他知道再等下去，就只有死路一条，于是暗思破敌之策。

关键时刻，刘邦手下的大谋士陈平出场了，他是个精细人，自从被困在山上后，就一直在思考破敌之策，后来他找了几个匈奴人谈话。这次谈话却不经意间改变了一切，因为他了解到冒顿的一些特殊习性和嗜好，一条妙计油然而生。

他低声在刘邦耳边一阵嘀咕。刘邦一听喜出望外，马上从军中找来了能言善辩且懂星相术的李公去办这件事。李公先扮成匈奴人的样子，提着一个大袋子出发了。李公到了匈奴的大本营后，没有直接去找冒顿，而是去找了一个年轻漂亮的女人，一个令冒顿俯首称臣的女人。这个女人就是冒顿的妻子——阏氏。

冒顿非常疼爱阏氏，用句话来形容就是"揽阏氏于怀抱兮，乐朝夕与之共"。

李公直奔阏氏"闺帐"，见了面后，先送上礼物再说。他打开袋子，但见里面装满金银珠宝、绸缎之类的东西。这些都是阏氏最喜爱之物，她看了眼睛直发光，一张脸竟如阳光般灿烂。她当下就笑纳了。

收了礼物，她来了个"来而不往非礼也"，直接问李公有何求。李公说他并无所求，此番来只是想转告她一个天象。

阏氏做洗耳恭听状。

李公说："近几天看天上月亮和星星都呈灰暗之色，就连早上的太阳也灰蒙蒙的，像是从水里捞出来的一般，你知道这是为什么吗？"

阏氏问："这是为什么？"

这正合李公的意，他顺着话就往下说："这是日月星辰在告诉我们，眼下这场战争与汉人打不得啊！"

阏氏一听大感好奇，于是问一个亲信侍卫是不是有这么一回事。侍卫得了李公不少好处，再加上这几天天气确实有点反常，于是给予肯定的回答。

听了侍卫的话，阏氏又联想到曾听说过刘邦脚上有七十二颗痣，是真龙天子下凡的传言，心里有点害怕了："人家既然是赤龙的儿子，肯定会得到老天的保佑，杀他只怕对自己不利……"

李公眼看阏氏已有动摇的迹象，不再等待，使出了撒手锏，变魔术似的从怀中掏出一样东西送给阏氏。阏氏打开一看，却是一幅画，画中是一个美女，美人一顾倾人城，再顾倾人国。

阏氏一看画上的女人把自己的美貌给比下去了，自然不干。她一脸不悦地问道："先生拿这幅美人图有何用处？"

李公要的就是这种效果，脸上却不动声色："汉帝被单于围困，想罢兵修好，特把金银珠宝奉送给您，求您代为化解。汉帝担心单于还不肯答应，愿将国中第一美人献于单于，只是美人不在军中，所以先把画像呈上，现已派人去接，很快就会到来，还请您代为转达。"

阏氏头摇得似拨浪鼓："这倒不必了。"她把那幅画还给李公的同时，还附带了一个坚定的承诺，"退兵的事包在我身上。"

陈平就是陈平，料事如神，金银珠宝加天气变化加美女刺激，阏氏就此被搞定，而搞定了阏氏就等于搞定了冒顿。果然不出所料，冒顿被阏氏的耳边风一吹，决定马上撤军。

已断粮好几天的汉军正处在崩溃的边缘，冒顿的突然撤兵让他们丈二和尚摸不着头脑，他们不敢相信这是事实，只是看了又看，探了又探，望了又望，最后才不得不承认：匈奴大军确实走了。

于是，汉军就此完成了他们的首次草原"数日游"——撤军了。于是，刘邦就此完成了人生当中这场不漂亮的征战——打道回府了，一句话：死里逃生。

2. 挂帅亲征，这是一个生死的较量

白登山事件发生后，匈奴更加嚣张了，对汉边界进行了更疯狂的入侵。刘邦虽然心有余悸，但此时朝中无大帅，他思来想去，最终决定再度挂帅亲征去平叛匈奴。

汉高祖八年（前199）的冬天，刘邦率大军再次来到了最前线。结果这一次，匈奴和汉朝玩起了"躲猫猫"游戏。就这样，可怜的刘邦

劳师动众,忍着酷寒在边疆转了一个多月连个匈奴人的影子都没有见到。此时边疆北风呼呼地吹,一种叫寒冷的东西整天包围着刘邦,刘邦知道自己再这样下去,只怕没有等来匈奴人,自己就会先冻成僵尸了。于是乎,一个月后,刘邦带着众将呼啦啦地又打道回府了。

就在回来的路上,刘邦遭遇了刺客。

说起被刺的原因,故事还得往前推进一年。汉高祖七年(前200),刘邦亲自率大军出征,后因轻敌中了冒顿的诱敌深入之计,被围困于白登山,后利用陈平之计成功逃脱,但在回来的路上,他把全部怒气发泄在赵王张敖身上。

这张敖是张耳的儿子。他生得唇红齿白面如冠玉,那叫一个玉树临风。吕后见他一表人才,通过多方面观察和研究,最终认为他"诚实可信",后与刘邦一番商议后,便决定把女儿鲁元公主嫁给他。因此,说白了这个张敖已是刘邦的"准女婿"。

当时,面对准岳父的到来,张敖心里那个激动啊。他热情地把吃了败仗灰头土脸的刘邦迎进府中,极尽恭维之能事。别的不说,他甚至连端茶送饭的事都亲自来做,为的只是想讨准岳父的欢心。看着忙忙碌碌、进进出出的张敖,刘邦心里有想法了:这样的男人简直就跟妇道人家一样,哪里有半点王者之气?我当初决定把女儿嫁给他,真是看走了眼。

他在张府住了几天,见张敖天天都是这样地献殷勤,更是打心眼里看不起他。一天,喝了酒后,他把张敖大骂了一顿,然后"怒气冲冲"地起程回洛阳了。

这段小插曲大概就是这样。然而,令刘邦想不到的是,去年他在赵王府中当众谩骂张敖,随后拂袖而去,张敖不断地反省自己做得不好的地方,但他手下的人就有看法了。其中赵国相国贯高和内史赵午等人,跟随张敖的父亲张耳多年,都是忠心耿耿之人,张耳死后,他们又辅助张敖,看到主子受到了天大的辱骂,这口气他们无论如何也咽不下去。

他们本来想马上造反，但想到张敖忠厚老实，又是刘邦的"准女婿"，知道他肯定不会同意。他们于是思来想去，最终决定刺杀刘邦。他们当时的想法是，如果成功了，就都留在张敖身边，辅佐他治国安邦；如果失败了，他们情愿承担由此带来的所有责任和后果。应该说他们的确是深明大义之人，想法很周密，无论成功与否都不会把张敖扯进来。正当他们摩拳擦掌等待机会时，刘邦自己送上门来了。

刘邦第二次出征进攻匈奴时，他空守了一个月的边关。这时已是寒冬时节，刘邦再也不敢逗留，于是班师回朝，回途正好路过赵地。

自从去年闹翻了后，刘邦自己也不愿意再去张敖的府上。于是，他找了一间客栈。《新龙门客栈》里的情节马上就要上演了。贯高等人对这个客栈进行了精心的安排：店里的老板和伙计及一些食客都是杀手乔装打扮的，厢房的夹层里也都藏好了杀手。可以说，贯高等人在客栈里设下了一个必杀之局。

刘邦在参加完地方官吏的盛宴后，因一路劳苦想早点休息，便起身前往早就预订好的客栈。

在去客栈的路上，刘邦的第六灵感出现了，他突然像怀春的少女般心猿意马起来。他于是问手下的人："这是什么地方啊？"

"回陛下，这里叫柏人。"他的左右亲信毕恭毕敬地回答着。

"柏人。柏通迫，柏人不就是被迫于人的意思吗？看来此地不宜久留。"刘邦心里这般想着，马上叫道："今晚不住宿了，连夜回京城去。"

刘邦打消了去客栈夜宿的念头。就这样，贯高等人精心安排的暗杀计划泡汤了。最后，他们只能对天长叹：谋事在人，成事在天。

刘邦回到宫中后，匈奴人又恢复了本来的面目，隔三岔五就会南下，侵扰汉朝边境，一番抢掳烧杀后便逃之夭夭。

经过两次大折磨，已是风烛残年的刘邦对匈奴人已心有余悸。派兵去打吧，只怕赔了夫人又折兵。匈奴人不拘小节，他们打得赢就打，打不赢就闪,你能拿人家怎么办?打,拿人家没办法;不打吧,就更加拿人家没办法。

最后采纳了娄敬之言,对匈奴改为和亲政策。把汉室公主嫁给匈奴单于,以此来维持边境的和平。

冒顿听说刘邦愿把女儿屈嫁给自己,当然同意。

就这样,刘邦通过和亲的办法暂时稳住了匈奴人。这件事的直接后果是,在冒顿捡大便宜时,赵王张敖也捡了个大便宜。

这次和亲虽然有惊无险,但吕后已觉得山雨欲来风满楼,她怕夜长梦多,于是干脆选了个日子,把刚满十六岁的鲁元公主嫁了过去。这个并不太被刘邦认可的张敖就这样成了大汉皇朝的第一女婿。

但是,他这个女婿并不好当,因为随着刺杀事件的暴露,他这个女婿也将面临一场前所未有的大浩劫。

"若要人不知,除非己莫为。"没过多久,贯高和赵午等人密谋暗杀刘邦的事就浮出了水面。

刘邦听闻贯高等人谋反的事后,二话不说,就派人把赵王张敖抓了起来。

部下谋反,肯定是主人指使的。张敖被擒后,参与密谋的众臣,知道东窗事发,他们难免一死,于是不等刘邦派人来抓,他们就开始练抹脖子的功夫了。赵午开了个头后,其他重臣纷纷效仿,顿时宫中人头横飞,鲜血直流。

倒了一批又一批重臣后,余下之人也大有前仆后继、死而后已的态势。这时候,贯高出现了,他的到来才阻止了大家继续抹脖子。

"谋杀皇上的事是我们自己主张的,"贯高大声说道,"跟大王无关。如今大王受牵连被抓了,我们不能光在这儿要死要活啊,我们要把命留着去替大王申冤啊!"

于是,接下来出现了感人至深的一幕。朝中官吏押着赵王全家及老臣们向京城进发,一些大臣自愿剃了头发,戴上枷锁,甘愿为奴也要追随他们一起入京受审。

到了京城后,除了鲁元公主,其他人一律按罪人对待。而张敖数次上书要求见刘邦,结果却如泥牛入海,无半分音信。狡猾的刘邦已经把这个案子交给廷尉来处理了。

因为张敖是刘邦的女婿,廷尉暂时把他软禁起来,并不敢乱动私刑。不过,贯高等人却饱受了皮肉之苦。

贯高是个硬骨头,他始终一口咬定自己是刺杀事件的主谋。贯高既然总是不肯招供,廷尉为了审出些东西来只得用刑。几天过后,几乎所有的刑都用了,贯高身上早已血肉模糊,体无完肤,但他嘴里还是那四个字:"我王冤枉。"

廷尉没办法了,再审下去也审不出个结果来,只得向刘邦汇报了情况。这时候,鲁元公主早已找到吕后求情,吕后也对刘邦进行了各种劝说,但刘邦对这次刺杀事件始终耿耿于怀。听完廷尉的工作汇报,刘邦又惊又怒,既然硬的不行,那就来软的。于是,他决定从贯高的好友入手。

这时候,一个叫泄公的人登场了。

这个泄公和贯高是在一个村子里长大的,后来又都效力于刘邦。只是一个始终跟着赵王,另一个跟着刘邦。

昔日的一对好友在狱中相见了。已是奄奄一息的贯高见了好友自然也很高兴,必要的寒暄过后,两人谈起了故乡,话匣子一打开就像泛滥的洪水一发不可收拾。但是,泄公此行不是来叙旧的,他很快就刺探起赵王谋反之事。

人在狱中,死期在即,面对孤笔薄纸,心境可想而知。然而,此时面对泄公的"言语逼供",贯高是这样回答的:"有什么比自己的性命还重要呢?我之所以这样袒护赵王,是因为赵王一直被蒙在鼓里,压根儿就不知道刺杀一案。他没做的事,难道我这个做臣子的硬要说他参与了才是说实话吗?"

泄公完成了他的使命,可以去复命了。

而这时的廷尉也没闲着,他迅速审问了其他老臣,他们和贯高的口供是一样的,都说整件事是他们自作主张,和赵王无半点瓜葛。而吕后这时也坚持进行说服工作。这个霸道的女人甚至说出这是刘邦想方设法剪除异姓之王的一场屠杀。吕后的话给了刘邦很大的压力。

就这样,这个案子查了又查,问了又问,最终得出的结论是:没有一个人说刺杀是赵王主使的。

查无证据,在舆论压力之下,刘邦无可奈何地降赵王为宣平侯,将他无罪释放。

放了赵王,那么这次暗杀密谋的主使贯高该怎么处置呢?这可是一个大问题。

这时候,刘邦也意识到自己当时对待赵王的态度是不对的,再加上贯高面对严刑逼供,威武不屈,矢志不渝,因此他决定连贯高也一并无罪释放。

泄公一听刘邦肯放过贯高,自然很高兴,第一时间就去牢里告诉好朋友这个消息。但令他意想不到的是,这一去竟是和好友诀别的。

"赵王被无罪释放了。"贯高听到这个消息,一下子从牢里跳起来,大叫道,"苍天啊,你果然开了眼!"

"不但赵王被放了,连你也一块被赦免了。"泄公接着说。

"作为人的臣子,我却谋害皇帝,还有什么脸去见皇上呢!大错已铸,恐怕是难以更改了。"贯高的反应出乎泄公的意料。

说完这句话,贯高突然把头撞上了墙,顿时头破血流,一代名臣就此归去了。

生命对所有人来说都只有一次,伟大的人,低微的人,富足的人,穷困的人,起点和终点,都是公平的。在生命的尽头,会有人用残剩的气力,抒发一生都未曾吐露的心言,或让世人刮目相看,或让世人为之惊叹,或让世人怅然若失,或让世人联想久远。贯高用悲凉的深情,留下了不同寻常的心语真言。若无此惨死变故,后人怎知他的悲壮与决绝?

总而言之,贯高的死令整个朝廷震惊。后来,无罪释放的张敖亲自穿上孝衣，为这个元老级忠臣举行了一场隆重的葬礼。一代名臣最终把忠骨埋在了家乡。

（三）专政：吕氏春秋覆灭记

1. 刘邦：一个多情又无情的政客人

刘邦是很有女人缘的，结婚之前就把一曹姓女人勾到手，在婚后一样走桃花运。在与项羽争夺江山期间，前期老吃败仗，却收获了一个年轻美貌、后来影响后宫的女人戚夫人。

戚夫人出生在人杰地灵的山东定陶，她貌美如花，能歌善舞，可谓才色双全。

刘邦在彭城大败逃亡的过程中，连饭也没得吃，逃到一村子里遇见一个老人。老人姓戚，带着十八岁的闺女在此躲避战乱。一见带兵的刘邦，老人吓得连忙下拜，并带他回家里，弄菜弄酒给他吃。刘邦见到老人貌美如花的闺女，顿时动了心思，得知女孩尚未嫁人，心中窃喜。老人看出了他的意思，就说相面先生讲他闺女有贵人之相，难道遇到大王，就是她的前世姻缘？于是要把闺女许给刘邦为妻。虽然说刘邦心里暗喜，但考虑家有妻室，客气了一番才应下。据说，刘邦是解下自己的玉带作为定情之物。

后来这个戚姓女子为刘邦生了一个白白胖胖的儿子，名叫刘如意。刘邦东山再起后，也没有忘记这位令他蚀骨销魂的美人，把她接到了身边。从此，戚夫人跟定了刘邦，后来成为刘邦后宫的宠妃。

戚夫人并没有像童话里描述的那样，王子和公主从此过上了幸福生活，她一边享受着刘邦对她的宠爱，一边在吕雉面前战战兢兢，时时提防突如其来的飞刀。

而刘邦呢？他与吕雉的感情本来是不错的，她毕竟是自己打光棍时的发妻。但在夺了天下后，情况却发生了变化。戚夫人正值年轻貌美，魅力无限。而吕雉经过岁月的洗礼，早已人老珠黄，成了"豆腐渣"。好色的刘邦自然独宠戚夫人了。

吕雉和戚夫人都不是吃素的，两人分别当了刘邦的皇后和爱妃（夫人）后，明争暗斗起来。起先戚夫人占上风，刘邦每次外出都由戚夫人陪侍，而把吕后丢在后宫。本来已定下吕后生的儿子刘盈为太子，戚夫人却希望让自己十岁的儿子如意继位。刘邦也不看好刘盈，觉得他性格不像自己，而如意却很聪明，有自己年轻时的样子。

当刘邦把自己废太子的想法拿到朝上商议时，如果不是有口吃的大臣周昌冒死力谏，戚夫人的阴谋差点就得逞了。后来，戚夫人又多次向刘邦提出立自己儿子为太子的事情，但年老的刘邦已心有余而力不足，因为在吕后的精心策划下，太子的势力已形成，没有办法废了。年幼的如意被迫离开京城到三千里外的封地为王。

戚夫人致命的弱点是，不懂政治，她把刘邦当成自己唯一的救命稻草，不会笼络人心，没有建立自己的党羽，除了刘邦，没有人把她放在眼里。而吕雉恰恰与戚夫人相反，她有着蛇蝎一般的心肠，表现出来的却是一副菩萨面孔，她因人而异，或送美女，或送珠宝，广结善缘。

也正是因为这样，刘邦死后，刘盈继位，贵为太后的吕雉把手中的权力棒伸向了戚夫人也就不足为奇了。女性的美貌往往对男性才具有杀伤力，对女性不管用。假如这个美女不自量力，倚仗美貌横挑强邻，美貌就会变成自戕的匕首。戚夫人就是这样。后人常常将戚夫人之死归咎于吕后的残忍。但是，在当时那种她不杀别人、别人就杀她的社会环境下，吕后做的事符合她的性格。戚夫人之死最该负责任的是她本人，虽然吕后的手段过于残忍，戚夫人却也是咎由自取。戚夫人不懂得政治斗争的规则，仅仅凭刘邦的宠幸就屡屡挑衅吕雉，从一开始就陷入不对等的局面。

汉高祖十二年（前195），刘邦去世。戚夫人的悲惨命运正式来临。吕后掌权，"断戚夫人手足，去眼，煇耳，饮瘖药，使居厕中，命曰'人彘'"。人彘虽然凄惨，但戚夫人心中更凄惨，这种凄惨的始作俑者根本不是吕太后，而是汉高祖刘邦。

刘邦是位有着超级智慧的人，他在生前应该也看出了吕后不是等闲之辈，特别是当他最宠爱的戚夫人还轰轰烈烈地进行过后宫"一姐"之争时，他为什么不直接除掉吕后，以绝后患呢？

究其原因主要有三点：

首先，吕后有恩于刘邦。

吕后原本吕雉，她是典型的富二代，但在年纪轻轻时便被吕公"下嫁"给四十岁的"混混"刘邦，原因是刘邦有大富大贵之面相，吕公相中了"一脸龙相"的刘邦而把女儿嫁给了他。在那个父命难违的年代，吕雉只好委身嫁给一穷二白的刘邦。

事实证明，吕公是慧眼识人的，刘邦从乱世中一步步逆袭成皇帝。当然，在这个过程中，吕家功不可没，出钱又出力，帮刘邦挺过了最艰难的时刻。也正因为这份功劳在，刘邦不敢轻易对吕后"动武"，以免引起众怒，动摇他一统天下的根基。

其次，吕后是刘邦的原配。

在中国古代讲究长幼有别，特别是原配的地位和身份是与生俱来，高人一等的。也正是因为如此，刘邦称帝后，尽管最宠爱的人是戚夫人，但实际上他不敢乱动吕后，这从他想立戚夫人的儿子刘如意为太子，结果因为吕后联合大臣的反对而不能如愿，就可见一斑。

最后，吕后深谙政治之道。

吕后尽管狠毒，但刘邦还在时，她到处装可怜，博同情。同时，她很聪明地巴结和联合朝中重臣，得到了萧何、周勃等人的支持。这和政治幼稚的戚夫人是有天壤之别的。再加上吕后机警，刘邦健在，她装老实，让刘邦找不到杀她的理由和借口。

当然，刘邦如果铁了心，一定要除掉吕后，他还是有这个能力和魄力的。只是，他不愿也不敢动吕后，害怕那些忘恩负义的舆论压力，害怕背上千古骂名。

2. 吕后：一个心如毒蝎的权术人

汉惠帝七年（前188），汉惠帝刘盈病逝。刘盈英年早逝后，朝中陷入一片悲伤的海洋中。几乎所有人都为这个善良而纯洁的皇帝感到惋惜和悲悯，唯独吕后心中有悲却说不出口。

对于吕后来说，她唯一的儿子死了，能不悲伤吗？同时，他吕家人又都势单力薄，她在悲痛儿子时，更担心的是朝中政权的稳定啊！

都说危难之时见人心。作为"二进宫"的陈平，他当年从项羽手下转投到刘邦手下，后来又得到重用，很大的原因就是，他总能在关键时刻起到"妙手回春"的作用。这次他同样也不例外。他通过察言观色，通过心理学分析，找出了吕后"欲哭无泪"的症状后，来了个对症下药。

他下的不是一般的药，而是两个人：吕台和吕产。吕台和吕产都是吕侯之子，也就是吕后的亲侄子。他的提议是这样的：为了宫中的安全，请求太后封吕台、吕产为大将，统率南北二军。

陈平之所以"屈服"吕后，是有原因的。要知道，吕后以狠毒著称，其残忍可以说令人不寒而栗，其"三宗罪"便是最好的证明。

第一宗罪。在屠杀功臣中，她用竹签击杀汉室第一名将韩信。她担心韩信有谋反之心，威胁大汉的江山，于是利用萧何把韩信骗到宫中，韩信拿出免死金牌，吕后却视而不见，将韩信用布袋罩住，让士兵用削尖的竹签刺布袋，使得韩信惨死。同时，吕后又诛杀了韩家三族，过程之残忍令人不寒而栗。

第二宗罪。在对待另一位功臣彭越上，在刘邦削去其梁王的爵位，并将其发配至蜀地后，吕后却以为他平反为由，将其引回都城，并指使彭越的门客冤枉其阴谋造反，最终被刘邦诛灭九族。彭越死后，吕后将其剁成肉酱分赐给各诸侯品尝,手段之残忍令人不寒而栗。

第三宗罪。前面已经说了,刘邦在世时,戚妃和吕后争宠,使得刘邦差点换掉太子。后在朝中大臣们的反对下,改立太子之事才没有成功。从此,吕后对戚夫人恨之入骨。刘邦死后,吕后亮剑了,她先是将戚妃关押在永巷,让她每天手握几十斤重木棍舂米,折磨她。随后传召其子刘如意进宫,将其杀死。最后,吕后将戚妃剁去手脚,废去眼、耳、鼻、舌,把她整成了骇人听闻的"人彘",其心术之残忍令人不寒而栗。

而吕后的亲生儿子傀儡皇帝刘盈见了"人彘"后,一病不起,不到二十五岁便离开了人世。

陈平亲眼见识了吕后的残忍,为了自保,他决定先"屈服"吕后,以后再伺机而动。

而面对陈平的奏折,吕后心里叹道:"生我者,父母也;知我者,陈平也。"于是,她连必要的客套都免了,直接就准奏。吕产管南禁军,职责:负责宫中安全保卫工作;吕台管北禁军,职责:负责京城的保卫工作。

这一招果然够绝,吕后顿时就吃了一颗定心丸。然而,陈平不会想到的是,人的贪婪是无止境的。封吕台、吕产为京城南北禁军统领,这竟成了吕后打造吕氏天下的第一步棋。此后的吕后极力想打造"吕氏春秋",而要完成这一宏伟计划,首先得把吕家人封王才行。但关键时刻,刘邦临终前搞的那套看似儿戏般的拜把子喝血酒仪式起作用了。事实证明,刘邦当时的高瞻远瞩果然是无人能及的,"非刘氏而王,天下人共诛之"。这个"歃血同盟"就如如来佛祖的魔咒一样,成了吕后填满欲壑的拦路虎、绊脚石。

如何让吕台、吕产这些她的亲侄子称王,成了她的一大难题。难归难,但吕后也知道,如果能把朝中三位重量级人物王陵、陈平、周勃搞定了,吕家人封王那就易如反掌。鉴于陈平识时务地主动提出重用吕家人，陈平这一关算是不攻自破了。周勃这个人虽然正直，但还是"好说话"的，而且权位相对于王陵和陈平来说又要低些。因此，现在只要搞定王陵就行了。于是，吕后把王陵叫到宫中，说出了想封吕台和吕产为王的想法。

结果，王陵丝毫没给吕后面子，他想都没有想就义正词严地否定了吕后的想法。其实，他也没有说什么，只是搬出刘邦当年留下的歃血盟誓：非刘氏而王者，天下人得而诛之。吕后想封吕家人为王，最忌讳的就是这个"歃血同盟"。偏生这个王陵好不识抬举，哪壶不开提哪壶。

吕后脸色阴沉得快要拧出水来，却又不好当场发作。大义凛然的王陵还做了一件大快人心的事，就是对吕后来了个"拂袖而去"。

这下可激怒了吕后，她决定对王陵开刀。当然，鉴于王陵有"刘邦当年指定的丞相继承人人选"这把尚方宝剑，如果直接撤了他的职位，于情于理都说不过去。这样无勇无谋的事，吕后是不会做的。明的不做，那就来暗的。她对王陵的职务来了个"变通"：拜王陵为太傅，免去其丞相之职；明升暗降。吕后的招果然高明。

面对吕后的出招，王陵这个一人之下、万人之上的丞相也毫无办法。什么太傅，这明摆着是一个挂名的"悬空之职"啊！做个闲官干不了实事不是王陵的性格，与其惹人烦还不如自己识趣。于是他以"身体欠佳"为由愤然辞职。

这正合吕后心意啊！吕后马上便在王陵的辞职信上批复了。而空出来的丞相一职，吕后直接就给了她的老情人审食其。要想打造"吕氏春秋"，朝中的重要职务就得都是自己人来把管才行啊。圣旨摘录为下："拜原左丞相陈平为右丞相，拜审食其为左丞相。"

按理说，圣旨都是简短的。这次的却不一样，后面还有批注：右丞相不参与朝政，只是管理宫中杂事。说白了，陈平的右丞相之职相当于郎中之职。

于是乎，朝中大事都是左丞相审食其说了算。

当然，审食其也不是吃素的，新官上任三把火，他一上任就开始排除异己，把那些不忠于朝廷的官员一律撤职，让那些不听他和吕后话的一律"下岗"，让那些凡是看着不顺眼的一律退休。

而御史大夫赵尧便"有幸"成了审食其第一个开涮的对象。赵尧犯了什么罪呢？审食其给他定的罪是：趾高气扬，看着不爽。太后当即给情人出气，撤了赵尧的职务，让她沛县的亲信人物任敖走马上任。

刘盈死后，吕后通过培养亲信达到了独揽大权的目的，把大汉江山牢牢抓在了自己的手上。就这样，吕后一手打造了独掌朝政大权的"吕氏春秋"。

3. 陈平：一个铲除吕氏的掘墓人

吕后八年（前180），吕后死后，朝中文武大臣开始忙碌起来，太后的丧事得隆重才行啊！因此，陈平和周勃等人一下子由闲人变成了大忙人。就在陈平和周勃等人忙碌的同时，吕氏家族的顶梁柱吕产和吕禄也在忙碌着，他们不是为太后的葬礼而忙，他们居安思危，在失去吕家的顶梁柱后，在想着如何使得"吕氏春秋"继续下去。

吕家人为此还专门召开了一次家族会议。会议由吕氏家族中资历最老的吕禄主持。吕禄首先抛出了"趁众人为太后办丧事这个大好时机，将所有反对吕氏的大臣一网打尽"的方案让吕家人讨论。

当然，他提出这个设想也不是没有道理的。毕竟现在负责长安保卫工作的南北两支禁军分别握在他和吕产手上。然而，令吕禄没有想到的是，他的美好意愿马上就被泼了一盆冷水。第一个站出来反对他方案的就是南禁军头领吕产："就算控制了长安，控制了朝廷那又如何？咱们现在毕竟只有少得可怜的一点禁军啊！真正有战斗力的军队还掌握在荥阳的陈平和灌婴手里，一旦朝中有变，他们会善罢甘休吗？"

吕产提出这一观点后，吕家的会议马上就陷入了长时间的沉默。是啊！他的话说到点子上去了。当年刘邦的高瞻远瞩再次得到了证实，他当年命灌婴驻守荥阳是有深意的，就是为了防止日后吕后及吕家人作乱啊！因为存在致命的"软肋"，这次吕氏家族会议的结果很简单：没议出什么名堂来。

对于吕氏家族的人来说，这次会议没有议出什么东西并不重要，但对别人来说那就是"打草惊蛇"了。

告密的人是刘章。

刘章是刘邦的孙子，抱负极高，在奉吕后之命成功娶了吕禄的女儿为妻后，聪明的他并没有对吕家的女人采取"冷暴力"政策，而是极尽温柔之能事，把吕家的姑娘哄得很开心。

这次吕氏家族紧急会议没议出个结果来，参加会议的吕禄之女回来后一直闷闷不乐。于是，善解人意的刘章又开始花言巧语地"嘘寒问暖"，最后从夫人嘴里知道"吕家人想诛杀朝中大臣"一事。

这让刘章大吃一惊，他知道自己不能再沉默了，否则大汉江山的旗帜就得由"刘"字变成"吕"字了。于是，刘章找到他弟弟东牟侯刘兴居，两人商量一番后，马上就派人把此事告诉他们的兄长齐王——刘襄，要他快快率领齐兵西征，他们在京中做内应，除掉吕氏族人。

刘襄的封地原本是齐国，自从吕后掌权后，已把齐国分为四国：除了齐国，还分成了琅玡、济川、鲁三国。他自然对吕后很不满。

刘襄一边积极联系刘氏诸侯王联手共同对抗吕氏，另一边又派人到朝廷，告诉朝中重臣周勃。周勃接到密信后，极为震惊，马上找朝中另一重臣陈平问计。

两人商量后决定发动政变。

吕后八年（前180）九月十日，此时距吕后病逝还不到一个半月，这一天成了"吕氏春秋"的最后祭日。

陈平和周勃针对吕禄和吕产，采取了分而制之的行动方针。

周勃马上把郦食其的儿子郦寄叫来，对他进行了密示。郦寄一到吕府，首先对吕禄来了个下马威："我奉皇帝之命而来。"这句话大大加大了他话语的分量，吕禄不知是真是假，被震得云里雾里。

郦寄不给吕禄喘息的机会，接着道："现在大王在朝中已成众矢之的，皇上要大王赶快去封地。否则将大祸临头！"

吕禄早些时候对郦寄的"丢兵权保封地"的方案虽然有点犹豫，但毕竟他本人的意愿还是偏向去封地做一方之王的。只是迫于族人的反对，他才没有最终做出抉择。此时得了郦寄的"皇令"，他也觉得现在能平息齐王和周勃的叛乱，唯一的办法就是自己交出京城北禁军的兵权，然后去赵国当他的赵王去。

面对和吕家最为亲近的郦寄投来的殷殷期待的目光，吕禄终于做出了他一生中最为重要的决定：他拿出印权交给郦寄，并且说了这样一句话：传令下去，由太尉（周勃）接管北军（禁军）。然后，他带着家人上路去封地了。就这样，郦寄凭着和吕家的交情，凭着一张利嘴就把吕禄搞定了。

周勃接任北禁军头领后，马上就对士兵进行了整改，他号召士兵们全都起来反吕，并且充分发扬民主的作风，给了他们二次选择的机会，愿意效忠吕氏的袒露右臂，愿意效忠刘氏的袒露左臂。这些士兵早就对吕氏不满了，此时自然呼啦啦地袒露左臂加入扶刘灭吕的行动中来了。

要消灭吕氏，搞定掌握南北禁军头领的吕产和吕禄就行了，现在吕禄被搞定了，就只剩下吕产了。只要把吕产搞定，诛吕行动就再无悬念了。

吕产听到贾寿的"前方工作"汇报后，马上意识到情况不妙。特别是贾寿的那句"怕是现在交了将印去封地也为时已晚"更让他感到了前所未有的危机。吕产决定对皇帝"动武"，来个挟天子以令诸侯。吕产于是带了几个得力武将直奔未央宫去找皇帝。哪知他一到未央门就吃了闭门羹。

宫廷之内竟然有人敢来阻拦他，他恼羞成怒，正要叫武将一起上，宫里却突然涌现几千名手持刀剑的士兵来。为首的那个气宇轩昂、虎虎生威的人竟然是朱虚侯刘章！

吕产眼看风头不对，马上来了个"三十六计，走为上计"。

然而，一切都已经晚了，刘章大声叫道："吕产想造反，大家抓住这个叛贼啊！"

几千士兵一窝蜂冲向吕产，吕产就算有三头六臂也只有逃的份儿了。幸亏他带的几个武士本领也非同小可，用血肉之躯挡住了众人追击的步伐。

半路上，吕产终于等来了他的支援部队。刘章的几千人马面对上万禁军，情势突然发生逆转，已变得凶多吉少。

然而，就在这个关键时刻，老天再一次显灵，突然间狂风大作，天昏地暗。就在这时，刘章显示出一个将才的气魄和才干来。他大声叫道："这是天要灭吕氏啊！大伙儿杀啊！"

刘章的话一出口，数万禁军也惊得云里雾里，说实话，他们虽然是吕产的部下，但早已对吕产不满了，此时又见老天也站在正统的刘氏家族一方，一时间再无斗志，一些人逃命去了，一些人反戈一击，反而加入了诛吕行动中。总之，在一瞬间，数万禁军竟然烟消云散了。

吕产见自己大势已去，只好使出吃奶的力气逃命，最后逃到了一座花园，花园的厕所成了他人生的最后归宿。刘章那饱含怒火和怨气的一剑终于结结实实地刺在了吕产身上……

随后，周勃马上派人追上了正在去往封地的吕禄，也给了吕禄当胸一剑。

接下来的事就很简单了，吕氏家族的成员都成了阶下囚。而吕氏家族中辈分最高的人物吕媭因为不服陈平和周勃的叛乱，用恶语对陈平和周勃进行人身攻击，结果以"诽谤罪"被乱棒活活打死。

吕氏家族其他几个主要人物的结果是：燕王吕通被杀，鲁王张偃被废，济川王刘太被改为梁王。树倒猢狲散，至此，吕氏家族杀的杀、逃的逃、走的走、散的散，四个字：灰飞烟灭。

三、治汉之术

（一）为什么是文景之治

1. 休养生息背后的那位少女

吕后八年（前180），吕后病死，丞相陈平、太尉周勃与朱虚侯刘章等宗室及大臣诛灭了想篡权的吕氏族人，迎立刘邦的第四子代王刘恒为帝，这就是汉文帝。

汉文帝的母亲是薄太后，当年吕太后在宫中专横跋扈，为了躲避灾祸，薄太后就和儿子刘恒一起来到了刘恒的封地代国（也就是现在的山西省中部、东北部、河北省北部一带，国都在现在的山西省平遥县）。

刘恒在当代王的时候，就以勤政孝顺闻名天下，他又是刘邦健在的儿子中最年长的一位，因此被拥立为皇帝。

汉文帝在位二十三年，其基本国策就是：休养生息。

白登之围以后，刘邦知道当时汉朝的实力还不足以和匈奴相抗衡，于是决定实行休养生息政策，黄老学派的无为而治思想成了治理国家的主导思想。

黄老学派是道家学派的一支，道家把黄帝、老子尊奉为道家创始人，主张"无为而治"，认为统治者只要政治措施简单，不劳民伤财，老百姓就会安居乐业而不会起来造反。

刘邦逝世之后，他儿子汉惠帝和吕后继续执行休养生息政策。

汉文帝即位之后，他在刘邦休养生息政策的基础上，又进一步采取了与民休息的措施，归纳起来如下：

第一，薄赋轻徭。

减免田赋：刘邦当年废除了战国时的"十一税"和秦王朝的"秦半之赋"，采用了更低更符合老百姓的新税形式——"十五税一"（即按十五比一的比例征收田赋）。汉文帝前元二年（前178），汉文帝下诏把"十五税一"改为"三十税一"。后来，为了进一步减轻老百姓的负担，汉文帝前元十三年（前167）到景帝（汉文帝的儿子刘启）元年（前156）十二年内，全部免除田赋。直到汉景帝二年（前155）才恢复"三十税一"。

算赋：汉文帝把每人每年交一百二十钱，减为四十钱。后来，汉景帝把算赋的起征年限从十五岁推迟到二十岁。

徭役：汉文帝时取消了大型工程建设，不再大规模征调劳动力。服役时间由原来的每个劳动力每年一次，改为三年一次。"丁男三年而一事"，这样的减免，在中国封建社会史上是空前绝后的。

第二，提倡节约。

汉文帝即位之初，列侯多居长安，远离所属食邑，造成"吏卒给输费苦"，给人民增加了一项新的运输负担。汉文帝二年（前178），即诏令列侯回归封邑，除诏令特许外，其他任何人不许留居长安，以减轻人民的负担。

不仅这样，汉文帝还以身作则。在位二十三年，宫室、园林、狗马、服饰、车驾等，什么都没有增加（宫室、苑囿、狗马、服饰无所增益）。但凡有对百姓不便的事情，就予以废止，以便利民众。他曾打算建造一座高台，召来工匠一计算，造价要值上百斤黄金，汉文帝便放弃了。文帝平时穿的是质地粗厚的丝织衣服，对所宠爱的慎夫人，也不准她穿长得拖地的衣服，所用的帏帐不准绣彩色花纹，以此来表示俭朴，为天下人做出榜样（衣不曳地，帏帐无纹绣，以示淳朴，为天下先）。他建造的陵墓霸陵，一律用瓦器，不准用金银铜锡等金属做装饰（皆瓦器，不得以金银铜锡为饰）。不修高大的坟；要节省，不要烦扰百姓。他还下令撤销卫将军统辖的保卫自己的军队。现有马匹，只留下日常所需要的，其余的都交给驿站使用。

第三，扶持经济。

弛山泽之禁：汉文帝后元六年（前158），汉文帝下令，开放原来归属国家的所有山林川泽，准许私人开采矿产，利用和开发渔盐资源，从而促进了农民的副业生产和与国计民生有重大关系的盐铁生产事业的发展。弛禁的结果，"富商大贾周流天下，交易之物莫不通"。

废除过关用传制度：汉代在军事重镇或边地要塞，都设关卡以控制人口流动，检查行旅往来。出入关隘时，要持有"传"，即通过关卡的符信（凭证），方可放行。汉文帝取消出入关的"传"，从而有利于商品的流通和各地区间的经济联系，对于农业生产的发展也有一定的促进作用。

第四，慎狱轻刑。

汉文帝在位期间前后进行三次量刑改革。

汉文帝元年（前179）十二月，废除一人有罪株连全家的"收孥相坐律"令（秦代法律规定，罪人的父母、兄弟、姊妹、妻子和子女都要连坐，重者处死，轻者没入官府为奴，称为"收孥相坐律"）。

汉文帝前元二年（前178）三月，废除"诽谤妖言"罪。对于皇帝不能随便议论，更不能有所怨恨，如果触犯，就是犯了"诽谤妖言罪"。百姓不高兴时因为常诅咒天地，这又和"天子"有了联系，百姓因此就犯了"民诅上罪"。文帝将这些罪名予以废除，说这些罪名使大臣们不敢说真话，高高在上的皇帝也就不能知道自己的过失，这对国家政事是很不利的，无法招贤人纳良才。

汉文帝前元十三年（前167）五月，下令废除肉刑，改为笞刑。汉律规定的肉刑，大致分为三种：一为黥（在脸上刻字），二为劓（割鼻），三为断左右脚（就是把脚截去）。改革后的笞刑为：将黥刑改为充苦工，罚人日夜守城；将劓刑改作杖责三百下；断脚刑改作杖责五百下。此后罪人受罚，就不必残毁身体受尽极刑了，从人性的角度来看，当然改得好,是社会文明进步的需要。但改革的出台得从一个女子说起。

这个女子的名字叫缇萦。

缇萦的父亲淳于意是一位很有名的医生,他以前做过太仓令,后来因为不愿和那些官场上的人同流合污,就辞官当起了医生,专门给老百姓治病开药,老百姓都非常尊敬他。

有一次,有个富人的老婆得了重病,听说淳于意医术高明,就把他请了过来。结果,病人吃了他开的药,病情也没见好转,没过几天就死了,这让富人对他怀恨在心。

为了报复淳于意,富人就拿钱贿赂官府,诬陷淳于意害死了他老婆。那位官吏收了富人的钱,得到了好处,自然就得给人家办事。于是,他也不调查,就不问青红皂白,一口咬定淳于意有罪,把他抓来判了"肉刑",之后押到长安准备受刑。

淳于意没有儿子,只有五个女儿。临走时,他望着女儿们一边叹气,一边伤心地说:"唉!只可惜我没有儿子,危难的时候也没个人能帮帮我。"其他四个女儿都只是低着头哭,只有最小的女儿缇萦又是悲伤,又是气愤,心想:"凭什么女孩就不能帮父亲排忧解难呢?"缇萦就偷偷地跟着押送父亲的解差,来到了长安。

到了长安以后,缇萦赶紧找人帮自己写了一封信给朝廷,官员得到书信后,把这封信交给了文帝。文帝听说来信的人是一个乡下小姑娘,感到很诧异,赶紧把信打开,只见信中写道:"我叫缇萦,是原来的太仓令淳于意的小女儿,我的父亲做官的时候,廉洁公正,为老百姓做了许多好事。他还懂医术,辞官后一直在乡下给老百姓看病开药。

"可是现在他却被奸人诬陷,要对他实施肉刑。我不但为父亲难过,也为所有受过肉刑的人伤心。肉刑实在是太残忍了,好端端的一个人,受完刑之后就变成了残疾,永远都恢复不了。

"用刑不就是为了让犯人改过自新吗?可是一旦受了肉刑,就是犯人想改过也晚了。皇上为什么要用这种可怕的刑罚呢？我愿意进宫给皇上当牛做马，替我父亲赎罪。"

汉文帝看完，为缇萦一片孝心所感动，于是释放了淳于意。为此，他还废除了肉刑。这便是历史上有名的"缇萦救父"。

汉文帝即位以后，有一年，发生了两回日食，这可是难得一见的怪事。他看到之后，认为这肯定是自己哪里做得不对，老天爷来警告他了，于是对大臣们说："白天像这样平白无故就成了黑夜，今年已经有过两回了，这肯定是老天爷在责怪我没有治理好天下，我实在是愧对苍天啊！"

接着，他又说道："大家都帮我想想到底是哪儿做得不好，坦诚地告诉我，我好改过来。现在先减少徭役的费用，减轻百姓的负担。还有，边疆的军队虽然不能撤，但保卫我的军队可以撤掉，宫里的马够用了就行了，其余的都送到驿站去。"

还有一年，遭遇了旱灾，天上半年都没掉下一滴雨来，这还不算完，各地都生了好多蝗虫，怎么也灭不干净，结果很多地方一粒粮食也没有收上来，上万人饿了肚子。

汉文帝知道了这件事，心想，粮食收不上来，百姓们可怎么活？无论如何也不能让大家都饿死啊，就赶紧下令各方诸侯别再向朝廷进贡，让百姓们进山打柴打猎，下河捕鱼。他还减少了官员的数量，把自己吃的、穿的都降低一等，还开仓放粮，允许百姓用粮食换爵位。

一般来说，皇帝即位后，都要开始为自己修建陵墓，汉文帝也不例外。但是，汉文帝害怕劳民伤财，就不要求为自己修建多么高大的坟墓，说简简单单就好。即便是陪葬的东西，汉文帝也很节俭，他坚持不用黄金、白银、铜来制作随葬品，只挑了几件普通的瓦器、陶器来陪葬。

汉文帝刘恒在位二十三年，虽未开疆拓土，却能倡节俭，薄徭赋，行仁政，养民生。汉初的社会经济之所以能够得以迅速恢复，百姓能够安居乐业，他可谓功莫大焉、名垂青史。

2. 外交危机上高悬的那封信笺

皇帝这个职业看起来风光无限，权力至高无上，实际上也是高危职业，要是没有手段，没有智谋，那就会被大臣们耍得团团转，大权旁落，处理政务要是解决不好就容易爆发大的危机，轻点的小命不保，严重的改朝换代。

汉文帝刘恒当上皇帝后，一点儿也不觉得轻松：他一方面要巩固皇权，另一方面还要应对外部危机——北边匈奴的挑战和来自南越的赵佗称帝，都是非常棘手的问题。如果处理不好将会带来更大的危机。

首先，来看汉文帝是如何避免战争，"平定"南越的兴风作浪的。

秦始皇统一六国之后，就派兵去征讨岭南的广大地区，经过了千辛万险，艰难坎坷，终于把岭南纳入大秦的版图之中，还在那里设置了三个郡：南海郡、桂林郡和象郡。其中任嚣被委任为南海郡尉，赵佗是他郡下的一个县令。

几年之后，秦二世继位，陈胜吴广起义，之后又是楚汉争霸，中原地区乱成了一锅粥。秦二世三年（前208），任嚣临终前召来了赵佗，他给赵佗分析了天下形势，告诉他，现在是个机会，你完全可以趁中原战乱的机会在这里建立国家。然后，他向赵佗颁布了任命书，让他接替自己的位置。

赵佗没有让任嚣失望，他在任嚣死后很快就控制了南海郡。汉高祖四年（前203），赵佗又起兵兼并了桂林郡和象郡，在岭南建立起了南越国，自称南越武王。

后来，刘邦打败了项羽，建立了西汉政权，这个时候的中原地区经过了多年征战，已经是疲惫不堪，对于南越这个地方，刘邦也不想用蛮力去征服了。汉高祖十一年（前196），刘邦派大夫陆贾出使南越，劝说赵佗归汉。一则陆贾的口才好,二则大汉的天威在后面撑腰,权衡利弊之后,赵佗决定臣服汉朝,成为汉朝的南越王。

可没过几年,刘邦就去世了,吕后开始掌控朝廷,这吕后和赵佗彼此都瞧不上,汉朝和南越国也出现了裂痕。吕后先发制人,单方面对南越国进行了贸易制裁,赵佗也不甘人后,宣布脱离汉朝的管制,独立了。

之后,双方也交过几次手,赵佗势力不强,没占到什么便宜。可因为南越的地理位置优势,汉朝的军队也没能打过去,就这么僵持几年之后,吕后被赵佗熬死了。吕后一死,汉朝的军队也就停止了对南越的进攻,本来是僵持的双方,现在一方撤走了,赵佗便膨胀了,马上正式宣布称帝。

汉文帝即位后,赵佗来了个"投石问路"。他给汉文帝写了一封信,提了三点要求:

第一,要在河北老家真定找父母的墓地并修葺好。

第二,找一找我老家的堂兄弟。

第三,撤掉长沙国驻守的将军。

赵佗来信愿意调解双方的关系,汉文帝当然不想兵戈相见,他先是派人找到赵佗父母的墓地,把其父母的坟墓修葺好,并派专人给守灵。随后,他又派人找到赵佗在真定的堂兄弟,直接任命他做了高官。

最后,汉文帝给赵佗写了封信,表示了三层意思:

第一,吕后时期禁止双方贸易往来,是因为吕后年龄大了,听了一些大臣的建议,希望你不要计较。

第二,你提的要求我已经全部做到,如果还要轻启战端,双方都会有损失,双方应该和平相处,但有一点,你必须把帝号去掉,不能再称帝。

第三,我派陆贾出使你们南越国,协商处理好未尽事宜。

陆贾可不是一般人,南越赵佗本来就与他打过交道,很佩服他的为人,陆贾一到南越,赵佗马上把皇帝的称号去掉,并给汉文帝回信,委婉地表达了称帝不是自己的本意，而是一场美丽的误会，以后肯定以汉朝为尊。

就这样，汉文帝仅凭一封信就把汉朝与南越国之间的关系稳妥解决了，这封信也因此流传千古，传为奇谈。

南方威胁好解决，北方的压力却很大。汉文帝在位时期来自北方匈奴的威胁相当严重，他在位的二十三年期间，匈奴内部政权不稳定，单于更换频繁，所以汉朝屡次遭受匈奴的入侵。

尽管如此，汉文帝对于匈奴的处理就是坚持和亲的基本国策，因为汉朝这时候的军事实力还不足以对抗匈奴，若轻易发起战争损失太大。

汉文帝时期还有一个大麻烦：出了一个叛徒叫中行说，因为不满跟随和亲团队去匈奴，便准备投降匈奴，临走的时候还放了句狠话："让我去，我将成为大汉帝国的一大祸患。"为了稳定住匈奴，汉朝这边利用服装、车马、美食、音乐、美女、豪华建筑，招降匈奴，许诺高官厚禄，让他们享受各种娱乐。效果非常显著，匈奴人很向往投降汉朝的生活。

中行说投靠匈奴后，认为匈奴会被汉朝同化，这很危险，必须加以抵制，让匈奴认清丝绸服装不能骑马打仗，重振匈奴文化自信给汉朝皇帝以压力，大力发扬了匈奴文化。同时中行说还搞谍战情报工作，极力挑拨汉匈之间的关系。

汉文帝前元十四年（前166），匈奴再次入侵汉朝边境。匈奴单于亲自率领十四万骑兵一举攻下了北地郡，杀死了郡守，而后长驱直入进占朝那（今宁夏彭阳县西）、萧关（今宁夏固原东南）、彭阳（今宁夏镇原东南），兵锋直抵雍县（今陕西凤翔南）、甘泉（今陕西淳化西北），和长安城只有二百余里的距离。

这不单单是抢劫百姓了，已经威胁到汉文帝的身家性命。汉文帝这回是真的恼了，继位这么多年，从来没上过这么大的火，他先是派出三个将军，分别率军驻守陇西北地和上郡，又任命中尉周舍为卫将军，郎中令张武为车骑将军，让他们领十万骑兵，驻守在渭河以北地区。

汉文帝慰劳出征的将士们，亲自给他们训话，讲述这次战斗的重要性，然后大军未动，就先对官兵们进行了赏赐。这还不算完，汉文帝还要御驾亲征，大臣们极力劝阻，可没想到皇帝真急眼了，怎么也拉不住。最后，薄太后亲自出面，才让汉文帝打消亲征的念头。自己不能亲自统军了，汉文帝就任命东阳侯张相如为大将军，成侯董赤、内史栾布为将军，统兵迎击匈奴。

经过了几个月的艰苦战斗，勇猛的汉军将士们打跑了匈奴人，大汉取得了胜利，可匈奴人并没有服气，他们很快又卷土重来。

和匈奴打了几次交道之后，汉文帝深深地意识到，这个邻居不好对付，为此，他在边打边谈的情况下，仍然坚持赠送礼物，派遣使者，高举和平大旗，极力维护边疆的和谐稳定。

树欲静而风不止。汉文帝后元四年（前160），老单于死了，他的儿子继位，这就是军臣单于。汉文帝后元六年（前158），军臣单于出动六万大军，兵分两路分别攻击上郡和云中郡，抢夺了很多财物，杀死了不少无辜百姓。

汉文帝只好抖擞精神，继续和匈奴作斗争。他任命中大夫令勉为车骑将军，驻扎飞狐口（今河北蔚县），任命苏意为将军，驻扎勾注（今山西雁门关附近），命将军张武屯兵北地。这还不够，又任命河内郡守周亚夫为将军，驻军细柳；刘礼为将军，驻军灞上；徐历为将军，驻军棘门；以保卫长安。经过几个月的调动，匈奴人看汉朝防卫如此森严，料想再做动作也未必能讨到便宜，只好撤军回家。

汉文帝时期，内忧外患，国内各方政治势力还没完全掌控，就得应对来自北边匈奴、南边南越的外部危机。汉文帝非常了解汉匈之间的力量不均衡，故不轻易对匈作战，就算作战也是点到为止，可以说是顺应了历史发展潮流，给汉朝的发展带来了契机。在位二十三年间，汉文帝一直坚持和亲为主、打击为辅的策略，减轻了老百姓的负担，维护了西汉政权的稳定。经济的稳步发展，为汉武帝时期打击匈奴奠定了基础。

3. 人才辈出中隐藏的那个小人

汉文帝上任后，除了重用老将陈平和周勃外，他还慧眼识珠，亲自发现并提拔了一些人才作为朝中栋梁来用。这其中就包括张释之。

张释之字季，南阳堵阳县（今河南省方城县）人。原本是骑尉（相当于警卫员），官路极为坎坷，十年内都没有得到升迁，个中辛酸可想而知。后来，汉文帝偶然发现了他，任他为谒者（类似于军队里的传令兵）。到了这个位置，跟皇帝接触多了，他的才华终于得到了展示，他谈古论今，满嘴"之乎者也"，把汉文帝唬得晕乎乎的。于是，汉文帝大手一挥，他便变成了谒者仆射（谒者的负责人）。

随后，他青云直上，迁升为公车令和中郎将，直至廷尉，官位二品，位九卿之列，仅次于三公。

张释之成了最高司法部门的一把手后，赏罚分明，量刑得当，成了铁面无私的"张青天"。

一次，汉文帝出巡路过中渭桥，结果拉车的马被一个行人惊吓，这在当时叫作犯跸（即冲犯了皇帝的车驾），事后这个行人自然被拘捕了。

张释之审理后，得出事情的来龙去脉：犯法的行人原来听到了行车的声音，因为来不及躲闪，就躲到了桥下边。过了一会儿，他觉得汉文帝的车马应该走远了，就从桥下出来，结果恰好撞上了汉文帝的车驾。惊慌之下拔腿就跑，又使马受到了惊吓。于是，张释之依照法律规定做出这样的判决：罚金四两。

汉文帝被一个不知天高地厚的行人给惊扰了，以为交给张释之后，张释之一定会为自己出一口恶气，结果却看到了这样的判罚。

汉文帝道："轻也！"（判得太轻了！）

张释之道："轻乎哉？不轻也！"（轻吗？不算轻了！）

汉文帝道："孰轻孰重？"（什么叫判得轻，什么又叫判得重呢？）

张释之道："轻者自轻，重者自重。"（犯罪轻的人自然要轻判，犯罪重的人自然要重判。）

汉文帝道："扰天子之罪何谓轻？"（惊扰天子的罪名算是轻的吗？）

张释之道："天子犯法与民同罪，如果违背律条，轻而重判或者重而轻判，就会使法律失去信用。既然陛下让臣来处理，就要按照国法办事，如果我带头任意行事，那岂不是给各地的官员起了坏作用吗？"

汉文帝听张释之说得有理，也就不再追究这件事了。

汉文帝虽然是个贤德的帝王，但他一生信奉老子的《道德经》，运用老子"无为"的思想理论来治理天下，热衷于求道，有一些旁门左道之人乘机浑水摸鱼。这里得提一个代表人物——邓通。

邓通籍贯是蜀郡南安（今四川省乐山市）人，没啥文化，擅长空谈、拍马屁，绰号黄鼠狼。他叫"黄鼠狼"是有原因的。

邓通土生土长在农村，又没有一门技术，却选择了到长安来"闯荡"。达官显贵他一个也不认识，想经商又没有本钱。走投无路之下，他当起了黄头郎。

黄头郎，便是御船水手。做水手虽然苦了点、累了点，但好歹有饭可吃，有衣可穿，不用再夜宿街头了。

就在他因为肯吃苦卖力，上级有关部门决定把他升迁为船长的时候，汉文帝的一个梦彻底改变了他的命运。

汉文帝这天晚上做了个奇怪的梦——飞天，他梦见一个"黄头狼"水手把他推向了"天界"，完成了腾云驾雾之举。

急于解梦的汉文帝来了个千里大寻人。

汉文帝亲自出马，叫御船上的所有黄头郎集合在一起，挨个察看。

轮到邓通时，众人都笑了起来，别人的衣服虽然脏了些破了些，但好歹缝缝补补后不至于袒胸露背吧！但邓通呢！衣服东破一块、西破一块倒也罢，背后那个黑洞简直就和老鼠洞如出一辙嘛。

然而，众人的笑声很快就停止了，因为原本一直凝神端坐着的汉文帝这时突然跳起来，大喝一声："停！"

邓通被汉文帝这一惊天地、泣鬼神的大喝吓得傻站在那里一动也不敢动。汉文帝一把冲上前，说了句："就是他。"然后全然不顾众人惊疑和发呆的眼神，像是挽起妙龄少女一样挽起他便走。

就这样，邓通因祖上积德，一梦之托便红运高照，成了汉文帝身边最红的侍臣，后来官至上大夫。他只因衣服上有一"洞"而发迹，而那洞又正好有黄鼠狼那样大，而到了汉文帝身边后又很会拍马屁，所以其绰号"黄鼠狼"也算是实至名归。

无德无才溜须拍马的人竟然成了汉文帝身边最红的人，一人之下万人之上的丞相申屠嘉不干了。

邓通在朝廷文武百官议事时，也不知是吃了什么，"臭屁连天"。更要命的是，他还调戏侍女。这一切别人没在意，申屠嘉却看了个清清楚楚，等朝会结束，众人散去，申屠嘉就到汉文帝那里打了个小报告。哪知汉文帝只回了四个字"我知道了"就没了下文，气得申屠嘉吹胡子瞪眼睛。

通过这件事，申屠嘉知道，有汉文帝的庇护，想除去"黄鼠狼"，以他之力那是不可能的。然而，申屠嘉既然能当丞相，自然也不是平庸之辈，他冥思苦想，便想出了一个"教训"邓通的好办法。

他派人去"请"邓通来他的府里做客。邓通虽然肚子里没有什么墨水，但还不至于很傻，一听跟自己八竿子打不着的申丞相突然宴请自己，他自然心生疑窦，再加上汉文帝已把申屠嘉状告他的事告诉了他，他自然不敢去了。

申屠嘉见邓通不肯来，并没有灰心，而是充分发挥百折不挠的精神，一次不来二次请，二次不来三次请。而邓通见他这么"一厢情愿"，也毫不含糊，来一个拒一个，来两个拒一双。

申屠嘉作为堂堂一国丞相，竟然请不来一个小小的中大夫，这不单单是"教训"的问题了，而是延伸到"面子"的问题了。于是，申屠嘉动真格的了。邓通一看这架势，申丞相是来真的了，他本来想惹不起还躲不起嘛，但事实证明，官大一级压死人，惹不起的人连躲都躲不起。没办法，他只好硬着头皮去丞相府了。只不过他去的时候还多了一个心眼，那就是入宫找了汉文帝一趟。

有了汉文帝"不怕"两个字，就如同得到了一张免死护身符一样，邓通转悲为喜，便去了丞相府。结果申屠嘉把他整得很狼狈。

邓通知道自己被申屠嘉"忽悠"了，自然哭着跑去向汉文帝告状了。但因为当时申屠嘉和他的手下并没动手，甚至都没有碰过他，他磕破了额头，完全是自己弄的，无凭无证可寻，再加上人家毕竟是一国丞相啊！汉文帝也没有办法为他"申冤"。

汉文帝为了安慰邓通幼小而脆弱的心灵，给了他两点实惠。一是把他由中大夫提升为上大夫。二是将蜀郡的严道铜山赏赐给他，并允许他自己铸钱。

申屠嘉原本想好好教训一下邓通，让他收敛收敛嚣张的气焰，哪知弄巧成拙，人家自己打了自己一个巴掌后，官职上又升了一级。申屠嘉心里虽然极为不平衡，但也没有办法。

不但申屠嘉对邓通极为"痛恨"，太子刘启对邓通更加"痛恨"。原来，汉文帝因为长年累月地伏案批奏，屁股上长了一个痔疮，越来越大，到后来就溃烂了。这样汉文帝就坐立不安了。

邓通为了报答汉文帝对自己的"厚爱"，为了减轻汉文帝被痔疮折磨的痛苦。就想出一个绝妙的办法，用嘴吸吮毒疮，以除去毒疮上的败脓。据说汉文帝每次被他吸吮过后都会好很多。毒蛇里的血，是奇毒无比；而毒疮里的血，却是奇臭无比。邓通却一点都不厌恶，坚持帮汉文帝吸。这让汉文帝感动不已。

后来，太子刘启入宫探病，汉文帝想试一下刘启的表现。叫刘启来吸，结果刘启只吸了一口就呕吐不止。

邓通和刘启形成了鲜明的对比，从此，汉文帝对邓通更加宠爱了。而太子刘启后来知道"吸吮脓血"的主意出自邓通，从此和邓通成了"大仇人"。

汉文帝后元七年（前157）六月，汉文帝忽然得了重病，在生命垂危之际，他召来文武百官，钦点了三个人，其中就有邓通。为了保证邓通在他死后"不受伤害"，汉文帝对文武百官道："你们谁也不许动我的红人。"

汉文帝金口一开，结果是谁都不敢动邓通，但"准皇帝"刘启是个例外，他不但动了这个得了"免死金牌"的"大红人"，还把邓通折磨得很惨，邓通最后被活活饿死，远不如来一刀痛快。这当真是善有善报、恶有恶报啊！

（二）七国叛乱是怎么回事

1. 祸起一项令：削藩，削藩

汉文帝后元七年（前157），四十七岁的汉文帝刘恒在未央宫逝世，太子刘启登基即位，史称汉景帝。

汉景帝刚继位不久就面临一场政治风暴——吴楚七国叛乱。

七国叛乱缘起汉景帝最宠爱的大臣晁错出台的"削藩策"。

晁错是汉景帝的谋士。早在汉文帝时，匈奴人对中原一直虎视眈眈，弄得当时以和为贵的汉文帝大为头疼。正在施行"与民休息"政策的他，不愿与匈奴大动干戈，再起祸端。但是，如果总是忍气吞声，边境又会乱成一锅粥，无法收拾。

在这种"战也不行，不战也不行"的情况下，当时还是太子谋士的晁错站出来，提出了"募民实边"的策略。汉文帝照着他的建议去做，果然，边境问题得到了很大改观。

汉景帝上任后，晁错由汉文帝时的中大夫一跃成为内史（掌民政之官）。他为人刚正，直言敢谏，为发展西汉经济和巩固汉政权制订并主持实施了许多政策。他在汉景帝面前一向知无不言，言无不尽，而景帝对他一直言听计从。

一天，晁错上报的奏章中出现了"削藩策"三个大字。这一政策直指吴王。那么，这个吴王又是何许人呢？

大汉朝从高祖刘邦建国时起，便开始分封诸侯王国。到汉景帝时，全国分封的诸侯王国共有二十多个，而其中实力最强大的就是吴国。

吴国的国王刘濞非等闲之辈。他是汉高祖刘邦二哥刘仲的儿子。大汉刚立国时，刘邦封刘仲为代王。后来，匈奴进攻代国，软弱无能的刘仲吓得屁滚尿流，来了个"弃国而逃"，一时成了天下闻名的"刘跑跑"。对此，刘邦大为恼火，认为二哥丢了他刘氏的脸，于是废其王位，降为合阳侯。

再后来，淮南王英布造反，刘邦带兵亲征，刘仲刚满二十岁的儿子刘濞为了替父亲立功赎罪，主动请缨随刘邦出征。在征战过程中，刘濞一马当先，英勇善战，立下了赫赫战功。对此，刘邦大为赞赏，封刘濞为吴王，让他管辖沿海富裕的三郡五十三城。

刘邦刚把王印交给刘濞就后悔了，因为京城中一位有名的相士说了这样一句话："刘濞后脑有反骨，日后必反。"

对此，刘邦又惊又骇。他想收回封给刘濞的王印，但君无戏言，封出的王就如泼出去的水，不能随便收回。再说刘濞不但无过，而且还有功，仅仅因为相士的一句话就撤他的职也不妥。

暂时不好来硬的，刘邦只好来软的。一次，刘濞来京城朝觐，刘邦对他表现得很亲昵，一方面好酒好菜招待着，一方面嘘寒问暖。

正在刘濞感动得一塌糊涂时，刘邦不失时机地"亮剑"了。他拍着刘濞的肩膀，喃喃地说："乱我心者，昨日之日不可留；忧我心者，他日之日不可争。"

刘濞一听很惊愕，头摇得像拨浪鼓，明确表示自己听不懂。刘邦也不再转弯抹角，直言不讳道："有谶语说，汉五十年东南方向有叛乱者，不知道会不会与你有关啊。"

刘濞一听，一边跪地磕头，一边发誓："臣虽肝脑涂地，亦不能报答您的恩情。臣万死不辞，亦不会做出大逆不道之举。"

刘邦一听，悬着的心终于放下了。亲不亲，一家人，骨肉相连，血脉相连，他想刘濞就算吃了熊心豹子胆也不会做出逆事。

然而，刘邦虽然棋高一着，但他不会料到自己还是百密一疏，被刘濞的一面之词所惑，忘了誓言只不过是美丽的谎言，忘了流言也有成真的时候。

刘邦在世时，刘濞不敢轻举妄动。刘邦死后，刘濞开始有所作为了。

都说饱暖思淫欲，已富甲一方的刘濞不但思淫欲，而且还思权欲，他已不满足仅在一方为王了。加之他儿子刘贤入京朝见时，和当时还是太子的刘启因为"赛棋"（一种智力游戏）发生了争执。争执到最后双方都骑虎难下。恼怒之下，刘启拿起棋盘对准刘贤的头就是一招"泰山压顶"，刘贤倒下后就没有再站起来。

对儿子的死，刘濞很生气，从此他再也没有入京，吴国和中央朝廷的关系也进入了长久的"冷战"阶段。刘濞开始大规模铸钱、煮盐和养兵。前两者都是经济发展的需要，后者是自卫的需要。

汉景帝上任后，双方关系进一步恶化。冤有头债有主，刘濞心中的疙瘩如蚕蛹吐丝般越结越大。

对此，晁错看在眼里，急在心里，他主动站出来，上奏汉景帝道："若再放任刘濞等诸侯王这样下去，各诸侯国的实力将越来越强，如此割据一方，大有分裂国家的迹象，只有削夺他们的封地，才能维护朝廷的统治。"

汉景帝早已对刘濞长年累月的"因病不能上京朝觐"的借口深感不满了，此时晁错的提议正合他意。但是，削藩是大事，他也不敢擅自做主，于是马上召集朝中重臣前来商议。

当汉景帝询问众臣的意见时，众人的嘴巴都像贴了膏药似的，没有一人敢吭声。如此冷场让景帝有点难堪。

良久，晁错正想说既然大家不反对那就是默认来圆场时，人群中走出来一个人，英气逼人。正是窦婴。

窦婴是窦太后的亲侄子，虽说此时他还是个詹事的小官，但因为有"政治背景"，所以他的话自然很有分量。众人屏气凝神，准备听听窦婴的高见，但窦婴只有短短的一句话："臣认为这样削藩有所不妥。"

说完这句话，窦婴再无多言。众人伸长了脖子张大了嘴等了半天，也不见下文。但是，就是这样淡淡的一句话，却告诉众人一个事实，那就是皇太后的亲侄子反对削藩。

晁错虽然有景帝的恩宠，但面对背景非同一般的窦婴，他却不敢贸然力争。结果可想而知，因为窦婴这句无头无尾的话，削藩一事就此打住。

削藩的计划虽然暂时搁浅，但想干一番大事业、轰轰烈烈过一生的晁错并没有灰心，相反，他时刻准备着。都说机会是留给有准备的人的，这话一点也不假。不久，晁错苦苦等待的机会终于降临了。

汉景帝三年（前154）的冬天，楚王刘戊顶着凛冽的寒风，来京觐见天子。每年按时入京觐见皇上，是每位诸侯王的"必修课"。然而，刘戊不会知道，他这次入京，竟点燃了中国历史上著名的"七国叛乱"的导火线。

刘戊是汉景帝的堂弟，他的祖父是元王刘交。刘交在楚地称王二十多年，重用名士穆生、白生、申公三人，一时间国泰民安。刘交死后，儿子刘郢继承了他的王位，仍然重用这三位名士，依然国泰民安。刘郢去世后，儿子刘戊继位。刘戊却是个贪酒好色、胸无大志之辈，一上任便不把三位"老古董"放在眼里。穆生、白生、申公三人在相劝无效的情况下,先后告老还乡。

没了三老的约束,刘戊变得更加放荡起来。汉景帝刚继位不久,薄太后一命呜呼,全国一片哀悼,刘戊却依然过着声色犬马的放纵生活,仿佛一切与自己无关。

若要人不知,除非己莫为。刘戊的一举一动没有逃过晁错的火眼金睛。此时刘戊千里迢迢来上朝,正是晁错表现的大好时机。

机不可失,时不再来。晁错当机立断,马上向汉景帝打了一个小报告:薄太后丧葬期间,刘戊与人通奸,依律当斩。

汉景帝接到报告后却很为难,这通奸一罪,说大则大,说小则小,怎么处置刘戊令他十分头疼。权衡利弊,念手足之情,汉景帝免了他的死罪,只削夺了他楚国的东海郡作为惩罚。

晁错初试牛刀,刘戊光荣地成了削藩的奠基石。首战告捷后,晁错再接再厉,找了点芝麻大的小罪过,鼓动汉景帝削去了赵王刘遂的常山郡,然后又以"卖爵罪"削去了胶西王刘卬的六个县。

至此,晁错的削藩措施可以说取得了良好成效。

2. 反就一个字:带头大哥与众小弟的生死情

兔死狐悲。就在晁错准备大刀阔斧地削藩时,刘濞不干了。他认为与其这样坐以待毙,倒不如豁出去了。他心一横,决定造反。

要造反,就得联合众王。思来想去,刘濞把首选的目标停留在了胶西王刘卬身上。刘卬刚刚被削了封地,他的一口怨气正没处撒,此时正好可以火上浇油。再者,刘卬素来勇猛,敢作敢为,是典型的"武力派",找到他就等于找到了一个好帮手。

打定主意后,刘濞派中大夫应高去胶西说服刘卬。到了胶西,必要的客套过后,应高马上来了个单刀直入:"吴王贵为一方诸侯,如今却心事重重。我们都是一家人,所以吴王特派我来跟您说说他的心事。"

"洗耳恭听。"刘卬道。

"吴王身体一向不好,不能朝见天子已经有二十多年了,他常常害怕受到朝廷的猜疑,却又不能把个中缘由解释清楚。为此,吴王只能节衣缩食,小心做事,唯恐有半分不是。"应高说着,顿了顿,随后话锋一转,"当今天子宠爱庸臣晁错,听从他的逸言擅改法律,侵削各诸侯王的领地,征收各种苛捐杂税。你们胶西国素来对朝廷忠心耿耿,却被平白无故地削了封地,今天是削地,明天说不定就'削头'了。不知道大王有没有这样的顾虑呢?"

"知我者,谓我心忧;不知我者,谓我何求。吴王真是我的知己啊!"刘卬长叹一声,"你有什么好办法吗?"

应高等的就是这句话。他当即脸一板,义正词严地说道:"俗话说,先发者制人,后发者制于人。与其这样坐以待毙,倒不如先下手为强。吴王此番叫我来,就是请大王一起出兵的。"应高终于亮出了底牌。

"万万不可啊,身为人臣,怎么能做出这样大逆不道的事呢?"事实证明,刘卬别的本事没有,作秀的本事却和刘邦有得一拼。他明明早已心动,但必要的过场还是要走的,这样一来可以试探吴王的可靠性,二来成与不成都给自己留了台阶。

应高没有直接回答刘卬的话,而是谈起了前不久天空出现百年难遇的彗星,以及天下蝗虫四起这两件事。凡是天下将发生大事前,都会出现一些不祥的征兆。刘卬自然知道应高话里的意思。

眼见刘卬还是隐而不发,应高使出了撒手锏:"御史大夫晁错蛊惑天子,削藩夺地,天下诸侯都有举义之意。现在吴王已做好了充分的准备,只等大王一句话,吴王便可立即发兵直取函谷关,守住荥阳这个军事要地,占领敖仓的粮道。等大王兵马一到,共同进军长安,天下唾手可得。那时,共分天下,岂不美哉?"

话说到这里,已经足够了,刘卬等的就是这样一句承诺。应高已经顺利完成了自己的使命,接下来就看刘卬的表现了。

刘卬办事雷厉风行,毫不含糊。他定下来的事都是铁板钉钉,九头牛也拉不回来的。他不顾手下重臣的坚决反对，义无反顾地走上了反汉的道路。他不但自己上了贼船，还主动联系了齐、淄川、胶东等国。

就在吴王刘濞和胶西王刘卬各自忙碌准备起兵时，削吴国会稽、豫章郡的"削藩书"送到了刘濞手上。他不用再等什么了，也不用再找什么借口了，一万个理由太多，只要这份"削藩书"就足够了。

刘濞联合楚王刘戊、赵王刘遂、胶西王刘卬、胶东王刘雄渠、淄川王刘贤、济南王刘辟光共七国，率二十万大军，以"请诛晁错，以清君侧"为口号，高举反汉大旗，从广陵（今江苏省扬州市）向最近的梁国进军。一场"七国之乱"就这样拉开了序幕。

汉景帝听说七国叛乱后，急得像热锅上的蚂蚁，于是招来"罪魁祸首"晁错询问对敌良策。晁错似乎早已胸有成竹，他自信满满地说了八个字："兵来将挡，水来土掩。"

汉景帝问："那派谁出征呢？"

晁错答："天子若亲率大军去平乱，叛军一定闻风丧胆，不战自溃。"

如果是在平时，晁错这样拍汉景帝的马屁，汉景帝自然会很受用，但此时的汉景帝已被七国叛乱的声势吓倒，岂是几句甜言蜜语就能被蒙混住的？

汉景帝反问道："朕如果亲征，京城由谁来把守？"

汉景帝的意思已经很明确了，他是堂堂一国之主，怎么能够亲自出征冒险呢？万一他有个三长两短，这大汉岂不是要亡国了？可惜当时的晁错太过自信，他连想都没想，便接道："陛下亲自去出征，微臣愿守京城。"

汉景帝的心一下子掉进了冰窟窿，他多么希望晁错说的是"微臣愿带兵出征，陛下在京城静候佳音便是"。汉景帝平时最信任晁错，况且这次七国叛乱又是因他而起，关键时刻他应该主动站出来挑大梁帮汉景帝分忧才对。现在竟然让汉景帝冒死亲征，他留下来吃香的喝辣的，简直太不像话了。于是，汉景帝破天荒地没有采纳晁错的建议，并且对晁错的人品产生了怀疑。

就在汉景帝焦头烂额时，他突然想起了父皇的遗言："天下有变，可用周亚夫为将。"于是，周亚夫被景帝直接提升为太尉，成了"平乱大元帅"。

接下来，周亚夫率军攻打吴、楚这一路叛军主力部队；郦寄攻打赵国；栾布率兵攻打齐国；窦婴驻扎荥阳，一来为监军，二来可随机应变，出兵支援。

就在汉景帝派出四路大军，准备静候他们的捷报时，朝中走出来一个人，对汉景帝说了这样一句话："臣有一计，不用一兵一卒一刀一枪，便可平定七国之乱。"

不战而屈人之兵，这何尝不是景帝最想要的结果？汉景帝仔细打量来人，原来是袁盎。那么，此人又是什么来头呢？

袁盎和项羽一样，也是楚人。他的父亲名声极坏，是鸡鸣狗盗之辈，因此袁盎小时候有个不雅的绰号，叫"贼二代"。但是，"贼二代"袁盎并没有重蹈父亲的覆辙——继续当贼，而是改邪归正了。他先是在红极一时的"吕氏家族"的重量级人物吕禄手下打工，尽管只是毫不起眼的舍人，袁盎却毫无怨言，干得勤勤恳恳，兢兢业业。

随着吕氏家族一夜之间倒台，他也失业了。袁盎选择的第二任老板是刘恒。当时的刘恒还没有当皇帝，是雄踞一方的代王。袁盎不远千里投奔，不但给刘恒增强了信心，而且还及时给他带来了朝廷的最新动态。刘恒被推上皇帝宝座后，没有忘了袁盎，给了他一个郎中（侍从官）的职务。

对此，袁盎并不满足。他通过几次精心策划的谏言，让刘恒对自己另眼相看，器重有加。随后，袁盎的仕途平步青云，扶摇直上。到景帝时，他已官至御史大夫，跨入了朝中的"三公"之列，成了举足轻重的人物。

此时，汉景帝已被造反的寒风吹得头疼心疼哪里都疼，见了袁盎就像抓住了一根救命稻草，直问他有什么好办法能解七国之乱。

袁盎的回答只有六个字："斩晁错，可平乱。"他的意思很明确，七国之乱是因为晁错的削藩惹起的，解铃还须系铃人，斩了晁错叛乱自然便会平息。

袁盎之所以在关键时刻对晁错落井下石，这和晁错自身有关。晁错受法家思想影响，产生了独特的性格：大胆、正直、准确、深刻、严厉、正直、卑鄙、残忍。

然而，晁错的举动也注定是孤僻而不合群的。他的许多思想和主张在以无为而治为国策的朝堂上显得格格不入，他积极而有前途的思想使他在政治上树敌不少，袁盎和申屠嘉等汉朝初年的名臣普遍不喜欢晁错的为人。

汉景帝即位后，把最为宠幸的晁错封为御史大夫，地位超过了九卿，名列三公。大权在握的晁错也因此进行大刀阔斧的变革，他修订并颁布了许多法律。

出头的椽子先烂，晁错的独宠也引起了朝堂上其他大臣的担忧和打压。如旧臣代表、两朝丞相申屠嘉就对晁错恨之入骨。晁错一次曾为了出行方便，私自砸开了太庙的一面墙。申屠嘉知道这件事后，于是向汉景帝打了一个小报告，要求以大不逆之罪处死晁错。结果听到风声的晁错当晚就去找汉景帝求助。

汉景帝笑说："这没什么大不了的。"只一句话让晁错悬着的心放下来了。

就这样申屠嘉的"屠晁计划"失败了，他为此气病倒了，不久竟然撒手人寰。

此后，晁错在宫中的地位节节攀升，成为朝中炙手可热的牛人。

申屠嘉死了，后果却很严重。因为，袁盎曾是申屠嘉的门客，和申屠嘉关系很好。申屠嘉的死，让袁盎对晁错痛恨至极，两人彻底决裂。

晁错当然也不是好惹的，他也极力打压袁盎，并派人去调查袁盎收受吴王贿赂的事件。后来证据确凿，袁盎应被下狱治罪，好在汉景帝格外开恩，宽恕了袁盎，只是将他降为平民。

袁盎为了自保，去寻求窦婴帮忙。窦婴是窦太后的亲戚，也是晁错的政敌。窦婴于是全力保护袁盎，并极力向汉景帝进行引荐。

晁错削藩引起了七国叛乱后，袁盎在窦婴的引荐之下，终于见到汉景帝，他说了这样的一番话："吴国之所以要起兵造反，就是因为晁错大举推行削藩政策，使得天下诸侯人人自危。吴王为了保全自己的地位和性命，不得不起兵反抗。现在他们打出的旗号是清君侧，诛杀陛下身边的小人，这指的就是晁错啊。只要陛下您下达命令诛杀晁错，吴王等诸侯听到消息，就一定会安然撤军的。"

袁盎把罪责都归咎于晁错，目的很明显，借此清算自己的政治对手。

形势逼人，形势迫人，形势压人。汉景帝默然良久，决绝地说道："我不会因为溺爱一个人，就弃天下百姓于不顾，就对不起天下。"

不久，丞相陶青、廷尉张欧、中尉陈嘉联名上了一封弹劾晁错的奏章，指责晁错提出由汉景帝亲征、自己留守长安及作战初期可以放弃一些地方的主张，是"无臣子之礼，大逆无道"，应该把晁错腰斩，并杀他全家。

汉景帝为了求得一时苟安，不顾多年对晁错的宠信，昧着良心，批准了这道奏章。这时，晁错本人还完全蒙在鼓里呢！

汉景帝派中尉到晁错家传达皇命，骗晁错说让他上朝议事。晁错穿上朝服，跟着中尉上车走了。车马经过长安东市，中尉停车，忽然拿出诏书，向晁错宣读。忠心耿耿为汉家天下操劳的晁错，就这样被当街腰斩了。

晁错在历史上是一个争议颇多的人物。他的优点很明显，同时，缺点也很明显。但是，不管怎样，在那个时代，他的确是一位杰出的政治家。对此，明代李贽曾说"晁错不善谋身，但不可以说他不善谋国"，以此赞扬了晁错为了国家利益而不顾个人安危的献身精神。

汉景帝挥泪斩晁错后，马上封袁盎为"和平大使"，去吴国进行"议和"谈判。然而，事情远没有这么简单，刘濞的野心不仅仅是斩了晁错那么简单，他要的是整个天下。因此，面对袁盎带来的喜报，刘濞表面上喜不自胜，内心却是拒绝的。

于是，他把报喜的袁盎软禁了起来。刘濞知道他是个人才，想任他为大将，但遭到了袁盎的拒绝。后来，刘濞决定斩了这个不识时务的袁盎，幸亏袁盎得贵人相助，连夜逃了出来，捡回了一条小命。

3. 定就一个人：谁是平反功臣

用牺牲晁错和恢复被削封地的妥协办法没能使吴楚等七国退兵，为此汉景帝头疼不已。关键时刻，他想起了一个人——周亚夫。

周亚夫是西汉的传奇人物。他乃名门之后，是太尉周勃之子。周勃是最早跟随刘邦起义的元老之一，在推翻暴秦和楚汉之争中，他立下了赫赫战功。特别是在诛灭吕氏一族中，他起到了中流砥柱的作用，和陈平被汉文帝视为左膀右臂。

周勃死后，他的大儿子周胜继承了爵位。然而，周胜不争气，在权力宝座上屁股还没坐热，就犯了事被免了职。念及周勃的功绩，汉文帝封周勃的二儿子周亚夫为条侯。

周亚夫遗传了父亲几乎所有的优点，他能征善战，用兵如神。

汉文帝后元六年（前158），不安分的匈奴再一次入汉朝境内"打谷草"，一时间边塞风云四起。汉文帝也不是等闲之辈，他马上从朝中精选出三位将军，在京畿附近的灞上、棘门、细柳一带结营驻守，构建起了"品"字形防御体系。

为了笼络人心，鼓舞士气，汉文帝风尘仆仆，深入到这三处军营进行调研。到了灞上、棘门，两营的主帅都举行了"十里夹道相迎"

的隆重仪式，看到汉军兵强马壮，雄赳赳气昂昂的精气神，文帝很是高兴，脸上盛开了一朵朵花儿。然而，好景不长，他脸上的花儿很快便凋谢了，因为他来到细柳慰问时，却吃了闭门羹。

而做出如此"大逆不道"之举的人就是细柳营的"营长"周亚夫。但见细柳营剑拔弩张，严阵以待，一副如临大敌的模样。汉文帝想进去都被士兵拦住了，他自报身份，营卫却说："将在外君命有所不受，我等只听从将军的命令，不听从天子的诏令。"汉文帝最后没辙了，只好取出代表身份的符节交给营卫，让其代为通报。

周亚夫这才传令开门。到了内营，只见周亚夫身穿铠甲，手持佩剑出来相迎。见了汉文帝也是稍微欠了欠腰，说道："臣以军礼接驾，望陛下勿怪。"

汉文帝见状大为感动，在表达慰问之情后，立即打道回府。他刚退出营帐，细柳营立马关闭营门，又进入"一级严守"状态。汉文帝忍不住感叹道："这才是真将军啊！"

后来，匈奴被逼撤军，各路人马依次撤回后，汉文帝对周亚夫赏识有加，视他为国家栋梁。再后来，汉文帝突然染疾，病入膏肓之际，给汉景帝留下了"天下有变，可用周亚夫为将"之言。

汉景帝三年（前154）二月中，汉景帝下了一道诏书，任命周亚夫为"平乱大元帅"，并号召将士奋力杀敌，同时下令严惩参加叛乱的官吏，从而鼓舞了汉军士气。

早已严阵以待的周亚夫接到汉景帝的命令后，经蓝田出武关，迅速向军事重地荥阳进军。

而此时，吴、楚两国联军已把梁国围得水泄不通。梁国的军事要地棘壁（今河南省永城市）也被吴、楚叛军攻克。梁王刘武只好死守睢阳（今河南省商丘市）。得知周亚夫的军队到了荥阳后，刘武自然想抓住这根救命稻草，于是派人去向周亚夫求救。

但是，令人颇感意外的是，周亚夫居然对刘武的求救不予理睬，一副事不关己、高高挂起的姿态。

眼看自己的一封封"求救信"都如泥牛入海，杳无音信，刘武急得像热锅上的蚂蚁。最后没办法了，他只好改变方式，直接派人送信到长安给汉景帝。

汉景帝接到刘武的求救信后，马上给周亚夫下达了"速去救援梁王，不得有误"的命令。

事实证明，周亚夫就是周亚夫，他的所作所为就是和常人不一样。接到汉景帝的圣旨后，他非但没有进军，反而来了个退军，公然置杀头之罪于不顾，向昌邑（今山东省巨野县）后撤。到了昌邑后，他便筑垒自守，像一只缩头乌龟一样，躲在那里再也不出来了。汉景帝的"进军令"和梁王的告急书如雪花般飞过来，周亚夫全都视而不见。

周亚夫之所以这样做，是战略部署的需要。他已打定主意，认为"楚兵剽轻，难与争锋，愿以梁委之，绝其粮道，乃可制"。

因此，他的目光不是停留在被刘濞等七国联军包围的睢阳，而是紧紧盯着荥阳。荥阳一地太重要了，项羽和刘邦长达四年的楚汉之争，说白了就是围绕荥阳争来争去，最后得荥阳者也得了天下。

周亚夫接到正式开战的命令后，二话不说，目标直指荥阳。他并没有按正常的行军路线走，用直达的方式去荥阳，而是以迂回的方式绕道右行，走蓝田，出武关，至洛阳，入武库，最后成功抵达荥阳，从而把这个军事要地牢牢地控制在了汉军手里。

既然荥阳这么重要，是兵家必争之地，为何先发制人的刘濞不先下手为强呢？

事实上，刘濞举兵时，他手下一员年轻且富有朝气的将领桓将军便这样劝过他。桓将军说吴国步兵多，擅长在崎岖的险恶之地作战；汉朝军骑兵多，擅长在宽广的平原之地作战。他劝刘濞应扬长避短，在行军过程中，绕开经过的城市不去进攻，而一直向西前进，以迅雷不及掩耳之势迅速夺取武器库，霸占敖仓的粮道，占领荥阳。这样进可攻退可守，以此号令天下诸侯，大事可成也。

应该说桓将军的建议和周亚夫的战略思想不谋而合。然而,刘濞在征求一些老将的意见时,众人都以"一个乳臭未干的小子懂什么兵法"为由投了反对票。最终,刘濞也认为攻城拔寨方显英雄本色,于是率兵在梁国一座城一座城地攻打。他的努力也没有白费,至少效果显著。梁国除了睢阳这个刘武的老窝还在顽强死守外,其他重城,包括军事要地棘壁都已丢失。

此时,后知后觉的刘濞终于幡然醒悟,明白自己犯了严重的军事路线错误。然而,世上没有后悔药可吃,这时候,就算他有三头六臂,也无法挽回颓势了。

周亚夫占领荥阳后,为了避免与刘濞叛军发生正面冲突,故意退守昌邑,迷惑刘濞。同时,周亚夫悄悄派了一支精锐部队迂回敌后,深入吴楚联军的空虚后方,展开了"破粮行动"。

而这时,已是垂死挣扎的刘濞索性抛开一切,对所围的睢阳城展开了更猛烈的进攻。

正在睢阳岌岌可危、即将告破之际,周亚夫的声东击西战术收到了奇效。他派出的奇兵弓高侯韩颓当不负众望,成功绕到敌人后方取得了"破粮行动"的圆满成功。

没有了粮草,睢阳是没法打了。刘濞在梦碎的同时,决定孤注一掷,去昌邑找周亚夫进行生死大决战。

此时的周亚夫已经是稳操胜券,于是选择了避战。对刘濞的猛攻,他严防死守。就这样,刘濞强攻数日非但没有丝毫进展,反而损兵折将。眼看这样下去不是办法,力求速战速决的刘濞来了个半夜劫营。

是夜,他率领大军出发,目标直指周亚夫的大本营。一切都出奇的顺利,敌人营帐前静悄悄的,连个哨兵都没有。

"真是天助我也!"刘濞心中一喜,"这回非要把周亚夫这个老匹夫碎尸万段才解恨。"刘濞手一挥,吴楚联军如秋风扫落叶般冲进了周亚夫的大营。然而,他们的欢喜很快就成了竹篮子打水一场空,因为进来之后,他们才发现偌大的一座敌营里竟然空空如也,没有一个人影。

刘濞再傻也明白是怎么回事了，赶紧下令撤军。这时候，周亚夫一声令下，汉军从四面八方拥出来，慌乱中的吴楚联军只有挨宰的份儿了。

前进无路，后退无门，此时军中已断粮，吴楚联军陷入了进退两难的尴尬境地。周亚夫眼看时机已到，率军和吴楚联军展开了最后的决战。结果毫无悬念，吴楚联军兵败如山倒。

事实证明，刘濞行军打仗的本事没有，逃跑的本领却得到了叔叔刘邦的真传。眼看战局无法挽回，刘濞没有坐以待毙，而是选择了三十六计，走为上计。他只带了儿子刘驹和几千亲卫军连夜逃走，剩下十多万吴楚联军只能作鸟兽散。

刘濞父子成了丧家之犬，四处逃窜时，却发现天下之大，此时竟已无容身之处。好在天无绝人之路，正在他惊慌失措时，东越王向他示好。刘濞几乎连想都没想就朝东越去了。

东越即东瓯，惠帝三年（前192），曾封东越君长摇为东海王，王位世袭。吴、越两国是近邻，关系向来很好。吴王发兵反叛时，东越王还发了一万人马相助，用东越王的话说，人虽然少了点，但礼轻情意重，仅表寸心。

而此时，作为一个败军之将，东越王竟然不嫌弃自己，这令刘濞很感动。他马不停蹄地赶到东越国，一见东越王的面，却发现他的脸冷得像寒冬的雪，一双眼睛像刀子般盯着自己。

一股凉意涌上刘濞的心头。原来人世间根本就没有真正的情意，在利益面前，情意不值一提，什么友情，什么海誓山盟都抵不过功名利禄，荣华富贵。可惜他明白得太晚了。对一个败军之将来说，不成功便成仁，这才是硬道理。

刘濞心甘情愿也罢，不心甘情愿也罢，总之，他的人生就这样走到了尽头。他挥一挥衣袖，留下了壮志未酬的遗憾。

一号主谋刘濞死了，二号主谋楚王刘戊也只有三十六计，逃为上计。周亚夫不是等闲之辈,他将"诡道十二法"进行到底,使出了"能而示之不能,用而示之不用"这一招,对刘戊采取只追不打、只围不歼的高级战略。最终,刘戊战又不能战,退又不能退,只能以自杀的方式结束了自己的一生。

接下来,胶东王刘雄渠、淄川王刘贤、济南王刘辟光在走投无路的情况下全都自尽而亡。只有赵王刘遂的政治觉悟迟钝些,还做无用功,拼死抵抗了一段日子,最后在孤立无援中兵败自杀。齐王刘将闾最后也喝下毒酒,走上了黄泉路。

造反只三月,万事皆成空。只经历了短短三个月,七国叛乱便匆匆落幕。

值得一提的是,汉景帝在平息吴楚七国叛乱之后,趁机在政治上做了一番改革,一是下令诸侯王不得继续治理封国,而由皇帝派去的官吏治理;二是改革诸侯国的官制,改丞相为相,裁去御史大夫等大部官吏。如此一来,诸侯王失去了政治权力,仅得租税而已,力量被大大地削弱了。

四、血腥的盛汉

（一）变革前那一道伤

1. 独尊儒术的台前幕后

汉景帝后元三年（前141）正月十七日，四十七岁的汉景帝病故，年仅十六岁的太子刘彻即位——他就是历史上大名鼎鼎的汉武帝。

刘彻登基后，马上做了三件当务之急的事。

第一件事：感恩戴德。

对谁感恩，戴谁的德？当然是汉景帝了。因为汉景帝交给了他一个好摊子。汉景帝和他父亲文帝在位期间，很好地施行了汉高祖刘邦的"与民休息"政策，不但稳定了社会，还提高了人民的生活水平，共同开创了中国历史上有名的太平盛世——"文景之治"。

"文景之治"是个怎样的局面呢？有司马迁《史记》原话为证："国家无事，非遇水旱之灾，民则人给家足，都鄙廪庾皆满，而府库余货财。京师之钱累巨万，贯朽而不可校。太仓之粟陈陈相因，充溢露积于外，至腐败不可食。众庶街巷有马，阡陌之间成群……"

国富民强，丰衣足食。面对如此大好局面，刘彻自然感恩戴德。

第二件事：感恩回馈。

刘彻感恩回馈的人自然也是他至亲至爱之人。他封祖母窦太后为太皇太后，封母亲王娡为太后，封他金屋藏娇的太子妃陈阿娇为皇后，而敢于拿"青春赌明天"的王娡之母臧儿也咸鱼翻身，被封为平原君。

第三件事：思想变革。

刘彻上任后，并没有因为国富民强而裹足不前。相反，雄心勃勃的他很快搞起了思想变革：罢黜百家，独尊儒术。

汉朝自开国以来，吸取了暴秦灭亡的教训，沿用了战国以来流行的"黄老"的治国方针，以"无为而治"为治国的核心精髓。几十年来，一脉相传。

如果刘彻也在这一条道上走下去，那刘彻就不是汉武帝了。他决定进行一场思想变革，推翻黄老，独尊儒术。

要变革，首先就得有人才。如何才能让天下人才为己所用呢？刘彻马上下了一道圣旨，公开招聘有才之士。

他的圣旨一出，天下文人骚客闻风而动，特别是自秦始皇以来被打压的儒生终于时来运转。面对这样千载难逢的好机会，他们自然各个都争先恐后地往京城里赶。

汉武帝出台的"官员考试"之所以能产生这样轰动的效应，原因是如此选拔人才的方式史无前例。要知道，在他从政之前的汉初七十余年光景里，朝廷选拔官员基本上都延续了秦朝的规章制度，大致分为三种方式。

第一种方式：军功制。凡是在军队功劳簿上有名的人，可以直接入选。

第二种方式：任子制。凡是郡太守以上官员，在任期满三年之后，可以保举其子弟一人入选。

第三种方式：赀选制。凡是交纳一定的钱财，便具有入选的资格。

这三种方式，说得再直白点就是有功、有权、有势和有钱之人才可以理所当然地到朝中为官。也正是因为这些条件的限制，官场上纨绔子弟多如牛毛，而真正的才学之士大都怀才不遇，流落民间。汉武帝不拘一格选人才的方式，正是给了大家一个公开、公平、公正的竞争机会，能在全国产生轰动效应也就在情理之中了。

面对众多儒生的到来，汉武帝很高兴。这次公开招考也很成功，在历史上留下了浓墨重彩的一页。汉武帝招揽了大量有用之才，其中尤以"双子星座"——董仲舒和东方朔——最为闪亮。

董仲舒是这次考试的头名。他是广川（今河北省景县）人，少年闻名，从小就研读《春秋》，并以弱冠之年独创了流传千古的成语"目不窥园"而闻名天下。传说他钻研学术到了痴迷的地步，整天守在书房里朗诵《诗经》，钻研儒学，成了不折不扣的"宅男"。他自己家中有一个风景优美的后花园，但他连续三年都没有踏进过，所以"三年不窥园"成了当时儒者的精神追求。

博览群书的董仲舒在而立之年彻底摘掉了"宅男"的帽子，开始四处游学。别的大师讲课要按天、按时收费，他不但不收取任何费用，而且还要倒贴——贴时间和车旅费等，他却乐此不疲。

付出就有回报，他的无私奉献收到了良好成效，他送出去的是知识，留下的是董氏这块金字招牌。他的声名到了极盛的地步，那些"国家级"教授在他面前也自叹不如。

俗话说："千里马常有，而伯乐不常有。"事实证明，董仲舒是千里马中的千里马，而汉武帝刘彻是伯乐中的伯乐。他拿着董仲舒的考卷看了一遍又一遍，读一遍参悟人心，读二遍醒悟人性，读三遍感悟人生，读百遍爱不释手，读千遍意犹未尽……汉武帝马上下令召见了董仲舒。

与其说是召见，不如说是汉武帝对董仲舒的第二次考验。只是先前是笔试，现在是面试。

"朕有个问题百思不得其解，烦请先生解惑。"汉武帝对董仲舒恭敬有加，态度诚恳至极，没有半点考官的架子，反倒像一个误入歧途的人等待高人指点一样。

"三皇五帝从兴起到衰弱，这是不是天命呢？夏、商、周三代受天命而兴起，它们的祥兆是什么？灾异变化又是什么？是天命，还是道义？朕希望社会能流行淳朴的风气，朕希望四海升平，百姓能安居乐业，朕也希望法律能坚决地实行下去，所有人都有安全的保障，朕希望能享受上天的保佑……却不知该如何修治整饬，达到心中宏愿，故请先生赐教。"汉武帝大有把埋藏在心底十六年来的"十万个为什么"都问出之意。

面对汉武帝撒豆子般的提问，董仲舒不急不躁，从容淡定，娓娓而谈，一一作答。他的话条分缕析，成了流传后世的经典，史称"天人三策"，归纳起来有五个要点。

第一，新王改制，君权神授。

董仲舒说，新的王朝建立后，新的皇帝即位后，一定要改变旧朝的制度和礼仪，而这其中最主要的就是要"改正朔，易服色"，达到以顺天命的目的。

"正朔"的"正"指正月，即一年之首；"朔"指初一，即一月之首。"改正朔"说白了就是改变前朝历法的意思。

"服色"指的不仅仅是服装的颜色，还包括车马、祭牲等颜色。每一个朝代崇尚的颜色都不同，如夏朝尚黑，商朝尚白，周朝尚赤。"改服色"说白了就是改变前朝所崇尚的颜色。

之所以要"改正朔，易服色"，以顺天意，是因为君权神授。皇朝的更迭是天意，非人力所为，这证明了新政权的合法性。人君受命于天，奉天承运，进行统治，代表天的意志治理人世，一切臣民都应绝对服从君主。而皇帝的权力是上天赐予的，是命中注定的。如果君主滥用权力，苛法暴政，无法无天，违背天意，老天就会发出警告。如果警告没用，老天就会以灾异等形式来鞭策、约束君主的行为，直至剥夺君主手中的权力。

董仲舒的"君权神授"理论使君主的权威得到了空前提高。他把君权建筑在天恩眷顾的基础上，从而使君主的权威绝对神圣化，这有利于维护皇权。同时又告诫君主要懂得洁身自爱，做到慎言、慎独和慎行。

第二，大一统，大统一。

董仲舒按照《春秋》所提倡的"大一统者，天地之常经，古今之通谊也"，极力主张实行"大一统"。

"大一统"即天下统一，这正好跟极富政治理想和抱负的刘彻不谋而合。刘彻当时面临的形势是，内部刚刚平定七国叛乱，各大诸侯虽然心存敬畏，但人心不稳；外部匈奴日益强盛，常常骚扰大汉边疆，为所欲为。

在内外形势都很严峻的局面下，如何建立高度的"中央集权制"，这正是刚登基的刘彻面对的当务之急。而董仲舒提倡的"大一统"正中刘彻的要穴，自然很得他的赞赏。也正是因为这样，刘彻一生都在追求大一统的中央集权，并且倾尽人力、物力、财力和匈奴展开了"虽远必诛"的持久战，只为了达到中国"大一统"的目的。

第三，立太学，举贤良。

打天下，靠人才；治天下，更需要人才。正如刘邦所说，"我能在马背上打下天下，总不能在马背上治理天下吧"。治理天下，没有人才，一切都是空话。

"立太学"是指建立国家级的中央大学，通过官府扶植来培育人才，通过设立乡学培育人才，以供朝廷社稷所用。

"举贤良"指将官员"公开招聘"，即举贤制制度化，源源不断地向朝廷输送能人异士，让大汉王朝人才荟萃，国泰民安。

第四，罢黜百家，独尊儒术。

董仲舒说，天下民众，只要学习《诗》《书》《礼》《乐》《易》《春秋》"六经"和《论语》就可以了，凡是不在此范围之内的其他各家学派的学说，应该禁止传播，坚决杜绝这些学说与儒家学说同存共议。这样一来，可以达到统一思想的目的。只有思想统一了，法纪制度才能统一；只有法纪制度统一了，民心才能统一；只有民心统一了，国家才能治理好。

当然，这个统一是要讲究方法的，秦始皇也是为了统一天下民众的思想，采取的方法却不妥，是血淋淋的"焚书坑儒"。而董仲舒提倡的"罢黜百家，独尊儒术"是温柔战术，不杀你也不坑你，只要你一心一意读儒学就行了。

第五，主更化，常善治。

"更化"指改变、革新，"主更化"就是指要变革。董仲舒认为，一个国家要想治理好，就必须进行行之有效的改变。

刘彻不是一个想躺在先皇功绩簿上过日子的皇帝，他想有所作为。听了董仲舒的"天人三策"后，他感叹道："妙，实在是妙！妙不可言，妙语连珠啊！"

汉武帝对董仲舒的面试到此结束。董仲舒的建议他悉数采纳。考虑到官场用人的规矩，汉武帝并没有直接把董仲舒留在朝廷为官，而是先把他安排到了基层，任江都相，辅佐自己的兄长刘非。

随后，汉武帝寻找到一些志同道合的儒家弟子后，马上大刀阔斧地开始了改革，出台了新政策，史称"建元新政"。

"建元新政"主要包含三方面的内容。

第一，列侯不留京。

列侯每年都有一次进京朝觐的机会，但是在京城停留的时间必须在规定时间内，一旦到了期限，就必须无条件离开京城，回到封地，镇守一方，造福一方。

之所以出台这个政策，是因为从汉高祖刘邦开始，封侯便形成了这样一个不成文的规定，把县作为"嫁衣"封给某人，并且以县名来对应称侯。有了封地，有了爵位，按理说受封的人肯定会独守一方，享太平之乐，拥富贵之荣。然而，此一时彼一时，汉朝经过"文景之治"，特别是到了汉武帝时，封侯之人都不愿留在封地，而是想方设法留在京城。一是京城比封地繁华得多。二是大多数诸侯要么是皇亲国戚出身，要么是娶了公主为妻的。这些人从小衣来伸手饭来张口，过惯了奢靡豪华的生活，哪里肯到穷乡僻壤去体验生活呢？三是为了仕途的需要，京城是权力的中心，不到京城不知道自己官小，不到京城不知道自己权小。汉朝有这样的"潜规则"，丞相人选必须从列侯中选择。为了得到皇帝的器重，为了能攀上丞相这权力至上的宝座，谁都想长期留在京城，伺机而动。

列侯不准滞留京城，这项新政可以说是汉武帝为加强列侯作风而实行的新举措。

第二，关中不设防。

早在秦朝时期，为了确保首都咸阳的绝对安全，出台了这样一条硬性措施：凡是出入函谷关的人，必须持有特别通行证。刘邦建国后，沿袭了秦朝的做法，依然实施执证入关。这样的做法虽然在一定程度上确保了京城的稳定，但弊端也很明显，那就是给交流带来了极大不便。普通百姓只能望关兴叹，经济交流也因此受阻，极大地影响了政通人和。

汉武帝下令废除通过函谷关的关禁，一来可以更好地显示太平盛世，二来可以真正让百姓享受平等出行的机会。这条新政可以说代表了汉武帝"开放"的治国理念。

第三，宗亲无特权。

汉武帝时，宗亲仗着势力大、后台硬，无法无天，胡作非为，经常做出一些违法，甚至是草菅人命的事，一来给皇室宗亲抹了黑，二来造成了社会的不稳定。汉武帝下令坚决打击宗亲违法乱纪行为，宗亲犯法，与庶民同罪，严惩不贷。

总而言之，这三条新政归根结底就是两个字：惠民。

2. 老虎不发威，当我是病猫

汉武帝的新政虽然符合国计民生，为他喝彩的人却很少，原因是树敌太多。

树了哪些敌人呢？不是外人，都是自己人——皇亲国戚。他们本来小日子过得风生水起，但新政让他们在仕途上断了走捷径的最后奢望，在行为上受到了极大的约束。一转眼间，他们拥有的特权都被剥夺了，他们自然会反对和抵抗。

如何抵抗呢？他们当然不能直接和汉武帝动手，而是找窦太后告状。

一个人这么说，窦太后不置可否。两个人这么说，窦太后不值一哂。三个人这么说，窦太后就不可不信了。

当然，窦太后毕竟是太后，尽管她怒了，却没有表露出来，而是采取了以静制动的方针，想看看汉武帝接下来还会有怎样的举动。

哪知，汉武帝接下来的举动让窦太后再也静不下来了。

点燃窦太后心中怒火的人是御史大夫赵绾。他给汉武帝提了一条重磅建议：朝中大事理应皇帝一个人说了算，以后不必再请示东宫了。

东宫就是指窦太后，不请示东宫，就是不请示窦太后。

应该说赵绾的出发点是好的，他是为汉武帝揽权，摆脱窦太后的操控。然而，他太小看窦太后了。赵绾急于求成的这个小报告竟成了窦太后手中的把柄。

窦太后听说此事后，愤怒异常。从表面上看，她愤怒的是赵绾的大不敬；从更深层次的原因来看，是因为她骨子里坚决信奉黄老之学，坚决反对儒家学说。也正是因为这样，她要求自己的儿子汉景帝、孙子汉武帝都要"独尊黄学"。

其实，儒家学说和黄老学说之间的对战由来已久。汉景帝也是个思想叛逆之人，他当时就为了学术信仰和窦太后进行了一次针尖对麦芒的争斗。

汉武帝开始思想变革以来，窦太后一开始只是观望，想看看年轻的汉武帝究竟会把汉朝折腾成什么样。但是，这场好戏只看了一部分，就被不识抬举的赵绾给搅黄了。凡事不向东宫请示，那就等于剥夺了窦太后的政治权力。权力是一把"双刃剑"，任何人任何时候都不想放下，窦太后自然也不例外。

怒不可遏的窦太后开始发威了。她干脆果断地使出了窦氏三板斧。

窦太后的第一板斧：取而证之。

窦太后毕竟经历过了这么多风风雨雨，是老江湖了，她虽然举起了手中的"屠龙刀"，却没有马上挥出来，就是要继续等待挥刀的最佳时机。当然，这个等，不是白等、干等，而是主动出击地等。

她派出了一个由自己的亲信组成的"调查团"，暗中调查御史大夫赵绾和郎中令王臧二人的罪证。

先搜集罪证，再挥出"屠龙刀"对其进行最后一击，这是窦太后的看家本领，也是制胜法宝。远的不说，先前对付逼死自己宝贝孙子刘荣的郅都使的就是这一招。前车之鉴，后事之师。可惜御史大夫赵绾和郎中令王臧被汉武帝强大的光环所笼罩，被革新的强大力量所感染，被自己超强的自信所迷惑，认为革新已成燎原之势，所以轻视了窦太后的绝地反击。

窦太后是啥人物，轻视了窦太后，后果很严重。果然，很快，窦太后的"调查团"就不负厚望，搜集到了赵绾和王臧的罪证。窦太后为他们二人各精心挑选了五条罪状，组成了"罪十条"，然后打包一起交给了汉武帝。

窦太后的第二板斧：分而惩之。

汉武帝接到窦太后送来的"大礼包"时就知道事情坏了。他当然是想为赵绾、王臧两人开脱罪名，但人证、物证俱在，而且还有窦太后的监督，他只好听命立案，把赵绾、王臧两人的事移交给"司法部门"去调查处理。

赵绾和王臧就这样入狱了。"司法部门"的人忙碌起来，正准备大刀阔斧进行审讯时，窦太后没有犹豫，不再迟疑，终于挥出了手中的"屠龙刀"，给"司法部门"的最高长官下达了死命令：把赵绾、王臧两人往死里整。

接下来，赵绾、王臧两人的遭遇就可想而知了，他们面对的是生不如死的严刑逼供。

痛不欲生的结果是死路一条，忍辱负重的结果可能还是死路一条。与其这样将痛苦坚持到底，不如一了百了。想通了这一点，赵绾和王臧选择了自杀。

然而，赵绾和王臧不会料到，他们虽然以死明志，但并没有达到舍生取义的效果。他们死了，窦太后的气焰更嚣张了，她给他们盖棺论定：畏罪自杀。

汉武帝此时爱莫能助，只能唏嘘长叹。

窦太后此时怒气未消，还要继续"屠龙"。

接下来，轮到窦婴和田蚡遭殃了。考虑到窦婴、田蚡两人毕竟是"外戚"的内部人员，窦太后放下了手中的"屠龙刀"，使用了"温柔一剑"。这一剑挥出，硬生生地削掉了窦婴、田蚡两人的官帽。

死罪可免，活罪难逃。能保全窦婴、田蚡两人一命，窦太后已是格外开恩了。

一手打造的"四大天王"一夜之间便烟消云散了，汉武帝除了感到寒意侵骨、痛心疾首，更多的是无奈和无助。当然，窦太后的"屠龙刀"和"温柔剑"也让汉武帝清醒了过来。他知道此时自己羽翼未丰，现在和窦太后直接斗力，不但胜算不足一成，弄不好还会把自己搭进去。

对此，他做出了亡羊补牢之举，把用"驷马安车"请来的申公送回去了。申公也是个聪明人，眼见风头不对，留在朝中多半是死路一条，要谋生眼下只有"走"这一条路。于是，他及时打了"辞职报告"，汉武帝顺水推舟，准奏，申公一刻也不敢停留，一夜之间消失得无影无踪。窦太后原本是想再拿他开涮的，此时见他归隐了，鞭长莫及，也就不再追究了。

窦太后的第三板斧：取而代之。

窦太后成功拿掉了汉武帝精心打造的"四大天王"后，马上起用自己的人担任朝中最重要的丞相、御史大夫等重职，把汉武帝好不容易洗好的牌又洗了一遍。

新上任的丞相许昌和御史大夫庄青翟是朝中元老级人物。两人虽然在朝中属于无功绩、无德、无能的"三无"人员，但因为他们都信奉黄老学说，且是拥后派的重量级人物，所以被委以重任也就在情理之中了。

而新上任的郎中令石建和内史石庆还是弱冠之年,属于后起之秀。他们又是何许人物?为什么能从默默无闻一下子位列朝中四甲之列呢?

原因很简单,因为石建和石庆都有一个好爸爸——万石君石奋。

万石君石奋是河内郡人。他是个初生牛犊不怕虎的人物,十五岁时就跟随汉高祖刘邦,经历了惊心动魄的楚汉争霸。他做得最得意的一件事就是把其秀色可餐的姐姐推荐给了刘邦,同时自己也走上了仕途,被封为"中涓"。他的家人都被接到长安享受贵族待遇。到汉文帝时,他先是被封为太中大夫,随后又被封为太子太傅。汉景帝刘启继位后,他被提为九卿之位,后来又被升为诸侯国的相国。

石奋之所以能在仕途上青云直上,除了依靠裙带关系,更重要的是他为人处世得宜。石奋虽不善言谈,却敏于行事。"战战兢兢,如临深渊,如履薄冰"这十二个字是他性格的主要特征。

在石奋的言传身教下,他的家人,甚至仆人待人接物都非常恭敬,特别谨慎。如此一来,万石君一家因孝顺谨慎闻名于各郡县和各诸侯国,即使齐鲁二地品行朴实的儒生们,也都认为自己不如他们。

也正是因为这样,石奋的长子石建、二子石甲、三子石乙、四子石庆,都因为品行善良,孝敬父母,办事严谨,做官做到了二千石。对此,汉景帝有话要说了,他发出感叹:"石君和四个儿子都是二千石官员,加起来等于一万石了,作为臣子的尊贵荣宠竟然集中在他一家啊!"为了表达对石奋的崇高敬意,他尊称石奋为万石君,从此,万石君这个称号便传播开来。

在这样的关键时刻,窦太后之所以向石家示好,就是看中了石家的"名人效应"。石家谦卑,礼让有加,门风极好,重用石家,对稳定政局显然有好处。

但是,考虑到万石君石奋此时年事已高,窦太后便从他的四个儿子中选了石建和石庆两人分别担任郎中令和内史,从而打造了自己的新队伍。

姜还是老的辣，窦太后用实际行动给年轻的汉武帝上了一堂生动的政治课。

3. 战还是和，这是一个问题

汉朝自立国以来，最大的敌人便是北方的匈奴。汉武帝之前，基本上采取和亲政策，极其大方地将公主和钱财往匈奴那里送，虽然匈奴人还是没死心，但从此"时小入盗边，无大寇"。

到汉武帝时，匈奴如幽灵般如影相随，避不开、躲不了、逃不掉。这时候，汉武帝对匈奴面临着是战还是和的抉择。最终，他选择了战，且坚定地血战到底，一雪国耻。这也是汉武帝在继思想变革之后，做出的第二个大举措。

如果说汉武帝的思想变革是为了治国、理国的需要，那么，他坚定地平定匈奴就是护国强国的需要。他之所以敢摒弃汉高祖一直流传下来的和亲政策，另辟蹊径地动用武力也是有原因的。

要知道，此一时非彼一时。经过五代人的共同努力，通过休养生息政策，这时的汉朝已经发生了翻天覆地的变化，综合国力已是一跃千里，粮多、钱多、马多、武器多、军队多。

粮多解决了吃的问题，钱多解决了穿的问题，马多解决了行的问题，武器多和军队多解决了打仗的问题。总而言之，这五个多合起来就能解决战的问题。

就在汉武帝磨刀霍霍，准备战的时候，匈奴人似乎觉察到了不祥的气息，主动示好。汉武帝建元六年（前135），匈奴单于派使者到长安求见汉武帝，请求和亲。

为此，汉武帝马上召开了一次朝议，讨论接不接受和亲的问题。他这样做的目的有二：一方面主动征求大臣们的意见，落得个广开言路的好名声；二来测一测大臣们对边疆问题的期望值，为自己的武力平定

四、血腥的盛汉

匈奴做铺垫。

朝议开始后，一改上次汉武帝为窦婴和田蚡举行辩论会时的沉闷，现场气氛非常火热，主和派和主战派讨论得热火朝天。

首先，主战派的代表人物大行令（相当于现在的外交部部长）王恢发言。王恢之所以能成为主战派的代表人物，是因为他长年在基层工作，而且还经常与匈奴打交道，主张以武力解决匈奴问题是其深思熟虑之后的举措。

"言而无信，不知其可也。匈奴是一个不讲仁义的民族，匈奴人是一群不讲信用的人。自从汉高祖以来，我们送的公主还少吗？我们给他们的钱财还不够多吗？可那又如何？给了他们好处，他们就高兴一下，他们就收敛一下，等你人走茶凉，他们马上就变脸了，擅自毁约，私自出兵，独自偷欢，从来不把信义放在脑海，从来不把道德留在心间，从来不把汉朝放在眼里。分分合合这么多年，闹闹腾腾这么多年，咱们劳民伤财，赔了夫人又折兵，说明了什么呢？说明匈奴是永远驯化不了的敌人，是反复无常的小人，是无信无义的畜生。"

王恢一张嘴，洋洋洒洒，有理有据，把大家都镇住了。

"要想结束这种提心吊胆的日子，要想过上幸福安宁的生活，和亲不是办法，而是毒药，饮鸩止渴不是办法啊。唯一的办法就是拿出破釜沉舟的气势，拿出一往无前的斗志，向着匈奴前进、前进、再前进，打败他们，击破他们，赶走他们，超越他们，彻底战胜他们。只有自力更生，才能岁岁平安、年年和谐啊！"

王恢说完这番话，顿了顿，来了个总结陈词："总而言之，对匈奴不能再像以前那样了，只能靠武力才能踏出一片艳阳天来！"

随后，主和派的代表人物御史大夫韩安国进行了陈述，他显然也是有备而来的。韩安国侃侃而谈，娓娓道来，条分缕析，层次分明，谈了主和的三点理由。

理由一，强龙压不过地头蛇。匈奴是游牧民族，他们居无定所，如果我们主动出击去找他们，犹如大海捞针一般。就算费尽千辛万苦找到了他们，也早已是强弩之末。这时候，匈奴趁机反击，咱们就会吃不了兜着走。如果说我们是强龙，那么匈奴就是地头蛇，强龙虽强，强龙虽大，但压不过地头蛇啊。

理由二，以卵击石，不可毁也。匈奴是在马背上长大的民族，他们的骑兵威力很大，视刀山火海如浮云，有排山倒海之威力。我们的骑兵虽然也不弱，但跟他们相比，便是小巫见大巫了。如果我们非要与之相争，就好比以卵击石，怎么能打败他们呢？怎么能取得胜利呢？

理由三，知己知彼，百战不殆也。匈奴人擅长游击战，深得兵法之奥妙，在作战中打得赢就打，打不赢便跑。他们不羞遁走，认为只要能保全性命就是胜利。与之相比，我们的优势在哪里？我们的长处在哪里？我们又真正了解匈奴多少？我们拿什么去征服匈奴呢？

最后，韩安国总结陈词道："总而言之，与其摸着石头过河，冒险和匈奴人进行刀锋上的较量，不如求和。"

一边主战，一边主和，相对相立，相映成趣。看到这个结果，汉武帝很无奈，他的原意是主张动武的，但此时的"臣意调查"结果已经出来了，大多数大臣还是保守派，还是愿意继续走和亲的老路线。

汉武帝权衡利弊和轻重后，宣布道："朕同意韩安国的意见，继续和亲。"

主和派和主战派的第一次交锋以主和派的胜利告终，但主战派却如革命的种子，虽然还是"星星之火"，但成"燎原之势"已是历史发展的必然。

隐忍与负重是一把"双刃剑"，当忍无可忍，无法承重之时，也就是物极必反之时。果不其然，汉武帝和匈奴的和亲只走过了短短三年的"蜜月期"，便进入了"更年期"。汉武帝元光二年（前133），汉武帝第二次召开朝会，商议匈奴问题。

这次汉武帝一改往昔先听大臣发言，再做决定的传统做法，会议一开始，他就主动提出自己的主张："朕饰子女以配单于，金币文绣赂之甚厚，单于待命加嫚，侵盗亡已。边境被害，朕甚悯之。今欲举兵攻之，何如？"

汉武帝的话里表达了三层意思：我对待匈奴，又是嫁送公主又是赠送礼物，可谓仁至义尽，而匈奴呢？他们又是侵我土地，又是掳我臣民，可谓无礼至极、傲慢至极、可恶至极。这样下去不是办法啊，所以我决定对匈奴用兵。

这一次汉武帝改变思路，创新思维，采取先发制人的策略，真真切切、明明白白地直接表明了自己的立场。

有了汉武帝的金玉良言，主战派代表人物王恢勇气大涨、信心大增，又是第一个站出来举双手表示强烈支持。但是，主和派的韩安国也不甘落后，同样站出来举双手表示强烈反对。这一次主战派王恢和主和派韩安国又进行了一场激烈的口水战，整个过程分三个回合进行。

第一回：讲故事，以事喻人。

王恢讲的故事大致内容是这样的：战国时期的代国，其北境紧邻匈奴，南境紧邻晋国，东境紧邻燕国，身处三国夹缝，腹背受敌，形势极为不利。然而，代国凭借强军务边，强民务实，强国务民，使百姓安居乐业，国泰民安，连一向虎视眈眈的匈奴也不敢进犯。

"现如今，我们大汉的国土比代国何止大百倍，国力比代国何止强千倍，为什么却屡屡遭到匈奴的骚扰和冒犯呢？这是因为匈奴没有领会到我们大汉的真正实力和威力。要想让他们体会到我们的强大，就只有动武，就只有进攻，就只有征服，就只有一个字：打！"王恢讲完故事后，义正词严地总结道。

将求和进行到底，是主和派的一贯主张，他们的代表人物韩安国自然不甘落后，他采取以牙还牙的策略，同样讲了一个故事。

"君不见，匈奴之兵北下来，骚扰边疆来复还。君不见，高祖怒剑率军征，三十万雄军拔地起。君不见，白登之围七昼夜，朝如青丝暮成雪。君不见，高祖突围后无私怒，不再兴兵去报复……"韩安国摇头晃脑道。

"高祖以国家为重,以江山社稷为重,以天下黎民百姓为重,愿国家安全,愿社会安稳,愿人民安宁。最终,在历经了高祖、惠帝、吕后、文帝、景帝五代励精图治后,大汉王朝终于迎来了太平盛世。这番局面也证明,和亲是我们的一项非常成功的基本策略,怎么能说改就改,说变就变呢?"

第二回合:讲实际,以理服人。

针对韩安国所讲的高祖被围之事,王恢反驳道:"高帝身被坚执锐,蒙雾露,沐霜雪,行几十年,所以不报平城之怨者,非力不能,所以休天下之心也。今边境数惊,士卒伤死,中国槥车相望,此仁人之所隐也。"

这段话里表达了两层意思。第一,和亲这一基本策略的出台是出于高祖的仁义之心。高祖是从马背上打下来的江山,是不畏惧战争的,之所以在白登之围后采取和亲政策,那是出于仁爱之心,而不是出于畏惧之心,并不代表当时的大汉没有能力和匈奴动武,没有实力征服匈奴。第二,如今,基本策略已经失效。此一时彼一时,高祖当年和亲的目的是为了天下百姓过上好日子,但现在,匈奴阴魂不散,日骚夜扰,百姓哪里还有好日子过?现在唯一要做的,就是加强国防建设,加强抵御匈奴无穷尽的骚扰,增强打击匈奴的能力,破敌于疆外,抗敌于门外,震敌于漠外。

王恢的"理"讲得非常深远,逻辑清晰,几乎无懈可击,韩安国也找不到反驳的理由,一时语塞。好在他毕竟是老江湖了,在朝中能把政治玩于股掌之间,岂能没几把刷子?他思维停顿片刻,马上回过神来,接着提出了三个不值得。

第一个不值得:与其撕破脸,不如三思而行。战争不是儿戏,不是你想玩就能玩的玩意儿。一旦和匈奴撕破脸了,彻底闹翻了,就没有退路可言,就只有一条血路走到底了。和平是宝,战争是草,身在和平年代,却要干不和平的事,是军民不想也不要看到的。身为君王重臣，却要驰骋沙场，是极具风险的事啊。个人恩怨和国家荣辱要划清分界限，要三思而行，切莫冲动啊！

第二个不值得：与其摸着石头过河，不如躺着枕头入梦踏实。匈奴所在的漠外一望无垠，他们就像无根的野草，飘浮不定，摇摆不定。我们难以找到他们，更难以追击到他们。退一万步来说，就算找到、追到他们也无济于事，以疲惫之师根本无法和他们的精悍之兵相抗衡啊！

第三个不值得：与其以战屈人，不如以和为贵。退一万步来说，就算我们不远千里战胜了匈奴，但这样的劳师远征，花费的人力、物力、财力无数，这对国家的发展会有很大的影响啊！再者，战争中不确定的因素太多，一旦出现了差错或疏漏，就会陷入被动，甚至是万劫不复的深渊。以和为贵，方是治国之本、立国之策啊！

第三回合：讲策略，以诱伏人。

眼看韩安国说来说去，显然还是在换汤不换药地重述自己第一回合的观点，王恢再次进行了反驳。

"只有放手一搏，才能创造出一块真正属于大汉的和平天空出来。平定匈奴，就是要摸着石头过河才能奏效。匈奴人居无定所又如何？只要坚持找，哪怕山高匈奴远，也能搅他个天翻地覆，创造出神奇来！"

王恢正说得热血澎湃，激情四射，突然停了停，说道："斗力不如斗智，伐力不如伐谋，不战而屈人，才是最佳选择。以和为贵，就是要不战而屈人之兵。"

韩安国听到这里又惊又喜，王恢这第三点"以和为贵，不战屈人"，分明是赞同自己的"和亲政策"。他正要接茬，但见王恢继续说道："我们应顺单于之欲，诱而致之边。吾选枭骑壮士，阴伏而处以为之备，审遮险阻以为其戒。吾势已定。或营其左，或营其右，或当其前，或绝其后，单于可擒，百全可取。"

这段话其实是王恢阐述自己不战而屈人之兵的战略。归纳起来就是十六个字：以饱待饥，以利诱之，以逸待劳，以伏击之。这就是历史上的马邑之谋。

王恢的话有理有序有节，有因有果有方案，汉武帝听了大为高兴。他没有让辩论再继续下去，而是以"裁判长"的身份宣布道："朕同意王恢的意见，同意对匈奴开战。"

（二）忍无可忍，就无须再忍

1. 惊天动地的马邑之谋，被一个细节搅黄了

马邑在现在的山西省朔州市。马邑之谋是当地一个叫聂壹的土豪献给王恢的计谋。王恢在和韩安国的第二次辩论中，适时将其抛出，最终快刀斩乱麻，促使汉武帝下定了动武的决心。

汉武帝元光二年（前133）六月，正值仲夏时节，汉武帝部署了对匈奴作战的计划，派出了"五大将军"：御史大夫韩安国为护军将军，卫尉李广为骁骑将军，太仆公孙贺为轻车将军，大行令王恢为将屯将军，太中大夫李息为材官将军。具体部署如下：韩安国、李广和公孙贺三虎将率汉朝的主力部队呈"品"字形埋伏在马邑附近的山谷里，主要任务是等匈奴大兵进入山谷后，发动致命一击；王恢和李息率军埋伏在马邑之外，主要任务是"关门"，斩断匈奴大兵的后路，来个瓮中捉鳖。

负责请君入瓮的，正是献计人聂壹。

聂壹按照王恢的部署，扮成经商的大老板来到匈奴，并在夹缝中找到机会，向匈奴的军臣单于毛遂自荐。

军臣单于对聂壹很感兴趣，于是召见了他。双方一见面，寒暄一番后，聂壹直奔主题，说道："我有一件很贵重的礼物要送给您。"

军臣单于一听又惊又喜，怔怔地看着聂壹，等他的下文。聂壹不慌不忙地说道："我可以把马邑县的县令、县丞杀死，将整座马邑城献

给大王。"

"无功不受禄,这么大的礼物,我恐怕受不起啊。"军臣单于心跳加快,脸上却平静如常。

"事成之后,大王只需分一份财产给我,并允许我在那里自由经商就行了。"聂壹笑道,"这叫携手共进,互赢互惠。"

军臣单于心里嘀咕道:"此人不愧是一位极具眼光的商人啊,这桩买卖可以做。"

"愿闻其详。"军臣单于微笑着说。

"里应外合。"聂壹胸有成竹地答道。

接下来,好戏上演了。聂壹马上由"经商土豪"变身为"超级剑客"。他快马加鞭地赶回马邑,砍了两个死囚的头,然后挂在城头上,请匈奴的使者来观看。

匈奴使者经过一番现场勘察,马上向军臣单于报告:聂壹杀死了县令和县丞。

听了使者的话,军臣单于二话不说,马上开始"外合"。他征调各地匈奴精兵于麾前,然后亲自率领大队人马向马邑一路狂奔而来。

当匈奴大军到达汉朝边界的武州(今山西省左云县南),距离马邑只有一百多里路时,军臣单于突然叫部队停下来,因为他发现了一个奇怪的现象:四处的山冈上明明有成群结队的牛羊,却没有一个人影。这里太安静了,安静得简直让人压抑。这和他们以前来打家劫舍时百姓四处逃跑、牛羊八方逃窜的热闹场面大相径庭。

军臣单于心生疑窦,马上掉转马头,直扑雁门郡。结果可想而知,军臣单于打了汉军一个措手不及,雁门郡不费吹灰之力便被他们拿下了。

雁门郡尉史面对军臣单于的严刑逼供,供出了马邑之谋。军臣单于惊恐之余马上撤了军,边撤边对尉史说道:"吾得尉史,乃天也!"。意思是,我能够得到汉朝的尉史,这是冥冥之中的天意啊。为了感谢尉史识时务的招供,军臣单于还将他封为天王。

与尉史卖国求荣的"上天"相比,王恢却不幸入了地狱。

军臣单于在率军火速撤军时,唯一能阻止他们"免费一日游"的人便是王恢。

其实,匈奴的一举一动都在负责"关门"的王恢眼里。当看到军臣单于向马邑步步靠近时,他嘴里头笑得是哟呵哟呵哟,心里头美得是嘟个哩个嘟。但是,当匈奴大军在武州突然转身往回走时,王恢不由得僵住了。这时他面临一个选择:打还是不打。

打击匈奴是他梦寐以求的事,是他苦心谋划、经营多年的心愿。此时,匈奴近在咫尺,他怎么会不想冲上去和他们真刀真枪地干一场呢?然而,眼下他只有三万兵力,这时和匈奴硬拼,无疑是拿鸡蛋碰石头,自取灭亡。

打,于公来说,可以给汉武帝一个交代,不管怎么样,自己是尽心尽力了;于私来说,能完成一己之私欲,圆自己的爱国梦。

不打,于公来说,可以保全三万汉朝将士的生命,可以减少国家的损失;于私来说,可以全身而退,不背落败的责任。

王恢在打与不打之中,最终选择了不打,放任匈奴大军与自己擦肩而过。结果,等其他几路大军闻风而动,想要追击时,匈奴早已逃得无影无踪。就这样,马邑之谋草草收场,汉军偷鸡不成蚀把米。

消息传到汉武帝那里,他龙颜大怒。这次花了这么大的人力、物力、财力、精力,最后竟然无功而返,对排除万难,一心想要平定匈奴的汉武帝来说,简直是奇耻大辱。

"匈奴大军犯我大汉,竟如入无人之境,视我泱泱大国为何地?他们以为是自己的一亩三分田,免费消遣、旅游之地吗?"

耻辱、愤怒的汉武帝马上进行了问责,王恢自然首当其冲。他是这次马邑之谋的主谋,又是唯一可以阻止匈奴退军的人,他却眼睁睁地看着匈奴人大摇大摆地走掉。弄成这般局面,他不负责谁负责?

对此,王恢辩解道:"始约虏入马邑城,兵与单于接,而臣击其辎重,可得利。今单于闻,不至而还,臣以三万人众不敌,秖取辱耳。

四、血腥的盛汉

臣固知还而斩，然得完陛下士三万人。"

这段话包含两个关键词。

第一个关键词：小不忍则乱大谋。是的，我当时是有机会阻止匈奴退军，是可以袭击他们的辎重，是可以冒险一搏，但结果会是什么样的呢？三万士兵势必会陷入匈奴十几万大军的包围当中，势必会成为匈奴发泄的对象。如果是这样，只怕我们三万人非但不能阻止匈奴，反而会落得个全军覆灭的悲惨下场。

第二个关键词：舍生取义，杀身成仁。我知道我这样空手而归，肯定是死罪一条，但如果牺牲我一个人，而保全了三万将士的性命，我无怨无悔。

对此，汉武帝丝毫没有被感动，耻辱和愤怒早已盛满他的心，他根本听不进这些辩解之言。他大手一挥，王恢立马被打进了死牢。

身陷囹圄的王恢很不甘心，决定孤注一掷，进行最后一搏。他散尽家财，然后找到了田蚡。

收人钱财，替人消灾。田蚡收了王恢的千金后，本想硬着头皮去汉武帝那里说情，但他是个聪明人，又知道此时的汉武帝是老虎的屁股摸不得的，于是头脑一转，转而去找王太后。

王太后一直把弟弟田蚡视为掌中宝、心头肉。此时，面对田蚡的请求，她自然不会推托。于是，她马上就王恢的事向汉武帝提起了"申诉"。

"马邑之谋是王恢提出来的，虽然最后这件事情他都办砸了，但他没有功劳也有苦劳，没有苦劳也有疲劳，不能只看结果不看过程就全盘否定他的辛勤付出和良苦用心。如果现在把王恢杀了，今后谁还敢为陛下效命，为国家效忠呢？这不是令亲者痛、仇者快吗？"

王太后的这番"申述"也算是入情入理，然而，汉武帝此时正处于愤怒阶段，除了马邑之谋的失败让他愤怒外，窦婴和灌夫之死也让他气愤。

窦婴和灌夫是他内心一千个一万个不愿斩杀的忠臣，但在王太后和田蚡的双剑合璧之下，他最终选择了妥协，挥泪斩杀了窦婴和灌夫，但伤疤从此留在心中。对王太后、田蚡联手揽权而逐渐壮大的外戚势力，汉武帝本来就担忧、提防、痛恶、恼火，此时王太后横插一脚，让汉武帝原本就一直无法平息的怒火烧得更旺了。于是，这一次他一改往昔温顺、服从的姿态，公然对王太后进行了反驳。

"正因为马邑之谋是王恢首先提出来的，他才要负全责。我们从全国各地征调大军部署，要花费多少钱，浪费多少国家税收？更何况，就算不能全歼匈奴，只要王恢当机立断，果断出兵，同样可以打匈奴一个措手不及，同样可以收获一些匈奴的辎重，同样能安慰一下我大汉将士的心，给天下人一个交代！"

汉武帝发狠了，训话连篇；王太后发怵了，无话可说；田蚡生病了，大门不出；王恢认命了，自杀谢罪。

至此，马邑之谋以汉武帝之怒和王恢之死告一段落。

2. 抗击匈奴的绝代名将，有一段旷世情缘

西汉时期名将卫青在汉武帝在位时官至大司马大将军，封长平侯。他在对匈奴的征战中曾七战七捷，收复河朔、河套地区等功不可没。同时，卫青对将士爱护有恩，对同僚大度有礼，位极人臣而不立私威，从而赢得了后人的一致称赞。

鲜为人知的是，卫青的发迹竟然是靠两个女人的帮助。

第一个帮助他的女人不是别人，而是同母异父的姐姐卫子夫。

第二个帮助他的女人不是别人，是汉武帝的亲姐姐平阳公主。

要了解个中关系，得从卫家的家庭背景开始说起。卫子夫的母亲本是平阳侯曹寿家里的婢女，后来嫁给卫氏为妻，生了一男三女，长子名叫长君，长女名叫君孺，次女叫少儿，小女便是子夫了。

有儿有女，本来这是一个幸福的家庭了，然而，随着卫氏的英年早逝，卫母仅凭一介女流之力怎么能养活四个孩子呢？于是又回到了

平阳府做婢女。

当时，卫母刚刚丧夫，总得要时间让她抚平心中的创痛吧！

事实证明，抚平卫母心中创伤并不是时间，而是一个人，一个叫郑季的人。郑季在抚平卫母心中创痛的同时，顺便也把卫青带到了这个光明的世界来。郑季在完成了他该完成的使命后，朝卫母挥一挥衣袖走了，除了留给卫母更大的创伤外，还添了个累赘——卫青。

郑季回到了自己的家（已有老婆孩子），卫母还在那个支离破碎的家。从此，可以用一首歌来形容卫青的处境："爸爸一个家，妈妈一个家，剩下我自己，好像是多余的。"

就这样，卫青如同跳梁小丑，在母亲家里住一段时间，然后便到父亲家里去（因为母亲家里实在揭不开锅），在父亲家住一段时间又回到母亲家（因为父亲家里后妈的打压），如此反复。

卫青这个遭人嫌弃的累赘却被一个人当成宝贝一样来对待。这个人就是汉武帝的亲姐姐平阳公主。

平阳公主见卫青可怜，又见他长得眉清目秀，就收留了他，并且给了他一个小小的官职——"弼马温"（专门看马的）。

从此，天高任鸟飞，海阔凭鱼跃。卫青有了无拘无束的生活，再也不用遭人白眼受人唾骂，再也不用饿肚子闹饥荒了。后来，因为痛恨父亲郑季的薄情寡义，怜惜母亲的含辛茹苦，他索性连姓都改成"卫"了。

再后来，他长大了，卫母的三个女儿都有了不错的归宿。大女儿嫁给了太子舍人公孙贺；二女儿嫁给了丞相陈平的孙子、太子詹事陈掌；三女儿卫子夫的夫君便是汉武帝。

后来，陈阿娇和卫子夫争宠，陈阿娇的母亲长公主在万不得已的情况下，使出了绑架这个下三烂的招数，结果可怜的卫青成了倒霉鬼，成了阶下囚。

一切出奇的顺利，长公主忍不住发出了得意的笑来，她甚至可以猜想到把卫青碎尸万段后，卫子夫的花容失色、平阳公主的痛不欲生……呵呵,她要的就是这个效果,她要的就是这种打击报复的痛感。

然而,长公主不会料到,她高兴得太早了,因为"煮熟的鸭子"又飞了,卫青被一个人救走了。

冒死救卫青的人叫公孙敖。原因是:公孙敖和卫青是铁哥们儿。

死里逃生后,卫青本着"大事化小,小事化了"的原则,他本来想忍着(毕竟长公主也不是好惹的),这事就这样不了了之。然而,他的铁哥们儿公孙敖却没能忍住,他把这件事告诉了平阳公主。平阳公主那是啥人,是当今皇上的亲姐姐啊!她怎么能眼睁睁地看着她的"地下情人"被长公主平白无故地来了个"进出宫"的羞辱呢?

按"连锁反应"规律,汉武帝自然也知道了这件事。虽然本着家丑不可外扬的原则没有进一步追究这次绑架事件,但出于弥补心理,先是封卫青为太中大夫(直接到汉武帝身边当秘书),然后又封卫子夫为"夫人"。

可以说,卫氏姐弟因为这次"绑架"风波因祸得福。特别是卫青,这个原本无家可归的"流浪儿"、遭人唾弃的"弃儿"、平阳公主收留的"孤儿",从此飞黄腾达。

而卫青自从到宫中后,得到汉武帝的赏识,特别是在对匈奴制定"武力"解决策略后,卫青被委以重任,四次抗击匈奴的反击战中,卫青都是领军大元帅。

特别是后两次的大胜利,卫青更是青云直上,成了汉武帝身边红得不能再红的人。总之,当年卫青能"发迹",全靠平阳公主协助。

卫青风光的背后,却是平阳公主失落的背影。

弹指一挥间,卫青和平阳公主已经分开了整整十年。这十年里,卫青的变化简直是翻天覆地。他从奴隶到将军,从无名小辈到大将军,从一无所有到成家立业,而且连孩子都有好几个了。

而这十年里,平阳公主的日子却并不好过。她的丈夫平阳侯曹寿英年早逝留下她守活寡。漫漫的长夜何等的寂寞,平阳公主却夜夜思念着一个人,这个人就是卫青。

平阳公主一生最大的功劳是献给弟弟汉武帝的卫子夫成为了皇后，稳定后宫三十八年。平阳公主比汉武帝的皇后陈阿娇、卫子夫都要聪明的是，她不贪心。

她不贪心，是因为她心里早就被卫青占据了，然而此时的卫青已不是当年的卫青了，他已有妻有子，有那么多士兵性命相托，有国家给他的期待和责任……因此，对于平阳公主来说，能见上卫青一面都是一种奢望。

当然，卫青并非是一个薄情寡义之人，他一有空，还是会去看望平阳公主的。而平阳公主只要看到卫青来了，那双失魂落魄的双眼便会一下子变得水汪汪地贼亮贼亮，一如夜明珠般发出夺人的光彩来。而一旦卫青走了，她便会失魂落魄地长吁短叹。

不能把悲伤留给自己，不能空等闲空悲切，不能抱憾终身，于是，平阳公主产生强烈的再嫁愿望。

平阳公主是个敢作敢为、雷厉风行的人。她心随爱动，身随心动，主动找到卫皇后沟通。卫皇后自然乐得这样亲上加亲了，于是不断在汉武帝耳边吹风。

姐姐的"老大难"问题也是汉武帝的一块心病，汉武帝自然愿意成人之美。他的话是这样说的："我娶他姐姐，他娶我姐姐。看来咱刘家和卫家真是三生有缘啊！"

随即，汉武帝给两人赐婚。于是，一场皇家豪华婚礼上演，鼓乐齐鸣，冠盖云集，汉武帝和卫皇后都亲临祝贺。平阳公主和卫青这对新婚夫妇笑容满面地迎送宾朋，满耳听的都是贺喜之声。现在，刘家姐弟和卫家姐弟成了两对夫妻，真是亲上加亲的强强联手，旁人只有羡慕啊！

新婚之夜，卫青百感交集。他曾经以为这只是自己心里永远的梦，然而，当梦想实现时，岁月早已在他的脸上和心里刻满了沧桑。

不幸的是，卫青四十八岁就病逝了，平阳公主死后与他合葬在茂陵，永远不分离。

3. 功名利禄背后的辛酸，升还是降都是命

汉武帝元朔六年（前123），汉武帝再次对匈奴采取了军事行动。

卫青还是当仁不让的领军大元帅。这一次，汉武帝给他安排了"6+1"的人员配备。"6"是指六个将军，而那个"1"则是指一名小将——霍去病。

霍去病，河东郡平阳县（今山西省临汾市）人，是大将军卫青的外甥。他的人生境遇和卫青很相似。他是个私生子，母亲是卫子夫的姐姐卫少儿，他的父亲是平阳县小吏霍仲孺。

身为小吏的霍仲孺不敢承认自己跟公主的女奴私通，于是霍去病只能以私生子的身份降世。父亲不敢承认，母亲又是个女奴，看起来霍去病是永无出头之日了。然而，奇迹却降临在了他身上。

随着他姨母卫子夫的发迹，卫家的人都由最下等的奴才变成了上等的贵人。先是卫青得到了汉武帝的重用，而卫青也没有辜负汉武帝的厚望，在对战匈奴的战场上，其天才般的军事才华得到了最大的发挥，接二连三的胜利更是让汉武帝眉开眼笑，信心大增。他封卫青为大将军，让他站上了人生和事业的最高峰。

霍去病在十八岁时便有了官职——侍中，一跃成了汉武帝的贴身随从。对一般人来说，这肯定是一件令自己受宠若惊、感激涕零的事，然而，霍去病并不满足，他有更高的理想和追求，舅舅卫青便是他崇拜和追赶的对象。

也正是因为这样，这次汉武帝大张旗鼓地进行军事行动时，霍去病主动请缨，要求去战场上锻炼锻炼。

因为裙带关系，汉武帝不但答应了他的请求，而且还破格封他为骠骑将军，让他随卫青征战。

霍去病当真是少年英雄，他带领一支由八百铁骑组成的"特种部队"，以初生牛犊不怕虎的英雄气魄向匈奴腹部地带风驰电掣般地挺

进,很快就深入到了匈奴的心腹地带。

敢于冒险才能抓住成功的机会。就这样,霍去病在匈奴境内如入无人之境,终于找到了匈奴的老窝。

老窝里,三个匈奴军官正在杯中诉真情。霍去病没有迟疑,一声令下,就开始往里闯。他身先士卒,率先冲到三个匈奴军官面前,手起刀落先砍了一个军官,其他两个军官晕乎乎的头脑马上转为清醒,立马放弃抵抗,很识时务地举起了双手——与其被砍掉脑袋,不如乖乖就范。

擒贼先擒王,三王一死二降后,剩下在梦中惊醒过来的匈奴士兵在弄不清楚状况的情况下,再加上群龙无首,以为是汉军的主力部队来劫营了,吓得没命地跑,只恨爹妈没多给自己生两只脚。一时间,匈奴营中乱作一团,被杀死、踩死的匈奴士兵数不胜数。

霍去病刚一出道,就上演了一出"以少胜多"的经典战役,战果颇丰。他不仅一举斩杀匈奴士兵两千多人,还生擒了伊稚斜单于的叔父罗姑比和相国。

结果可想而知,论功行赏时,汉武帝封霍去病为冠军侯,意为勇冠三军,并食邑两千五百户。小荷才露尖尖角,抗击匈奴的历史大舞台注定会让霍去病成为主角。

汉武帝元狩二年(前121),汉武帝对河西地区进行了两次大规模的军事行动。因为匈奴进行了军事转移,汉武帝也顺应形势地进行了改革创新。

这一年的春天,汉武帝做出了一个超大胆的决定——革了大将军卫青的"将命"——将他雪藏起来不用,封霍去病为骠骑将军,作为出征大元帅。完全起用一个新人承担起这次军事行动的重任,创新力度之大可想而知。

接到任务后,霍去病带领一万骑兵从陇西郡出发,深入匈奴境内去"寻匈"。汉军一路势如破竹,接连摧毁匈奴五个小型军事基地,最后成功找到了匈奴的老窝。霍去病没有丝毫客气,来了个"肥肉精肉筒子骨一锅端"。

"肥肉"是指匈奴的折兰王、卢侯王,霍去病将他们都斩了,还俘虏了浑邪王的王子、相国和都尉。

"精肉"是指汉军一口气斩杀了匈奴士兵八千多人。

"筒子骨"是指汉军缴获了匈奴浑邪王用来祭天的金人神像。

捷报飞传到汉武帝的耳朵里后,他高兴得手舞足蹈,马上开出奖励单:一是物质奖励,加封霍去病食邑两千户;二是精神奖励,在云阳甘泉山下修祠供奉那尊被缴获的金人神像,供世人瞻仰。

夏天,汉武帝再接再厉,再次发动了一场对匈作战。

这次军事行动兵分两路。第一路军是主力部队,挂帅将军毫无悬念,还是由一战成功二战成名的冠军侯霍去病担任,合骑侯公孙敖为副帅。他们率领数万骑兵从北地(今甘肃省庆阳市)出发,攻打河西地区。

第二路军是由"飞将军"李广担任主帅,西游归来的博望侯张骞这次不再当向导,而是担当副帅的大任。这一路军主要起牵制匈奴军队和呼应霍去病西路大军的作用。

结果李广因为立功心切,孤军深入匈奴腹地,遭遇匈奴人的"口袋"伺候。虽然李广靠水桶阵势和"大黄"牌连弩弓保住了性命,但他所带四千精兵已剩下不到一千,损失惨重。

而与此同时,霍去病跨越居延海、横穿小月氏(大月氏的分支),剑锋直指祁连山。事实证明,霍去病的迂回战术又打了匈奴士兵一个措手不及。

霍去病如天兵般突然出现在祁连山时,驻守在这里的匈奴士兵毫不知情。在他们眼里,祁连山这样山高皇帝远的地方,安全无比。然而,这一次霍去病不请自来,杀死和俘虏了匈奴士兵共计三万多人,擒获了匈奴的单桓王和酋涂王等五个大王,以及他们的王母、王妻、王子共计五十九人,擒获匈奴的相国、将军、都尉六十三人,战果之丰令人咂舌啊！

匈奴遭遇到了前所未有的打击。霍去病袭击祁连山这一天，成了匈奴的"哀悼日"。一向天不怕、地不怕的匈奴发出了这样的悲歌："亡我祁连山，使我牲畜不蕃息；失我焉支山，使我妇女无颜色……"

在随后的抗击匈奴中，霍去病屡立战功，汉武帝论功行赏，设了一个最高武官的职务——大司马，由霍去病和卫青二人共同担当，可见对其的器重和信任。

霍去病之所以能在这么短的时间内以火箭般的速度直追已经"领跑"了十余年的领头雁卫青，概括起来，是因为他拥有十二个字的大优势：有勇有谋有识，立言立行立功。

第一，来看霍去病的勇。霍去病"为人少言不泄，有气敢任"，且具有极强的冒险精神，敢于啃硬骨头，善于打硬仗。十八岁时他第一次随卫青出征，只带了八百敢死队，便在匈奴腹地横冲直撞，毫无顾虑，最终歼灭了匈奴三千士兵，擒获了匈奴单于叔父和相国等人，一战扬名。随后每次征战，他几乎都是选择这样"士兵突击"的方式袭击匈奴部队，并且每次都没有空手而归，战果辉煌。

第二，来看霍去病的谋。在处理浑邪王投降的事情中，霍去病粗中有细，小心谨慎，先是让大部队在汉境内严阵以待，自己则带一支超级精锐部队渡过黄河，名义上是迎接，实际上是提防浑邪王使诈。结果面对匈奴士兵突然自乱阵脚的溃逃，霍去病异常冷静，从容不迫，亲自率军擒住了贼王浑邪王。明白了事情的真相后，他马上当机立断，追捕溃逃的匈奴士兵，最终成功"降伏"匈奴士兵，没有出现"放虎归山"的严重后果。

第三，来看霍去病的识。他对匈奴人的性格和习性掌握和研究得很深。匈奴最擅长的是游击战，而他偏偏也玩起了游击战，并且作战时的目标不是单一的，而是随机应变的，通常是在匈奴腹地长驱直入，然后找到目标就打，打赢了就跑，决不恋战，决不让匈奴识破自己的战术和具体人马。

第四,来看霍去病的言。霍去病有两句绝世名言,除了流传千古的"匈奴未灭,无以家为"外,还有一句"顾方略何如耳,不至学古兵法"。

在他发迹前,汉武帝想教他《孙子兵法》和《吴起兵法》,结果,霍去病出人意料地拒绝了汉武帝的美意,说了句名言,意思是说战争只需临场作战的方略就够了,没有必要学习古代兵法。霍去病这种大大咧咧、豪爽奔放的性格和言行很符合汉武帝的胃口,对他宠信有加也就在情理之中了。

第五,来看霍去病的行。霍去病是个雷厉风行、风风火火的人。每次出征前,他都会在军队中精挑细选出最出色的士兵作为自己的敢死队,并且把军队的管理权牢牢地掌握在自己一人手里,统一调度,统一支配,指南打南,指北打北,不会因为其他副将的牵制而影响执行力。

第六,来看霍去病的功。在决战漠北之巅时,他出其不意地抓获了一些匈奴士兵,然后,又果断地让他们当军队的向导,所以才很快找到了匈奴左贤王的主力部队,最终斩杀、生擒匈奴士兵七万多人,将匈奴主力几乎来了个一锅端。从此,匈奴人十年都不敢再踏进汉朝边疆一步,这便是霍去病最大的奇功。

当然,霍去病每次能立下大功,除了自身的素质外,更重要的是靠部将的支持,正所谓众人拾柴火焰高嘛。也正是因为这样,汉武帝对在漠北大战中战功辉煌的霍去病大封特封时,也赏赐了其他功臣。

另外,值得一提的是李广的儿子李敢。这次出征,他们父子没有同路,李广是卫青麾下的急先锋,而李敢却成了霍去病统管的校尉。在和左贤王的大战中,李敢立下了赫赫战功,被封为关内侯,食邑两百户。

李广是悲情的,他倾尽一生努力,也没有实现自己的人生梦想,封侯成了他刻骨铭心的遗憾。

李敢是幸运的，他通过不懈努力，很快实现了自己的人生目标，封侯成了他无与伦比的荣耀。

但李敢终究也是悲情的，因为他在接过封赏的同时，心里却在滴血。父亲的离去让他伤心欲绝。为父报仇成了李敢心中的第一要务。

冤有头债有主，李敢把报仇的目标锁定在了卫青身上。他知道自己明里斗不过权大势大的卫青，于是决定采取暗招子对付卫青。

都说机会是留给有准备的人，这话一点不假。很快，李敢苦苦等待、苦苦寻觅的机会就到来了。一次，卫青到军中巡营，李敢躲在一个角落里，拿起李家流传下来的神箭，对准卫青就是凌空一箭。

离弦之箭直奔卫青面门，说时迟那时快，卫青的贴身护卫及时觉出了异样，一把推开了卫青，于是李敢蓄势的一支神箭成了空箭。很快，李敢就被卫青的护卫队擒住了。护卫们准备将李敢斩首示众，以儆效尤，却被卫青阻止了。

"饶了李敢吧，他只是想为父亲报仇。李广的死，我也有责任，我也十分难过。这件事就此打住，谁也不能向外透露半句，否则严惩不贷。"卫青说道。

刺客事件看似到此告一段落。然而，世上没有不透风的墙，尽管卫青下达了封口令，但还是有一个人知道了这件事。

这个人就是霍去病。霍去病原本是个正人君子，在这件事上却做了"小人"，因为他无法忍受舅舅受辱，选择了打击报复。

机会很快来临。一天，汉武帝到甘泉宫狩猎，陪同人员包括霍去病和李敢。结果就在猎场，李敢成了霍去病的猎物，霍去病用箭结束了李敢短暂的一生。

整个过程，汉武帝看得清清楚楚、明明白白，只是悲剧的发生就在电光石火间，因此他没能够及时阻止霍去病的报复行为。看着李敢被血染红的身躯，汉武帝头摇得像拨浪鼓，牙齿咬得咯咯响。良久，他叹息道："这可如何是好啊，我如何向天下交代呢？"

汉武帝的话里三分无奈，三分叹息，三分懊悔，一分愁绪。显然，霍去病是他的亲戚，又是他最为器重的将才，他自然不想为此事治霍去病的罪，但李敢毕竟是飞将军的儿子，不是一般的人，受关注程度高。他在众目睽睽之下被射杀，没有说法显然是不行的。

好在汉武帝的心腹都是心思极细之人，他们自然明白汉武帝所思所感所想，很快就提出了两点建议。

第一，封锁现场，封锁消息。所有在场的人都不得对外泄露这件事的真相，否则罪加一等。

第二，编造理由，统一口径。所有人对外都说李敢是被鹿撞死的，他的死纯属意外。

事已至此，汉武帝自然做不出挥泪斩霍去病这样的举措来，只好死马当活马医，同意了心腹的建议。

万事劝人休隐瞒，举头三尺有神明。霍去病射杀李敢后，也折了自己的阳寿。汉武帝元狩六年（前117），年仅二十四岁的霍去病病逝。善念刚起，福虽未至，祸已远离；恶念刚生，祸虽未至，福已远去。

对此，汉武帝很悲伤。在悲伤泪流成河之际，他以实际行动表达了对霍去病这位超级功臣的缅怀。

第一，入皇陵。汉武帝特意把霍去病安葬在为自己准备的茂陵旁边。

第二，封谥号。汉武帝封霍去病为景桓侯。

第三，长相送。汉武帝征调边疆士兵，以及陇西、北地、上郡等五郡匈奴移民，让他们全部披上黑甲，组成黑甲军，列阵恭送霍去病的灵柩从长安一直到茂陵。

第四，立丰碑。汉武帝下令将霍去病的坟墓修建成祁连山的样子，代表他的丰功伟绩和不朽功勋。

(三) 将征服进行到底

1. 无情名将：老死他乡不恋国

汉武帝是一位雄才大略的帝王，他执政期间，对一直骚扰汉边疆的匈奴采取了武力打压的政策，结果在这场"虽远必诛"的僵持战中，通过卫青、霍去病两大将领的带领，把匈奴赶到边远之地去了。

汉武帝晚年，起用了新的人才——李广利。和卫青、霍去病一样，李广利也属于"外戚军人"，他的妹妹李夫人不但长得美，而且舞跳得也好，深受汉武帝的宠爱。也正是依靠这样的"裙带关系"，原本名不见经传的李广利得到了汉武帝的重用。随后，汉武帝以"贰师将军"李广利征伐西域的大宛有功，封他为海西侯，并赐食邑八千户。

相对于李广利一夜之间的发迹，一个叫李陵的小将也跃跃欲试。

李陵是谁呢？他就是"飞将军"李广的孙子。李广有两个儿子，小儿子李敢被霍去病暗箭射死，没有留下一儿半子。大儿子李当户因病早死，却留下了遗腹子李陵。

汉武帝为了试探他的真实才能，命他带领八百骑兵去匈奴"侦探"。李陵以初生牛犊不怕虎之势，深入匈奴境地两千里，虽然没有和匈奴士兵面对面地交战，却带回了沿途的"地图"，这让汉武帝很高兴，于是封他做了"骑都尉"，让他带领五千精兵，在酒泉、张掖一带教射练兵，以防匈奴入侵。

也正是因为这样，"贰师将军"李广利出征大宛一年后，汉武帝派李陵率兵做后援支持，以做到万无一失。结果行军到边塞时，李陵才得到消息说李广利已经回国了，他便只带领五百铁骑去沙漠迎接他们，随后继续留守边疆一带。

汉武帝太初四年（前101），眼看议和不成的汉武帝派李广利率三万骑兵，从酒泉出关，向匈奴"复仇"。为了让李广利稳收胜果，又派李陵一项超级任务——"将辎重"，"辎"就是载衣物的车，"重"就是载武器装备，意思就是搞后勤支持任务。

李陵和他的祖父一样，自认为是将帅之才，并且在边疆摩拳擦拳了好几年，一直没有得到一展才干的机会。好不容易要对匈奴作战了，汉武帝居然让他搞后勤工作，他当然不愿意了。

再说李广利在征伐大宛的"平庸"表现也很让他不满。他认为凭自己的才能一定能比李广利做得更好，于是他公然向汉武帝上书，请求带五千步兵单独出征匈奴。

对此，汉武帝觉得李陵不服从命令，很不高兴，就说："你这次出征的责任重大，任务艰巨啊。可惜我这里却没有多余的骑兵调派给你。"

李陵却拍着胸脯说："臣用不着骑兵，只要这五千步兵就可以直捣匈奴单于的王庭。"

汉武帝觉得他很有气魄，就答应了他。同时，还派"路弩都尉"路博德带兵做他的后勤保障接应等工作。

路博德是名老将，曾经在平定南越中立下过汗马功劳，此时自然不甘心给李陵这个后辈当后应，便上书给汉武帝，说现在正值秋高气爽，匈奴兵强马壮之际，不太适合用兵，不如等到明年再说。

多疑的汉武帝很生气，认为是李陵后悔了才要路博德写的上书，于是当机立断，命李陵和路博德立即带兵出征。

李陵早已磨刀霍霍，接到命令后率自己训练的五千精兵出发了，一开始很顺利，一连向北行了一个月，畅通无阻，到浚稽山（约在今阿尔泰山脉中段）后，李陵把所经过的山川地形画成了地图，并派部下陈步乐向汉武帝报告。

汉武帝很高兴，就封陈步乐为郎官。但很快，就传来了坏消息。

原来李陵的部队在随后的深入过程中，遇到了匈奴的大部队，结果李陵的五千步军被围了个严严实实。

李陵靠着超级的本领，一路突围，成功渡过了沼泽，躲过了匈奴士兵的火攻，到达山丘地区的森林里。

率军的且鞮侯单于眼看杀也杀不死汉军，烧也烧不死汉军，心中的怒气已到了极点，近十万人马对付区区几千汉军，竟然拿不下，这不单单是能力的问题了，还关系到"面子"问题。于是，且鞮侯单于命太子亲自挂帅，带骑兵做先锋来阻击汉军。

都说光脚的不怕穿鞋的，但穿鞋的却怕骑马的。汉军都是步兵，哪有骑马的匈奴士兵快，眼看又要被他们追上了，李陵命士兵们入了森林里再说。到了森林里，就是骑马的怕穿鞋的了。

接下来汉军在森林里展开了游击战，结果匈奴的骑兵优势顿时变成了劣势，因为骑着马，行动不方便，反被游刃有余的汉军打得晕头转向，不知今夕是何夕。结果匈奴又有数千士兵悲催地献身了。

非但如此，李陵本着"擒贼先擒王"的原则，为了吓跑匈奴士兵的穷追围阻，还利用树木做掩护，对且鞮侯单于进行了偷袭。眼看拿这么一点汉军都没办法，恼羞成怒的且鞮侯单于站在山顶上，正在"高举高打"，只见他指东打西，指南打北，指着兔子当汉军打，正忙得不亦乐乎。

屏息，拔弓，举箭，拉弦，说时迟那时快，这饱含李陵全部力气的一箭，倾尽了他所有的力量和怨气。他果然不愧是飞将军李广的后代，箭法那自然是没得说了，力道之猛，速度之快，以雷霆之势，直奔且鞮侯单于的面门。

然而，就算是再神的神射手，在距离面前也得低头。距离太远自然会产生偏差，李陵这蓄势一箭最终因为"距离太远"，只是擦着且鞮侯单于的头皮而过，寸寸长发顿时化作落叶般片片飘落。李陵这一箭便如张飞在长坂坡那一声"狮子吼"一样，且鞮侯单于吓得魂不守舍，只有两个字：溃逃。

逃了数十里，且鞮侯单于这才停住马，说了句掩盖失态的话："这支汉朝的精兵，愈战愈勇，犹如神助，这般有恃无恐，这是汉朝的诱敌之计，前面定有埋伏，还是得停兵观望好些。"

士兵们却不同意单于罢兵的举动，异口同声地道："单于亲征，数万精兵对付区区几千汉军，以石击卵，竟不能胜，传出去了，我匈奴颜面何存？"

且鞮侯单于见士兵们这样说了，知道不能再当懦夫了，只好又掉转马头追击汉军。然而，追击的结果，又被打游击战的李陵杀死数千士兵。

面对这样一支神兵，且鞮侯单于的信心彻底没了，嘴里却是这样地叹道："罢了，罢了，得饶人处且饶人，放他们一条生路吧！"

然而，世上的事就是这样，往往在山重水复疑无路时，偏偏又会柳暗花明又一村。就在且鞮侯单于准备放弃时，一个人的出现改变了且鞮侯单于的想法，从而也改变了李陵的一生。

一个原本不显山不露水的叫管敢的人浮出了水面，他原本只是一个军侯，但做出了一个惊人之举，关键时候投降了匈奴。投降的原因不为名不为利，只为想出心中的一口恶气。

管敢是因为他的上司校尉韩延年答责了他，为了出这口恶气，他当上了叛徒。他把汉军的真实情况向且鞮侯单于进行了汇报，归纳起来有三点。

第一，兵少。李陵的汉军只有区区五千人，逃亡过程中已伤亡过半。

第二，无援。汉军并没有在前面设埋伏，也没有后援部队。

第三，箭尽。汉军已到了强弩之末，连箭都所剩无几了。

且鞮侯单于一听脸上笑开了花，他的想法由"懦弱撤兵"变成了"豪情万丈"。接下来，心里有底的且鞮侯单于再也没有心理压力了，发动了更为惨烈的进攻。汉军只有退的份儿了。撤至轩汗山口附近时，距离边塞不过一百来里，只要到了边塞就是汉朝的地盘，就可以逃脱虎口。然而，一百里的距离却成了李陵一个遥不可及的梦，一个永远无法到达的终点站。

此时的汉军已没有了箭，兵器也没剩下什么了，只好将大车遗弃，取车辐作为兵器，躲进了峡谷之中。而尾随而至的匈奴人则依靠人多势众的绝对优势，占据险要地段，投掷垒石，猛烈攻击，结果汉军死伤累累，惨不忍睹。

好不容易熬到晚上，汉军除了挨打再无反击能力了，而匈奴士兵也累了，再加上汉军已是他们的瓮中之鳖，所以双方就这样"默契"地进入了休战状态。

夜已深，星满天，汉军营里却无人入睡。箭尽粮绝，又被匈奴士兵重重包围在山谷里，今夜如果不能找到对付匈奴的办法，或者说逃出敌人的包围圈，只怕这个小小的山谷便是他们的葬身之处了，你说他们能睡得着吗？

士兵急，李陵更急，对于他来说，豪情壮志还没有得到施展，逃出去才是硬道理，留得青山在，不怕没柴烧。于是，他独自一人提刀出营，去察看敌情，寻找敌人的突破口。

走了一圈，但见四周匈奴营帐里篝火熊熊，旌旗飘飘，人影绰绰，想突围简直比登天还难。长吁短叹了许久，李陵才悻悻回营，对左右军吏感叹道："我们已到了最危险的时候，我们每个人都被逼迫到绝境了，只要再有几十支箭，就可以脱离险境了，可是如今一支箭也没有了！都说巧妇难为无米之炊，没有箭这仗是没法打了。天一亮，我们就只有束手被擒的份儿了。与其坐以待毙，不如给大家一次机会，各自逃生吧，老天如果有眼，应该不会让我们全军覆没，连向天子汇报情况的人都没有吧？"

李陵接下来给士卒每人发了些干粮，以抵御饥渴，让大家分散突围，到遮虏障会合。

夜半时分，李陵含泪向将士下达了拔营逃生的命令，顿时战鼓雷动，人声鼎沸，杀声喊声马鸣声响彻山谷，李陵乘着夜色和混乱，一马当先冲向敌人，校尉韩延年紧随其后，拼死杀出了一条血路，两人冲出谷口，回过头来一看，悲哀地发现，仅有数十名壮士相随。

而此时，追在他们后面的匈奴士兵有数千铁骑之多，韩延年为了保护李陵脱险，想以血肉之躯来阻止匈奴铁骑的追击。然而，事实证明，这只不过是飞蛾扑火。李陵眼看已是四面楚歌，黯然立马，抛下手中的长剑，长叹道："如此败军之将还有什么颜面去见陛下啊！"说完下马向匈奴士兵举起了双手。

李陵连日来和匈奴血拼到底都没有退缩过，此时低下高昂的头颅，向匈奴称臣，原因有三：

第一，管敢的投降，极大地打击了李陵的信心。

第二，韩延年的战死，严重地摧垮了李陵的斗志。

第三，汉朝援军的久等不至，彻底断绝了李陵的信念。

李陵投降后，残余部众分散突围，只有四百余人逃归汉境，好歹没有全军覆灭，可见李陵的连夜分散的方式还是正确的。

听到李陵投降的消息，汉武帝很愤怒，就责问早先被李陵派遣回宫报喜的陈步乐。陈步乐刚升为郎中，正沉浸在喜悦之中，听说汉武帝要找他"训话"，吓得自杀了。

陈步乐自杀后，汉武帝把所有的怒火都指向了兵败投降的李陵，派人把李陵的家给抄了，把他的家人和族人全部抓起来杀了。

李陵听说被灭族了，心死了的他从此换上了匈奴的衣服，学习说匈奴的语言，和匈奴妻子相敬如宾，死心塌地地做一个胡人，当真可悲可怜可叹。

2. 悲情太子：小人做伴不还乡

在古代，巫蛊之术是指用巫术诅咒及用木偶人埋地下，以达到害人的阴恶目的。一代明君汉武帝到了晚年开始犯糊涂。他疑心自己多病是被人使用巫蛊而导致的。

汉武帝晚年有一位宠臣叫江充，他因为得罪了太子刘据，又见汉武帝的身体一天不如一天，很担心害怕太子刘据继皇位后，自己的仕途也就到头了，于是对汉武帝打了个小报告，中心思想只有一个：如果能除去宫中满天飞的蛊气，陛下也就疾去病好了。

汉武帝觉得有道理，马上任命江充为"巫蛊办"的总管，在宫中追查巫蛊之事。江充派人把早就准备好的桐木人悄悄地埋在太子宫里，然后"例行"去检查时挖出来，并马上向汉武帝打了报告：太子行巫蛊之术，预谋不轨。

刘据眼看风头不对，赶紧去见当时正在甘泉宫养病的汉武帝，但是屡次都被江充等人拦住，吃了闭门羹。刘据走投无路之下，听从了太子少傅石德的劝说，率兵诛杀了奸臣江充等人。

刘据终于举起手无缚鸡之力的拳头，痛痛快快地做了回真男人，然而，他不会知道，他痛快的背后留下了两大致命伤。

第一大致命伤是刘据抓住江充后太过兴奋和激动，结果在大脑发热的情况下，当场就解决了江充这个"不法分子"。先斩后奏，朝廷不是没有这样的先例，但问题是他在砍江充的脑袋时，忘了做一件事，一件举手之劳，却关系他的脑袋的大事，那就是没有得到江充的供词。

在江充还没有"招了"的情况下，刘据就擅自对江充处以极刑。江充死了是小事，如何向汉武帝交代却是件大事了。

第二大致命伤是刘据发动突然袭击，但他的目标太窄，只盯着罪魁祸首江充一人，却忽略了"巫蛊办"的其他几个主要成员。结果除了倒霉的韩说和胡巫被顺便抓了，"巫蛊办"的另两位危险人物苏文和章赣却成了漏网之鱼。于是乎，江充前脚被抓，他们后脚就踏进了甘泉宫。斩草不除根，后患无穷，可惜刘据当时没能明白这一点。

汉武帝原本正在甘泉宫里度假，正在享受心静自然凉的美好时光，结果却被一群不速之客的闯入而点燃起三把火。

第一把火：虚火。点火人：苏文和章赣。

苏文和章赣侥幸得脱后，马上向汉武帝汇报"太子造反"的独家小道消息，汉武帝听后第一反应是惊，第二反应是不可置信。对他来说，太子虽然在言行上"叛逆"了些，在做人上"另类"了些，在做事上"迂腐"了些，但人还是诚诚实实、本本分分的。因此，他觉得苏文的"造反"两字有点儿言过其实，就让内侍去把太子叫来，准备来个当面"质问"。

因此,可以说苏文和章赣此时点燃汉武帝内心的只是一把虚火。

第二把火:实火。点火人:贴身内侍。

汉想到,就是这样小小的一个内侍,却成了左右刘据命运的人。这个内侍虽然不是"小人帮"的正式成员,但也属于"小人"。因此,他接到跑腿的任务后,关键时刻心理素质不过硬的缺点暴露无遗。

如果说以前他对太子刘据是敬的话,那么现在他对刘据就是怕了。怕什么呢?这个太子连京城最火的"巫蛊办"的老大江充都敢擅自抓了直接砍了头,他这一去太子的东宫该不会是黄鹤一去不复返吧?

去太子府是不敢去了;可不去,又怎么向汉武帝回命呢?只剩下华山一条道可以走了——编谎言来骗汉武帝。他是这样一把鼻涕一把泪地说的:太子的的确确是造反了,我去请他,他非但不肯来,反而想杀了我灭口,幸好我跑得快,要不然就再也见不到陛下了。

汉武帝的第一反应还是惊,第二反应还是不可置信。但无论如何,汉武帝内心的实火点燃了却是不争的事实。

第三把火:旺火。点火人:丞相刘屈氂。

正在这个关键的节骨眼上,丞相刘屈氂的秘书长(长吏)到了,给汉武帝的报告同样只有简单明了的四个字:太子造反。

原来,丞相刘屈氂听说太子造反,吓得七魂丢了三魄,二话不说,拔腿就以百米冲刺的速度向城外跑。据说中途连丞相大印跑丢了也浑然不觉,由此可见丞相的慌张程度。什么仁义道德,什么舍己救人,天塌下来什么也不管,先保住性命要紧。

刘丞相跑到了驿站才派唯一跟着自己的秘书长骑快马到甘泉宫向汉武帝报告。

都说众口铄金,其利断金。江充、章赣这样直接跟太子打交道的人,自己最贴心最信任的内侍,以及丞相的秘书长都报告说太子造反,这一把旺火终于烧得汉武帝火冒三丈、怒发冲冠,他立马派丞相刘屈氂领兵去镇压。

四、血腥的盛汉

太子刘据无奈之下，只好释放了京城内所有的囚徒来对抗。

两军在长安街巷激战五天五夜后，寡不敌众的太子刘据大败。无奈之下，刘据只好带着两个儿子开始了漫漫逃亡路，翻过千层山，跃过万道水，到了湖县泉鸠里（今河南省灵宝市附近）。

刘据到这里也不隐瞒自己的身份，直接告诉了当地村民他所遭遇的情况，事实证明，泉鸠里的人虽然少，但各个深明大义，听到太子声泪雨下的"表白"后，纷纷表示了对太子的同情和怜悯，更有甚者还流下了泪。

结果，这个小村庄的人不但收留了刘据这几个"难民"，而且还免费提供吃喝。可惜这里乃是穷乡僻壤，一没交通优势，二没地理优势，三没特产，生活水平离"温饱"还差一大截，刘据等人的到来，无疑加重了他们的负担，但他们任劳任怨、日夜加班地编织草鞋，靠这个卖点儿钱来维持太子等人的生活。

这样一来，太子心里就过意不去了。曾几何时，他衣来伸手饭来张口，过着锦衣玉食的生活；曾几何时，他呼之即来挥之即去，拥有呼风唤雨的权力。现如今，他却靠这里的父老乡亲的"血汗钱"来养活自己。

心怀愧意的刘据为了"减轻他们的负担"，写了一封信。这不是一封上访信，而是一封求助信，他想求助湖县一位颇有交情的老朋友。以前刘据是太子，他所交的人不是达官显贵，就是富得流油的富翁。这位老友便是属于后者，别的都嫌少，就是钱多。

找这样的人打打牙祭，够刘据几个人吃上好几年。鉴于当时的情况特殊，刘据又不好直接去投奔老友，直接写信要点"救济款"无疑是最佳办法。然而，刘据不会知道，就是这样一封小小的信，让他走上了不归路。

因为当时的条件有限，送信要经过很多"手续"，结果信还没送到老友手里，风声早已传到了官府的耳朵里。

"什么？泉鸠里来了几个来路不明的人？"这一份报告，引起了当地知县李寿的高度重视，此时追捕太子的通缉令已传遍五湖四海。他当机立断，连夜带领一群精兵强将进行了一次突然行动。

小小的泉鸠里被大量的官兵围了个水泄不通。结果泉鸠里的村民和官兵们展开了一场激烈的"太子保卫战"。太子刘据也许是不忍看到官民"相煎"，于是他紧闭房门，用一条白绫结束了自己的生命。

而官民的决斗，就好比是专业和非专业的比拼，结果毫无悬念，泉鸠里的全部村民以及太子刘据的两个儿子，用血淋淋的生命代价，谱写了一曲可歌可泣的悲歌。

提着太子刘据的人头，李寿笑了，笑得那样灿烂，笑得那样无邪，笑得那样不可一世。天上掉馅饼居然被他接到了，这意味着凭借这块馅饼，他的一生将有享之不尽的荣华富贵。

李寿马上派人快马加鞭去京城"报喜"。接到喜报的汉武帝非但没有喜，表情反而是：忧伤的泪直往下流。

他痛哭失声，如果不是自己放不下"面子"，如果听从大臣们的劝告，下令赦放太子，太子会有这样"尸首异处"的下场吗？人世间，有多少后悔可以重来呢？

太子的死，令汉武帝追悔不已，他马上就开展了"一查二诛三思"活动。

一查：对宫中的木头人展开调查。很快，各个部门的调查报告如雪花般飞到汉武帝的办公桌前，结论是：太子宫和卫皇后宫里根本就没有埋什么木头人，都是以江充为首的"巫蛊办"的人搞的鬼。最终汉武帝下的结论是：刘据本没有造反之心，只因被江充等小人所逼，才起兵反抗，属于"正当防卫"中的"防卫过当"，虽有小错，但错不及杀。

二诛：诛杀以江充为首的"巫蛊办"和"小人帮"的所有成员。巫蛊门盖棺定论后，考虑到罪有应得、死有余辜的江充早已魂归天国，汉武帝把怒火都迁移到苏文身上，结果苏文被一根根点燃的柴火活活烧死。而其他诛杀太子的人也落得个不得善终的下场，邘侯李寿、题侯张富昌在侯位上屁股还没坐稳，就被拉出去砍了头。正如莫罗阿所说的名言一样：如果你相信天上会掉馅饼，那你一定是第一个被馅饼砸伤脑袋的人。接到"馅饼"的李寿和张富昌的结局无疑更严重更凄惨，他们不单单是被伤得那么简单，而是被馅饼砸碎了脑袋。

三思：先在长安兴建"思子宫"，随后又在太子自尽的湖县建了"归来望思台"。老子曾说过这样的名言："朝闻道，夕可死矣。"解决了苏文，消灭了"小人帮"，遣散了"巫蛊办"，砍了逼死太子的罪人李寿和张富昌，汉武帝终于用实际行动报了太子刘据的仇，还了刘据一个"公道"。但逝者已去，汉武帝的思念和忏悔却是一天一天地增加，与其这样"朝思暮念夜成空"，还不如来点儿实际的，于是修建了"思子宫"和"归来望思台"。世事无常，归去来兮，一个"思"字真真切切地代表了汉武帝的心声：是后悔，是感伤，是怀念，还是无尽的思念？

老迈的汉武帝是怎样的心境，让人去猜吧。唐代的李山甫为此留下著名的《望思台》："君父昏蒙死不回，谩将平地筑高台。九层黄土是何物，销得向前冤恨来。"

3. 绝情美人：杀母存子空余恨

江山代有美人出，各领风骚数几年。继陈阿娇之后是卫子夫，卫子夫色衰之后是王夫人，王夫人早逝之后是李夫人，而李夫人早逝之后，又一个集美貌与智慧于一身的奇女子出现了。这个女子名叫赵钩弋。

赵钩弋的家乡在河间（今河北省境内）。相传汉武帝一次北巡过黄河时，看见河间青紫云气，氤氲缭绕，就向随行的方士询问："此主何征兆？"方士们原本就是滥竽充数之人，便信口开河地说道："这里的天空祥云笼罩，一定有奇女子出现。"

对于风流成性的汉武帝来说，这无疑是打了一针强心剂，于是他派人挨家挨户去寻找。士兵们不负汉武帝期待，真的找到了一位奇女子。

汉武帝一看，又喜又惊。喜的是这果然是一位绝世美女，美得连花儿也会为之逊色。

面对这样一位奇女子，汉武帝忍不住上前去掰这美女的拳头，奇迹出现了，那美女无人能打开的拳头却慢慢展开，手中紧握着一个碧绿的玉钩。武帝大为惊异，连称"妙极，妙极"。

既然是仙苑奇葩，汉武帝便不假思索地把她带回长安，在长安城为她特地建筑专门的宫室，名"钩弋宫"，封赵钩弋为夫人，称作钩弋夫人。老夫少妻，赵钩弋自然成了汉武帝的掌上明珠。

赵钩弋也真争气，在当年就怀了孕，并生下一个男孩，命名刘弗陵。汉武帝老年得子，乐不可支，并题名赵钩弋的宫门为"尧母门"。

既然汉武帝都把钩弋夫人比喻成尧母了，那么她的儿子就是尧了，而尧不是皇帝又是什么呢？种种迹象表明，汉武帝大有在太子问题上废长立幼的动态。

巫蛊事件发生后，太子刘据走上了不归路。虽然最后汉武帝在长安兴建"思子宫"来表达对太子之死的后悔和思念。但随之而来的是更多的痛楚，因为他的六个儿子，除了太子刘据外，其他五个，刘闳过分谦让，来了个"英年早逝"；刘髆又"心急吃热豆腐"，结果自己"烫伤"了自己；而刘旦很识大体，信誓旦旦地上疏"主动退出"；可怜的刘胥又根本就不入汉武帝的"法眼"；只剩刘弗陵坐享其成，成为太子的唯一合法继承人。

话又说回来了，刘弗陵也有两大得天独厚的优势。一是自身条件好，从怀胎而生开始，刘弗陵就开始了他传奇的一生。小小年纪便是四肢发达（身材魁梧），头脑也发达（脑子特别灵活），具备当"大领导"的先天条件。二是和汉武帝脾气性格最相像，套用汉武帝自己的话来说就是"很类己"。这和刘据的"不类己"形成鲜明的对比。

然而，刘弗陵的优势越是明显，汉武帝的烦恼也就越多。他在思考和担心着这样两个问题。

烦恼一，刘弗陵年龄太小。

刘弗陵的优势很明显，但唯一的劣势就是年龄太小，还不满八岁，要他继承皇位，要亲政至少还得等上十年。这十年，他能不能坐稳皇帝的宝座？能不能制服天下？这是一个未知数。

年龄太小这是刘弗陵的致命弱点。因此，自己百年之后，刘弗陵能不能制服两个"不安分"的哥哥刘旦和刘胥成了汉武帝颇为头疼的事。

烦恼二，钩弋夫人太年轻。

钩弋夫人正值花儿绽放般的黄金年代，才二十多岁，一旦自己百年之后，这朵娇艳的国花会不会红杏出墙呢？如果她到时候因为寂寞，做出了"寂寞难耐"的事（骄奢淫乱）怎么办？她到时候是堂堂的皇太后，谁能管得了她？还有，刘弗陵还小，如果钩弋夫人代他亲政，被她抓住了朝中大权，到时候屠杀刘家的人，窃取刘氏天下怎么办？她会不会学吕后，成为吕后第二呢？

"主少母壮"这个难题摆在汉武帝的面前，让汉武帝"费思量"。思来想去，想来思去，为了避免吕后事件重蹈覆辙，最终，汉武帝决定采取"杀母存子"之法先解决第二个烦恼。

"杀母存子"这个很好理解，就是杀掉钩弋夫人，然后保存刘弗陵。

欲加之罪，何患无辞。汉武帝既然狠下心对自己最心爱的女人下毒手，就没有什么能阻拦他的行动了。

一次，汉武帝随便找了一件芝麻大的小事，故意对钩弋夫人进行了前所未有的"狮子吼"，结果吓得钩弋夫人摘下头上身上所有的金银首饰，趴在地上磕头主动承认错误，左一句不是故意的，右一句非常抱歉。

然而，这一次汉武帝似早已铁了心，也不管钩弋夫人认罪态度良好不良好，先把她打入了死牢再说。

汉武帝后元元年（前88），钩弋夫人困在云阳宫里生不如死，绝望之下的她以一块白绢结束了她短暂的、如花一般的二十多年的青葱岁月，后被葬于甘泉南。

那么，如果汉武帝不杀刘弗陵之母钩弋夫人，放任钩弋夫人最后成为太后，又会发生什么呢？

其一，安分守己，如薄太后一般，啥事都不管。这是最好的局面。

其二，如窦太后、王太后一样适度干涉朝政，安插自家人，这点汉武帝自身深有体会。

其三，争权夺利，如吕太后一般，让外戚把持朝政，这是最坏的局面。

这三个可能，对于未来的汉昭帝刘弗陵而言，第一个收益为零，其他的收益均为负。

综上所述，汉武帝以这种最无情的方式处死钩弋夫人虽然有点残酷无情，但或许是最稳妥的处理方式。无情最是帝王家，诚不虚也。

五、权力的逻辑

（一）霍光：成因一人，败因一人

1. 托孤大臣的铁腕手段

汉武帝后元二年（前87），汉武帝立年仅八岁的刘弗陵为太子。不久，积忧成病的汉武帝自知大限将至，于是立了以霍光为首的五位托孤大臣。

霍光，字子孟，河东郡平阳县（今山西省临汾市）人，他是著名将领霍去病的同父异母的弟弟。他的父亲霍仲孺先在平阳侯曹襄府中为官吏，与平阳侯的侍女卫少儿私通生下了霍去病，后来又娶妻生下了霍光。霍去病在京城发迹任将军后，才知道他的父亲是霍仲孺。汉武帝元狩四年（前119），二十一岁的霍去病以骠骑将军之职率兵出击匈奴，路过河东时开了个"小差"，父子俩正式相认，霍去病为其父购买了大片田地房产及奴婢。当时，霍光仅十多岁，一下子由"贫寒窘迫"变得锦衣玉食，当真是时来运转。随后，霍去病得胜回京时，又将"小弟弟"霍光带至京都长安，把他安置在自己帐下任郎官，后升为诸曹侍中，参谋军事。两年后，霍去病去世，霍光做了汉武帝的奉车都尉，享受光禄大夫待遇，负责保卫汉武帝的安全。所谓"出则奉车，入侍左右"。在跟随汉武帝时期，他谨慎小心，受到汉武帝的极大信任，同时，他也从错综复杂的宫廷斗争中得到锻炼，为他以后主持政务奠定了基础。

都说伴君如伴虎，但霍光在朝中为官二十余年，居然没有任何过失，可见霍光为官之精到。再加上霍光多多少少和卫子夫沾亲带故，巫蛊事件致使太子刘据和卫皇后双双毙命，在朝中"一片漆黑"时，霍光好歹也算是自己人了。也正是因为这样，汉武帝首先想到的就是霍光。

此时汉武帝早已把刘弗陵立为接班人，但并没有向天下人公开，于是他画了一幅画送给霍光。画用一句话来概括就是：成王坐在周公的背上朝见天下诸侯。

这幅画是什么意思呢？周武王临终时，儿子成王还很小，周武王就将成王托付给他的弟弟周公姬旦。现在，汉武帝送这幅画给霍光，就是要他效仿周公，辅佐少主刘弗陵。

出乎汉武帝意料的是，画送给霍光后，便如泥牛入海没了音信。是霍光没有看懂，还是另有隐情？

答案随后揭晓，汉武帝后元二年（前87），汉武帝病危，霍光泪流满面地问道："陛下如果有个三长两短，可以立谁为太子继承皇位呢？"

汉武帝道："你难道不知道我送你那幅画的意思吗？"

霍光自接到画后就知道了汉武帝的意思，只是他一直做事谨慎，知道不到万不得已不能乱说。此时见汉武帝问，他仍然装糊涂地说："臣很愚钝，请陛下明示。"

汉武帝道："朕决定立刘弗陵为太子，你要承担周公的责任，辅佐少主的事就交给你了。"

霍光推脱道："臣才疏学浅，还是金日磾更适合些。"

金日磾当时就在场，连忙跪在地上说："我的祖籍不是汉人，还是霍光更合适些。"

汉武帝听了他们两个人的话，不做任何点评，而是说了这样一句模棱两可的话："辅佐幼主的事就交给你们了。"

之后，汉武帝正式下诏书立幼子刘弗陵为皇太子，而"托孤五人组"也正式出炉：司马大将军霍光、车骑将军金日磾、左将军上官桀、丞相田千秋和御史大夫桑弘羊。

汉武帝对皇太子刘弗陵的遗言：一是轻赋减税，真心为百姓服务，才能得到百姓的拥护和爱戴；二是开门纳谏，多听来自不同阶层人员，特别是百姓的意见；三是廉洁奉公，以秦二世灭亡为教训，做一个贤德圣明的君主。

对五位托孤大臣的遗言是：全心全意辅少主，尽心竭力为国家。

汉武帝后元二年（前87）二月十四日，七十岁的汉武帝病死于五柞宫。

"周公"霍光作为首辅大臣，充分显示其办事能力的老到和干练，立即上演了"四步走"。

第一步走，把皇太子刘弗陵"扶正"。汉武帝死后的第二天，霍光手持宝剑，亲自把只有八岁的刘弗陵"请"上了皇帝的宝座。剑光闪闪，寒气逼人，朝中文武百官无不臣服。刘弗陵便是汉昭帝。

第二步走，把皇上的御玺拿在手里。御玺在手，霍光等五位托孤大臣便拥有了主宰天下的实权，这也为汉昭帝掌政提供了条件。

第三步走，为刘弗陵提供生活起居指南。把刘弗陵的姐姐鄂邑公主接到宫里与刘弗陵同住，负责他的饮食起居和日常照料。

第四步走，对汉武帝进行厚葬。很快成立专门的负责机构，把汉武帝的遗体从五柞宫运到未央宫入殓。

三月二十二日，长安城里出现了十里送别汉武帝的场面，茂陵成了汉武帝最终的魂归之处。

2. 最毒妇人心

汉武帝死后，霍光掌权摄政，随着时间的推移，打造了不可一世的霍氏集团，权倾朝野。

霍光是位牛得不能再牛的大人物，他的老婆也是个厉害的人物。霍光的老婆霍显原姓不得而知，出嫁后，她选择了从夫姓，改名为霍显。霍显最大的特点是六个字：野心、毒辣、愚蠢。

首先，来看霍显的野心。

汉昭帝英年早逝后，因为其无后，以霍光为首的朝中元老大臣最开始是选了资历最老的刘贺来当皇帝，结果这个刘贺是个真正扶不起的阿斗，在当皇帝的一个月时间内，干尽了荒淫无道之事。最后，因"巫蛊之乱"而惨死的原太子刘据的孙子刘病已迎来人生转机。

太子刘据死后，留下了襁褓中的孙儿，因为是婴儿，他没有被斩杀，而是被关进了监狱。

太子刘据生平宅心仁厚，深得官员和民众的喜爱，因此刘病已得到了负责巫蛊一案的官员的照顾。汉昭帝即位以后，巫蛊一案得到赦免，刘病已被送往张贺掌管下的掖庭生活。张贺是刘据的旧部下，因此对刘病已照顾有加。

而许平君的父亲许广汉是张贺的手下，在这种场景下，许广汉自然结识了刘病已。

许广汉的女儿许平君原本是许配给内谒者令欧侯氏的儿子为妻子的，结果还没过门，欧侯氏的儿子便因病身亡了。许平君就这样又变成了"待嫁闺女"了。而这时刘病已也已成年。

男大当婚，女大当嫁，结果经过大家一撮合，刘病已和许平君就结成了一对。

一年后，刘病已时来运转，在朝中后继无人的情况下，朝中耿直大臣丙吉进行了极力推荐，霍光也觉得让毫无根基的刘病已继位，他容易掌控，可以确保手中的实权不旁落。于是刘病已继位，是为汉宣帝。

刘病已登基后，妻子许平君立马被封为婕妤。而空缺的皇后之位，当时的摄政王霍光是有想法的，他想让自己的女儿霍成君成为皇后，以更加"稳固"皇权。

然而，汉宣帝不愿意，他感念患难之情，想立许平君为皇后，为此，他想出了一妙招，突然没来由地下了一道"寻故剑"的诏书，诏

五、权力的逻辑

书大致意思是说：以前我身份贫微，但是有一把故剑，我们感情深厚，现在十分想念它。不知道众爱卿中有没有人能帮我将那把旧剑找回来呢？

朝中大臣们都是聪明人，很快猜出汉宣帝的弦外之意。群臣就奏请立许平君为皇后。就这样，汉宣帝顺水推舟地立许平君为皇后。

按理说事情到这里应该告一段落了。然而，霍显却不干了，她马上展示出第二个特点：毒辣。为了能让自己的女儿成为皇后，她决定对皇后许平君下黑手。

汉宣帝本始元年（前73）正月，许皇后怀孕期满，即将分娩。正在这个节骨眼上，她感到身体"不舒服"。爱妻心切的汉宣帝二话不说，马上把各地名医请来诊治，再召请一些女医生当"护理"。汉宣帝不会料到就是这一纸诏书，竟然改变了两个人的命运。

一诏刚下，就有一位名叫淳于衍的女医生前来应聘。她来势不凡，打出的口号是：谁说女子不如男。许皇后一看架势不错，问了一些医学方面的问题。这个淳于衍竟然对答如流，许皇后很满意。再问来历，原来这淳于衍是皇宫警卫（掖廷户卫）淳于赏的妻子。专业水平过硬，政治背景也过硬，许皇后马上作出如下批示：留下试用。

淳于衍果然不是一般人，她不但精通医理，而且做事一丝不苟。很快，她就被许皇后留用做"长期护理员"。然而，许皇后不会知道，她留下的不是一个"女护理员"，而是一个女杀手。

淳于衍之所以甘当女杀手，是因为她想为自己的丈夫谋一份好工作。当时的升迁大权都在霍光手上，而"消息通"霍显知道淳于衍是因为丈夫"待业"在家，才出来打工养家糊口后，便主动给她这样的暗示：现在安池管理局（安池监）正缺少一名主事的，我看你丈夫是合适的人选哦！

这是一份官衔大、薪水高、油水多的轻松活，许多达官显贵争破头都想着这个位子。面对天上掉馅饼的好事，淳于衍感动得差点儿没直呼霍显为再生父母。

霍显说帮忙可以，但是有个条件，淳于衍说什么条件都可以答应。然而，当霍显把条件说出来时，淳于衍惊讶得汗毛都快竖起来了，原来霍显的条件是让她在做护理时毒死许皇后。

淳于衍犯难了，她虽然是个势利女人，早已被霍显说的"铁饭碗"诱惑而动了心，但顾虑还在。毕竟毒死许皇后不是一件小事，上面追查下来，到时候只怕会吃不了兜着走啊！眼看淳于衍犹豫不决，霍显给她灌了一剂强有力的迷魂药："你难道不知道女人的生育，都是'围着开盖的棺材走圈儿'的吗？女人生育本来就是一件危险的事情，每十次生育，就至少有三人死于难产或留有后遗症的。在这方面，你不用担心会阴沟里翻船……"

淳于衍就这样被霍显拖上了贼船。这个雷厉风行的女人，甚至没有把这件事告诉丈夫就开始行动了。她先是以"护理员"的特殊身份，把捣成粉末的"附子"（毒药的一种）藏于内衣中，悄悄地带进皇宫。

淳于衍的一切准备工作已做好，只等待下手的时机了。都说机会留给有准备的人，这话一点儿不假。许皇后经过十月怀胎，终于迎来了分娩的幸福时刻。痛苦过后是甜蜜，她生了一个女儿，母女平安。汉宣帝悬着的一颗心终于放下，考虑到许皇后产后身体虚弱，汉宣帝命御医们用药好生调养。

御医们为了自己的仕途着想，都想尽办法研究新的滋补药物。就在御医们各显其能、各显神通时，淳于衍却给了许皇后一记"猛药"，她把"附子"粉末，掺到御医们研制的药丸里。"附子"虽然不是下肚便七窍流血而死的剧毒之药，但这种带"火性"的慢性毒药是产妇的禁用药。

结果可想而知，许皇后吃了药后，一开始毫无异样，但随着时间的推移，药性开始发作，表现异常：气喘、气吁、气闷……许皇后上气不接下气地问贴身护理员淳于衍："我的头怎么突然好重？"淳于衍却敷衍道："良药苦口利于病，没啥子的，别乱想。"

时间一分一秒地流逝，许皇后的生命也在一分一秒地流逝。等到御医们赶来时,许皇后早已错过了最佳救治时期,她脉搏已散乱,就算扁鹊在世,也无能为力了。可怜的许皇后就这样死于宫廷斗争。

许皇后惨死后,汉宣帝自然下令彻查,直到这时,霍显才把这件事告诉了霍光。一直被蒙在鼓里的霍光知道事情真相后,长叹一声道:霍家必亡于一妇人之手。但事已至此,他也无计可施,只好用手中的权力压着不让汉宣帝查此事。

汉宣帝当然很快就知道了个中玄机,只是碍于霍氏势力,没有发作,而是选择了隐忍。他表面上装作一无所知地立霍显的女儿霍成君为皇后,但另一方面对霍成君又"舍爱",很少宠信她,更不让她怀孕。也正是因为这样,霍皇后婚后三年都没有子嗣。同时,汉宣帝很快立自己跟许皇后的长子刘奭为太子,彻底绝了霍皇后的念想。

而这时霍显体现出第三个特点:愚蠢。霍显又企图毒杀太子刘奭。于是,她指使女儿想尽办法对刘奭下黑手。霍皇后于是屡次召见太子并给他食物,但是宣帝以及太子已经开始提防霍家人,太子一同随行的人总会先品尝赏赐的食物,导致霍皇后暗藏的毒药一直无法使用。

毒杀许皇后已经触碰到了汉宣帝的底线,而毒杀太子刘奭更是罪不可赦,愚蠢的霍显的种种举动为其日后埋下了苦果。

霍显的三板斧使完后,该轮到汉宣帝"亮剑"了。汉宣帝选择"亮剑"的时机是有讲究的——等到霍光死后。

3. 树倒猢狲散

汉宣帝时期,有一位名相叫魏相。他先后执掌朝政九年,和丙吉一起被汉宣帝称为左膀右臂。他在位期间,整顿吏治和豪强,并成功铲除了以"摄政王"霍光为首的霍氏集团,为汉宣帝亲政铺平道路,为"孝宣中兴"打下了坚实的基础。

魏相,年轻的时候好学,精通《易经》,后来做了茂陵县县令,上任后,他就烧了一把大火。当时朝中的"二把手"御史大夫桑弘羊的一位宿客到茂陵出差,为了引起茂陵县县令的高度重视,宿客来之前给魏相直言他就是桑弘羊。魏相听说桑弘羊来了,自然不敢怠慢,马上去迎接,结果却只见到桑弘羊的宿客。

面对宿客的忽悠,魏相大怒,大怒的结果是可怜的宿客被他依法处死了。

处死了桑弘羊的宿客,大家都为魏相担忧,认为他引祸上身了。然而,桑弘羊听闻事情来由后,并没有对魏相有任何"问罪"之举。

也就是通过这件事,魏相名震天下,而他所在的茂陵也被他治理得井井有条,生机勃勃。随后,魏相又被升为河南太守。

上任不久,他又"惹"了一把火。这次烧火的是朝中丞相田千秋的儿子。田千秋因病去世,正在洛阳管兵器库的"仓管员"——田千秋的儿子做了惊人之举——辞职。原因主要有两个:一是为父亲守孝的需要;二是觉得官场水太深,为了明哲保身,他决定辞职告老还乡。

然而,田千秋的儿子辞官后,最悲伤的却是魏相,他知道祸患来了,感叹道:"别人肯定以为是我把他的儿子赶走了,看来我的祸期不远了。"

果然,很快霍光的谴责令就到了:"年少的皇帝刚刚即位不久,而函谷关是保卫京城的屏障,武器库是国家的军事重地。因此,让丞相的弟弟做函谷关的都尉,丞相的儿子委屈做武器库的仓管员。你作为父母官,不以国家大局考虑,丞相尸骨未寒,你就落井下石,这样做是不是太不厚道了呢?"

很快,朝中众臣的联名上书就到了皇帝那里,中心思想只有一个:状告魏相以权谋私。

就是这一折腾,魏相马上被抓到京受审。据说河南戍卒数千人对大司马大将军霍光拦驾,共同请愿在边关多留守一年来为魏相赎罪;又有河南的老弱百姓上万人云集函谷关要求入关,向皇帝告御状,为魏相鸣不平。但胳膊拧不过大腿,最终魏相还是被霍光交到"最高法院"廷尉那里治罪。

魏相就这样开始了悲惨的牢狱生活。数年后，汉宣帝上任了，为了显示皇恩浩荡，他马上来了"大赦天下"，魏相无罪释放，官复原职，又回到茂陵去做太守。不久，他又升迁为扬州刺史。

又过了两年，魏相被提升为谏议大夫、大司农，直到任朝中的二把手——御史大夫。

这时候，霍光病逝了，汉宣帝不敢得罪霍氏集团，只好"顺应民意"地任用霍光哥哥的儿子霍云做尚书令，让霍光的儿子霍禹做右将军。

朝臣都附和霍氏子弟，魏相却是个另类，他联合汉宣帝的老丈人许广汉，对汉宣帝提出了一个主张：削霍。并制定了"削霍"的方案策略，其中关键一条就是：朝中奏折可不通过尚书令，直接送给皇帝。这句话的意思不言而喻，直接架空掌握朝中人事权的尚书令，以防止霍氏集团"左右"皇上。

汉宣帝当然心领神会，他马上下了一道诏书。霍云的尚书位子屁股还没有坐稳，汉宣帝就宣布，大家上疏奏事，可以不通过尚书，直奏给皇帝，并美其名曰：为官民减压。

这样做实际上已把霍云的尚书权力架空。汉宣帝把朝中的"人事权"抓在自己手中后，接下来开始夺霍家的兵权。他采用明升实降的方法，先是把博陵侯霍禹尊为大司马，给了他和他父亲霍光一样的官衔，与此同时，取消了他右将军的军印，封亲信张世安为卫将军，统管北方八校尉，负责京师及军事调动工作。随后，汉宣帝用这种方法，又陆续将霍氏家族在朝中掌握军政大权的成员调离了京城。不久，汉朝政府的军政大权，都被与霍家有仇的官员以及汉宣帝的祖母史良娣家族及许皇后的许氏家族控制。

盛极必衰，失去实权的霍氏家族很快就体会到了什么叫落地的凤凰不如鸡。此时，弹劾霍氏家族的奏章如同雪花般飞向汉宣帝，汉宣帝紧握着这些奏章，终于露出了久违的笑容，有了这些"罪证"，摧毁霍氏家族只是时间问题了。

魏相敢于对霍氏集团"亮剑",霍氏集团自然不能放任不管。

汉宣帝地节四年(前66),这是一个奇热无比的夏天,愤怒到了极点的霍家人召开了一次家族会议。会议由霍禹主持,他作为霍氏家族的接班人,会议一开始便抛出这样的观点:怎样才能从朝中夺回失去的权势?

于是乎,霍氏家族成员纷纷发言,在强烈宣泄对汉宣帝的不满时,对号入座地说该如何如何把某某某拉下水,这样才能恢复以前的风光。

就在众人口沫横飞、口吐莲花时,一直沉默不语的霍显说话了。她当真是"不鸣则已,一鸣惊人"。她一张嘴就把众人给镇住了:你们各个都是鼠目寸光,官复原职有什么屁用,如果我们不发动宫廷政变,废了汉宣帝,自立为王,我霍氏家族迟早都要玩完。

"汉朝待我霍家不薄,这样做未免太不厚道了吧?"沉默过后,霍禹代表霍家成员弱弱地问了这么一句话。

事已至此,"老毒物"霍显只得来了个实话实说,把毒死许皇后的事全部抖了出来。

杀害皇后的事将来被皇帝知道了,霍氏家族难免遭灭顶之灾。事已至此,霍氏家族已到了"箭在弦上,不得不发"的时刻了。接下来,会议的主旨由"争权"变成了"夺位"。横竖都是死,不如来个轰轰烈烈,就算死也死得痛快。

会议于是奇迹般地达成了一致,密谋发动政变,步骤如下。

具体来说分三步走:一是矫太后诏;二是斩杀魏相;三是废掉汉宣帝。

然而,计划赶不上变化。就在霍家磨刀霍霍时,因为保密工作做得不好,计划泄露了。谋反的消息很快就被霍家一个马夫的朋友张章知道了。这个张章本来是来"叙旧"的,听到这样的消息,先是被惊得目瞪口呆,接着拔腿就以百米冲刺的速度往皇宫里跑。

结果可想而知,霍氏家族的谋反还没来得及付诸行动,汉宣帝的"镇压军"就到了,结果以迅雷不及掩耳之势把霍家围得水泄不通,打出的口号是"杀无赦"。自知难逃厄运的霍禹和霍显相继以自刎的方式结束了自己的生命。而霍氏家族的"中流砥柱"霍禹和霍显死后,意味着霍家已是一群乌合之众。汉宣帝手中高举多年的"屠龙刀"丝毫没有留情,对霍氏家族无论男女老少,一律格杀勿论。

诛灭霍氏家族后,霍皇后成了唯一的"幸存者",汉宣帝没有直接砍了她的头,而是以"失德罪"把这位年仅二十三岁的皇后打入了冰冷的昭台宫。从此,庭院深深深几许,霍家千金独自悲。直到十二年后,霍皇后终于盼来了汉宣帝。然而,汉宣帝不是来赦免她的,而是把她打入了更阴森恐怖的"云林馆"去独居。至此,霍皇后最后的希望落空,绝望之余,在一个凄风凄雨的夜里,她以一块白绢结束了自己的一生。

至此,霍光一手打造的风光无比的霍氏家族,只因为他错爱了一个不该爱的"大无畏"的女人霍显,落得子孙绝灭的凄惨下场。这正应了一句话:盛极必衰。

(二)明犯强汉者,虽远必诛

1. 江山代有名将出

我们常常说"百闻不如一见",意思是听到一百次不如亲眼见一次,表示听得再多也不如亲见可靠。这个故事的典故出自西汉的名将赵充国。

赵充国字翁孙,陇西上邽(今甘肃省天水市)人,少年时仰慕将帅而爱学兵法,并且留心边防事务。最初以"良家子"身份参军当骑兵,后因善于骑射调入羽林军(皇宫卫队)中。

卫青、霍去病去世后,汉武帝一手打造的"后双子星座"中的贰师将军李广利,因为太想证明自己,太想表现自己,结果适得其反。汉武帝天汉二年(前99)五月,在对匈奴的"军事打击"中,他因为犯了"孤军深入"的兵法大忌，结果被匈奴的右贤王围了个"铁桶阵"。就在这个生死攸关的关键时刻，一个人走到了李广利面前，他说了这样一句话：匈奴只围不攻，是想通过饥荒这样的办法逼迫汉军投降啊！男子汉大丈夫，流血不流汗，怎么能坐以待毙呢？

一筹莫展的李广利像是抓住了一根救命稻草，他双手紧紧抓住这个人——赵充国粗糙而硕壮的双手，放下"高贵"的身份直接就问该怎么办。

赵充国说，目前摆在汉军面前的路只有两条：一条是生路，另一条是死路。不知道将军愿意选择生路还是死路呢？

"好死不如赖活，当然是生路了。"李广利此时说。

有了李广利这句话就足够了，接下来看赵充国的表演了。他是这样说的：要想走生路只有拼死突围、死里求生，要想走死路只有缴械投降。

李广利毫不犹豫地采纳了赵充国的意见，并任命他选拔一百名壮士组织突围。赵充国不负众望，是夜，他手提环手刀，一马当先，带领百余精锐如离弦之箭奋勇杀出。李广利率领大军掩杀在后。匈奴见汉军顽强突围，马上进行了"反突击"。赵充国领兵冲杀在前，好生骁勇，所到之处，莫不披靡，两军酣战良久，汉军血战突围，充国虽勇，然匈奴甚众，身亦负伤二十余处。

福大命大的赵充国并没有死，尽管他身上已是伤痕累累，收获却是很大的。因为这件事被"两耳都闻天下事"的汉武帝"闻"到了，于是，这个一国之君来了个单独召见，结果"眼见为实"，在"英雄，英雄"的赞叹声中，提升他为中郎（皇帝的侍卫官），随后升为车骑将军长史（军队幕僚的长官）。

赵充国的血没有白流，他终于迎来了"云开见月明"的时刻。就在众人皆以为赵充国从此仕途不可限量时，"年度新人王"赵充国却慢慢淡出众人的视线。

就这样年复一年、日复一日，赵充国已从翩翩少年变成了垂暮老人，似乎他的一生注定就将这样过完时，汉宣帝的上任，却给了赵充国一个重塑自我的机会。

汉宣帝元康三年（前63），羌人叛乱，他们强渡湟水，占据了汉朝边郡地区。当然，他们既然敢冒犯，自然是有备而来：为了"造反"，羌族两百多位部落酋长会盟，甚至因此化干戈为玉帛，消除仇怨，交换人质，订立攻守同盟条约，成立了"西联盟"。

汉宣帝此时没有了霍氏家族的羁绊，正是雄心勃勃想"建功立业"的时候，听到这一消息后，第一反应是惊（惊讶小小的羌人是不是吃了熊心豹子胆），第二反应是怒（这是一种赤裸裸的宣战和蔑视）。于是，他叫来一个人商量对策，这个人便是当年因"伤痕累累"而发迹的赵充国。

事实证明，汉宣帝没有看错人，尽管此时的赵充国已是白发苍苍的垂暮老人，但赵充国并没有"老"，面对汉宣帝的殷殷期待，他知无不言言无不尽，详细地分析了羌族的情况以及与匈奴的关系，指出他们"解仇交质"是很危险的信号，如果再与匈奴勾结在一起，组成"西北大联盟"，到那时只怕就不是"虎视眈眈"这么简单了。

他给汉宣帝的建议归纳起来只有两点：

第一，全民总动员，立即让边防各部队做好战备工作，防御和反击一个都不能少；

第二，派出"间谍"马上去羌族地区，在阻止羌人和匈奴的"西北大联盟"的同时，使用反间计和离间计，把羌族各部的"西联盟"搞得再回到四分五裂的状态。

面对赵充国的金玉良言，汉宣帝头点得像鸡啄米似的，随后他把"间谍"这个艰巨的任务交给了光禄大夫义渠安国。

事实证明，汉宣帝这次走对了政治路线，却选错了人，最终赵充国的"离间计"以失败而告终。

义渠安国捅了马蜂窝回来，朝野震惊，前面形势严峻，关键时刻，汉宣帝没有犹豫，他决定起用七十三岁的赵充国为"征西大元帅"，讨伐陇西的羌族。

接下来就看赵充国的表演了。只见他率领一万多骑兵日行千里夜行八百，到了金城郡后，来了个"不眠也不休"，连夜偷渡"军事要纽"黄河，并且构筑铜墙堡垒严阵以待。

面对羌人的"单挑"。汉军选择闭守不出。

羌兵在汉军阵前晃悠来晃悠去，使出浑身解数，只恨爹妈没多生出几张嘴来，骂得嗓子都哑了，有劲儿没处使，打又不能打，最后没辙了，只好踌躇满志地进兵、垂头丧气地退兵。

羌兵走后，赵充国没有再做缩头乌龟，他开始行动了。他派人去侦察地形。结果竟有意想不到的发现：羌地的军事要道四望峡竟然没有守兵。

"天助我也。"赵充国说完这句话，率军连夜穿过四望峡，直达西部都尉府（今甘肃省兰州市）。到了这里，赵充国又有话要说了，发出这样的感叹来："看来羌人到底还是不善用兵嘛，四望峡一夫当关，万夫莫开，如果羌人在此设下数千骑兵，我军就是插翅也飞渡不过这个鬼见愁的大峡谷啊！"

赵充国走捷径横穿寸步难行的四望峡到达西部都尉府后，几乎绕到了羌人的后方。羌人惊为"天兵下凡"，急忙组织反击。

然而，此时的赵充国还是采取老办法，面对羌兵的挑战，避门不战。不出战也罢，赵充国还作出这样一个奇怪之举，每天设宴摆酒犒劳将士，完全是一个庆功宴的场面。

话说当时的羌人各部，以先零和罕、开部为大，这两部原本是水火不相容的仇敌，自不安分的先零首先发起反汉的号角后，派人到罕、开两部进行"人事调解"，大致内容无非是"眼下不是内拼的时候，应该以大局为重，咱们团结起来，共同对付和推翻压在咱们头上的汉朝这座大山"。

天下大势，合久必分，分久必合。罕、开原本就是一家人，在自家人先零的调解下，很快就消除仇恨和隔阂握手言和。重归于好之后，他们以民主的方式推荐了一个首领：靡当儿。

都说群众的眼睛是雪亮的，但事实证明，这一次众人的眼睛里都蒙了一层沙，靡当儿这个看似"老实忠厚"的明主，却是个不折不扣的"叛徒"。他上任后，决定还是重走和平友好的道路，不与汉朝作对，非但如此，他也不希望其他的羌人各部造反。考虑到先零是没办法搞定的事，深感身上肩负重大责任的他，丝毫不敢懈怠，上任后马上就派他的弟弟雕库来见西部都尉，陈述其本不愿反的立场。

然而，就在这个节骨眼上，部分罕、开部落的人不听新首领靡当儿的领导，擅自加入了先零的反叛队伍中。西部都尉本来生活得好好的，丝毫没有半点儿提防之心，雕库的到来，他们是热烈欢迎的，但部分罕、开羌人的行为让他们对雕库的"诚意"和"目的"产生了怀疑。热烈欢迎之后，便是好酒好饭地招待这位"贵宾"。可怜的雕库哪里料到，西部都尉的"宾馆"并不好住，从此他就被"软禁"在这里，在这样"花天酒地"的生活中长期待下去。

而"天外来客"赵充国到来之后，二话不说，下令释放被"囚禁"的雕库，条件只有一个，宣传两项汉朝的"惠民"政策。

然而，赵充国不会料到，就在他站在最前线以"不战而屈人之兵"之策对羌人各部进行分化时，汉宣帝却急得如热锅上的蚂蚁，惶惶不可终日，甚至任命镇守在边境的酒泉太守辛武贤为破羌将军，要求赵充国极力施行分兵合击罕、开的计划。

赵充国挨了骂，受了批评，却不妥协。他义正词严地进行了回击：将在外君命有所不受，皇帝您还是收回成命吧。

赵充国的"苦口婆心"终于感化了汉宣帝，他只能无奈地宣布合击罕、开的作战计划"流产"，并且叫赵充国自己看着办。

赵充国等的就是这句话。无论如何挑衅，汉军就是不交战，此时的先零渐渐地产生了麻痹大意的思想。赵充国眼看时机成熟，没有再犹豫，在一个瓢泼大雨的夜里，发起了总攻，结果毫无提防的先零只有逃的份儿，留下了大量辎重：牛羊十万余头，车四千余辆。其他战利品更是数不胜数。

赵充国在追击先零的过程中，经过䍐、开境地时，对士兵们进行了严格的约束，违令者军法处置。

面对"秋毫无犯"的汉军，部落首领靡当儿发出这样的感叹来："汉兵果然讲诚意啊！"随即表示愿意服从汉王朝。

至此，赵充国"击败先零，分化䍐、开"的计划已初见成效。

赵充国虽然打败了先零，但是离"征服"两字还差得远。如果是本着"宜将剩勇追穷寇"的原则，这时应该对先零穷追猛打才对，然而就在这个节骨眼上，赵充国却来了个鸣金收兵。这时，就有许多杀红了眼的将士不理解了，他们纷纷追问道："此时是全歼先零的最佳时机，怎么不追了呢？"

然而，赵充国有他自己的理由：

第一，狗逼急了都会跳墙，更何况人呢？

第二，我肚子痛，就算想再追下去也是力不从心。

赵充国生病也是事实，据说是因为水土不服，染了风寒而肚子里不舒服。谁也不会料到，就在赵充国"伤痛"期间，羌人纷纷以投降的方式来为这个老而弥坚者"疗伤"。当人数超过了一万人时，赵充国马上"疾去病好"，因为他此时已心中有数了：羌人被彻底打败只是时间问题了。

此时他作出了这样一个惊人之举，撤兵，把所有骑兵都撤走，只留下一万步兵。而步兵的任务不再是"打仗"，而是开荒种田。

屯田守边。这仗还没有打完就弄了这样一个新鲜玩意儿，汉宣帝自然不能不管了，于是派破羌将军辛武贤来到最前线，命令他俩合兵一处进攻先零，改"分而击之为合而击之"。

赵充国再次拒绝和辛武贤合作，马上向汉宣帝打了一个小报告，详细阐述了国家、军队和边防三者之间密不可分的关系，并且说出了再打下去的利害关系，并提出了自己的观点：安抚。不再向羌人动用军事行动，而是采取安抚的办法，引诱羌人归降。与此同时，在边疆地区组织军民屯田驻防，耕种守边两不误，既维护了边疆的和平稳定，又为国家减压，何乐而不为呢？

汉宣帝接到上疏后依旧开了个"讨论会"，结果对赵充国"督兵屯田"的建议，参与会议的朝中大臣，十有七八表示不赞成。有了众大臣的支持，汉宣帝底气十足地对赵充国进行了"质问"："即如将军之计，虏当何时伏诛？兵当何时得决？孰计其便，复奏。"

意思就是说，如果按照将军的意思实行罢骑兵而屯田的策略，羌虏要何时才能诛灭，我们的士兵们何时才能卸甲归田呢？你还有什么理由，马上奏上来。

应该说汉宣帝虽然是在"质问"，但语气还是"谦和"的。如果赵充国识相的话，应该马上顺应"圣意"，三缄其口才对。然而，事实证明，赵充国就是赵充国，他马上就来了个"复奏"：羌人与汉民一样，都有"避害就利，爱亲戚，畏死亡"之心。如果罢骑兵而屯田，"顺天时，因地利"，胜利在望。再加上羌众已经动摇，前后来投降的超过了万余人，这都是我们宣传"宽恕"的结果。与此同时，他还提出留兵屯田"十二便"，并强烈要求朝廷采纳他的策略。

接到赵充国的第四次上疏，汉宣帝再次召开"讨论会"，结果这一次大臣们赞成赵充国的已占了一半的人。眼看讨论会没有得出什么结果，汉宣帝再次向赵充国提出了"质问"："如果羌人得知朝廷罢兵屯田，再乘虚而袭，我们怎么办？"

赵充国答："先零羌所剩精兵不多，而且还'失地远客，分散饥冻'，再加上罕、开等部落已和他们分道扬镳，羌人实际上已是一支没有什么战斗力的乌合之众。我们只要屯田兵扼守要道，搞好战备，以逸待劳，是不怕敌人进攻的。相反倒是北方的匈奴不可不防，西域的乌桓不可不忧啊！"

最后，他再次陈述督兵屯田的好处：内有无费之劳，外有守御之备。并且指出自己是个"不真诚的话不说，说了的话就要真诚"的人，正是为了国家社稷着想，他才甘愿冒着掉脑袋的危险冒死上疏的。

赵充国的"肺腑之言"这一次感动了朝中的大臣，赞成他的人此时已达十之八九。汉宣帝最后没辙了，想出了一个折中的办法：一面叫赵充国采取安抚的政策方针，而置屯田；另一方面叫辛武贤带兵出击。

结果，辛武贤动用大量人力物力财力，当年只斩杀羌人几千人，而赵充国兵不出营就收降五千多人。

面对既得的成绩，赵充国没有小富即安，而是再接再厉，第六次上疏："羌人约有五万军兵，已经斩首七千六百级，投降三万一千二百人，淹于湟水和饥饿而死的也有五六千人，现在逃跑的只有不到四千兵马。况且罕羌首领已经明确表示，要杀死先零羌的首领杨玉以谢罪过。于情于理，于公于私，在羌人的问题上都不用再动用武力了，请皇上下令撤军吧。"

事实胜于雄辩，这一次汉宣帝不得不批准了赵充国的建议。果然，第二年秋天，先零羌首领杨玉不出意外地被部下杀死，其部属四千多人全部归降汉军。

记大德不拘泥于俗见，立大功不迎合于众人。让我们对赵充国这位英雄表达崇高的赞美吧。

2. 远去英雄不自由

汉宣帝甘露三年（前51），自从呼韩邪投降汉朝后，郅支骨都侯不得已只好"西遁"到坚昆（今叶尼塞河上游至阿勒泰一带），本着舍不得孩子套不住狼的原则，郅支骨都侯把儿子驹于利受主动送到汉朝去当人质。

但汉朝已经"收留"了呼韩邪，便婉言谢绝了他的好意，派卫司马谷吉将驹于利受遣送回国。并且表示：两国交战，不杀来使。

郅支骨都侯这么"委屈"求来的居然是"凌辱"，盛怒之下的他把谷吉的人头砍了下来。

郅支骨都侯在大呼过瘾后，这才想起一件事，惹祸了！汉朝不会放过他。感到孤立的他决定搞好周边关系，团结一切可以团结的力量，共同对付汉朝日后的"复仇"。

正在这时，康居国国王主动示好。他不但主动示好，而且还把女儿嫁给了他。投之以桃，报之以李，郅支骨都侯为了回报康居国王，也把自己的女儿嫁给了他，这种互嫁的形势可谓开历史先河。

有了康居国的支持，郅支骨都侯的实力大增，很快就对"亲汉"的乌孙付诸武力，结果乌孙被他们打得大败。他们大摇大摆地在赤谷城下转悠了一圈，才带着牛羊等战利品潇潇洒洒地扬长而去。

对此，小小的乌孙国无力还击，只能以目相送。

打了胜仗，郅支骨都侯单于很高兴，也很兴奋，几杯烈酒下肚，在康居王的女儿、也就是他现任的阏氏面前大吹特吹起来，什么打遍天下无敌手，什么世人皆蝼蚁、唯我独尊，等等。

康居王的女儿听了这些话，心里很烦。心里烦倒也罢了，最重要的是她表现出来了。郅支骨都侯单于眼看她不听话，心里也很烦，他心烦倒也罢了，最重要的是他也表现出来了。

郅支骨都侯单于于是拔出剑，这一剑直接就把康居王的女儿送去了另一个极乐世界。

喝酒误事就是这个道理。康居王的女儿死了，郅支骨都侯单于的麻烦来了。康居王明里虽然对他敢怒不敢言，暗里却早已和他决裂了。

就在郅支骨都侯单于失去一个联盟时，他还做了以下两件伤害邻国感情的事。

一、在都赖水滨修建水上城堡以防汉军。修建水上城堡所花费的人力和物力堪比秦始皇修建万里长城和阿房宫，困难自然可想而知了。即便如此，郅支骨都侯非但不体恤民情，反而对筑城民众稍有怠工就砍断手足，投入水中去喂鱼。手段之残忍令人心惊胆战。

二、命令大宛等国进贡。

这两件事出台后，取得的"效果"显而易见，那就是：众叛亲离。就在此时，汉朝也知道了郅支骨都侯杀死汉使谷吉的事。

此时汉朝内部正在进行"内斗",汉元帝又迷恋于声色,不问政事。因此,并没有及时采取行动。然而,此时镇守在乌垒城(今新疆维吾尔自治区轮台县东北小野云沟附近)的西域都护甘延寿却很是着急。

就在此时,他的副手陈汤主动出马为他排忧来了。

陈汤,山阳瑕丘(今山东省兖州市北)人,他的经历和朱卖臣有点儿类似,因为从小两耳不闻窗外事,一心只读圣贤书,当温饱成为一个问题时,他讨过饭,很受乡里"鄙夷"。为了不遭白眼,他当起了流浪汉,凭着"一钵饭,一瓢饮"流浪到了长安。就在他贫困潦倒时,认识了富平侯张勃。

张勃觉得他很有才能,于汉元帝初元二年(前47)推荐他为茂材。一切看似都出奇的顺利,不料,在等待安排职位期间,陈汤的父亲却死了。

陈汤听闻,表情是:悲,大悲,非常悲,悲天悯人;哭,大哭,痛心哭,号啕大哭。

然而,大悲大哭之后,他却仿佛大彻大悟了一般,决定为了前程,不回家奔丧。他的原意是,只要当了大官,九泉之下的父亲一定会原谅他的。然而,那个时代对奔丧、守孝十分看重。这件事被人检举,陈汤因此被关进了监狱去进行"反省"。

后来,他又得到了贵人相助,终于被任为郎官。饱经坎坷的陈汤并不以此为满足:按照汉朝的规定,成为郎官仅仅意味着进入官场,并不能保证一定会获得升迁;出身卑贱者,改变命运的唯一途径就是到边塞建功立业,因此陈汤多次主动请求出使边塞。直到汉元帝建昭三年(前36),汉元帝任命甘延寿为西域都护时,他同时被任命为西域都护府副校尉。

这对陈汤来说是机会。而把握机会的人往往体现在细节上,所谓细节决定成败。单从这一点来看,陈汤无疑是典范,具体表现有二。

一、不通地理者,不为将才。在奔赴西域都护幕府所在地的路上,每经过城邑山川时,陈汤都要登高望远,观察地形。

五、权力的逻辑

二、知己知彼，百战不殆。到达目的地乌垒城后，陈汤四处打听关于北匈奴的情报和动向。

做完这些事，他站出来了，对甘延寿说了这样一番话："郅支骨都侯单于远遁西域后，汉朝边境虽然暂时安定，西域各国却处于不安定的状态。郅支骨都侯单于凶残好战，联合康居，他是想在吞并乌孙和大宛后，北攻伊犁，西取安息，南击大月氏，最后把整个西域都占为己有。到那时，郅支骨都侯单于就会成为西域大患。而此时，西域各国都还处于观望的态势。如果汉朝对谷吉之死没有任何说法，如果听任北匈奴这一支在西部继续壮大，西域各国到底是该和汉朝走，还是臣服于北匈奴？"

"那怎么办？"甘延寿问道。

"先发制人，后发制于人。"陈汤回答得干净、利落。

随后，他提出具体方案：趁郅支骨都侯单于现在还城不坚弓不强，没有险要地势可守，发动我们边境的屯田士兵，再联合西域各国人马，一举发动进攻，郅支骨都侯单于必然无处可逃，死无葬身之地。

结论是：如此一来你我将成就千秋功业。

对于陈汤的高谈阔论，甘延寿很欣赏也很赞同，但他说要等等，先写报告申请，等到朝廷批准再行动。

对此，陈汤引用一个关键词进行劝说：将在外，君命有所不受。

但甘延寿还是不同意。然而，就在这个节骨眼上，甘延寿突然病了，病得不算轻，据说要躺在床上静养，不能参与管理之事。

陈汤这个副校尉自然成了"代理主官"。他没有让机会从自己的手指间白白地溜走，而是做了两个大胆的决定：

一、以都护名义假传汉廷圣旨，调集汉朝在车师（今新疆维吾尔自治区吐鲁番地区）地区的屯田汉军。

二、集合西域诸国，发出征召令（"独矫制发城郭诸国兵、车师戊己校尉屯田使士"）。一听说要讨伐郅支，十五个西域国家都派兵前来助战，其中就包括那个被郅支骨都侯单于多次攻杀的乌孙。

人声鼎沸,战马嘶鸣。就在陈汤准备出兵之际,卧病在床的甘延寿才得知消息。此时生米已煮成熟饭,甘延寿虽然"怒发冲冠",但箭在弦上,不得不发,他也只能"默认"了。

汉元帝建昭三年(前36),正值寒风刺骨的冬天,大汉王朝西域都护、骑都尉甘延寿和副校尉陈汤统率四万汉胡联军向康居挺进。大军分成六路纵队,其中三路纵队沿南道(塔里木盆地南边缘)越过葱岭(帕米尔高原),由大宛进入康居;另三路纵队,由北道(塔里木盆地北边缘)横穿乌孙进入康居。总之,一句话,南北两军约定在康居会师,誓言是:不见不散。

甘延寿、陈汤统率北军走到阗池(今吉尔吉斯斯坦境内伊赛克湖)西岸时,遭遇刚刚从乌孙国都城赤谷(今吉尔吉斯斯坦伊塞克湖东南附近)打劫满载而归的康居副王。

来得好不如来得巧,陈汤大手一挥,汉胡联军在弹指一挥间就把康居副王那几千骑兵杀得丢盔弃甲。陈汤把夺回来的物资全部物归原主,乌孙国臣民在感激之余,纷纷以实际行动来抗匈援汉。

有了乌孙国的支持,陈汤的信心更足了。进入康居国境东部后,他立刻做了三件事。

一、严明纪律。不准烧杀,不准抢掠,凡有犯者一律格杀勿论。

二、谕以威信。结交康居当地颇有威望的"贵族"人士屠墨,两人歃血为盟,永为兄弟。

三、收集情报。挨家挨户地走访当地怨恨郅支骨都侯单于残暴的康居人,打探和了解匈奴人的实情。

三管齐下,效果是显而易见的。在康居向导的指引下,汉胡联军势如破竹,直捣三十里开外的郅支骨都侯单于的城池。

眼看陈汤的"多国部队"如同天降,郅支骨都侯单于先是震惊,随即茫然,最后又恢复了平静。为了让自己有充足的备战准备,他决定以缓兵之计来忽悠陈汤。于是,他立马派人去质问陈汤:"你们数万大军开到这里,想做什么?"

"做啥子,做啥子。郅支骨都侯单于不是说愿意归顺我汉朝,愿意把儿子送来当人质吗?汉朝天子对此十分重视,特发兵前来相迎,麻烦单于把儿子交来,我们立马就东归。"陈汤也不是吃素的,来了个"反忽悠"。

听了陈汤的话,特使暗暗叫苦,只好回去向郅支骨都侯单于进行汇报。

"行李还没有准备好,再等几天吧。"郅支骨都侯单于继续忽悠。

"没关系,你们慢慢弄,我再给你们几天时间准备。"陈汤接着反忽悠。

接下来两人心知肚明,却都瞒天过海般装着什么都不知道。这样交往了几个回合后,该准备的都准备得差不多了,陈汤来实的了,他故作生气地说:"我等远道而来,粮食也快吃完了,你们那边却一味拖延是何道理?莫非郅支骨都侯单于戏耍于我?"

话已点明,忽悠到此为止,接下来双方只有华山一条路可走:开打。

战幕随即正式拉开,汉胡联军挺进到都赖水(今哈萨克斯坦南部之塔拉斯河)畔,离敌城只有三里处扎营。郅支骨都侯单于此时心里很自信,他坚信最终的胜利将属于他们。因为他们拥有"天时"和"地利",然而郅支骨都侯单于不会料到,陈汤却拥有"人和"。

果然,首先是郅支骨都侯单于派出一支一百多名匈奴骑兵组成的敢死队,直冲汉军营垒而来,目的只有一个:"投石问路"——给陈汤一个下马威。结果陈汤毫不手软,让他们留下了买路钱——人头。

投石问路失败后,意味着"天时"散尽,匈奴士兵只好"闭门不出",他们对"地利优势"还是很自信的。接下来就看汉胡联军的攻城表演了。

攻城前甘延寿和陈汤下达了总攻击令:"听闻鼓声,直扑城下,四面包围,各就各位,开凿洞穴,堵塞门户,盾牌在前,强弓在后,齐心协力，城楼必破。"

随着震耳欲聋的擂鼓声，汉胡联军如蜂般拥向城楼，顿时，杀声、喊声响成一片，弓箭密密麻麻射向城楼。单于城是一座土城，另有两层坚固的木城。匈奴人顽强抵抗，从木城栅格里向外放箭，因为拥有"居高临下"的天然地理优势，汉胡联军伤亡惨重。

眼看强攻的效果并不好，甘延寿改变了战略部署，命令士兵由放箭改成放火。

木城最怕的就是"火"，结果汉胡联军的火成功地烧掉了郅支骨都侯单于的外城，匈奴兵只好全部退到内城。

连失了"天时"和"地利"的绝对优势，郅支骨都侯单于知道自己的处境已是岌岌可危。不逃出去，一个字：死；逃出去了，还是一个字：死。（周边国家哪个没有受过他的荼毒？就连和亲的康居国公主都被他杀了，天下之大有他的安身之处吗？）

为了生死保卫战，郅支骨都侯单于实行了全民总动员，连他的几十个大大小小的老婆（阏氏）都被迫上城头守城。

郅支骨都侯单于原本以为把自己的老婆都派上阵，肯定能起到以身作则、稳住军心的作用，然而，这些手无缚鸡之力的女人，不仅没有帮上忙，反而成了汉胡联军的射靶对象。

眼看大大小小的老婆如秋风扫落叶般倒了一大片，本就怜香惜玉的郅支骨都侯单于那个心疼就没法说了。就在他心有旁骛之际，只听见"啪"的一声响，一支箭正中他的鼻子。

这一箭不致命，却胜似致命——它严重摧垮了匈奴士兵的斗志。

面对敌人的退缩和胆怯，甘延寿认为发动最后"总攻"的时机到了。然而，就在这时，战场风云突起：郅支骨都侯单于的救兵到了——康居国的一万多骑兵从汉军身后杀来。

郅支骨都侯单于杀了康居国公主，按理说康居国没有救郅支骨都侯单于的道理。这里只能这样理解：可能后知后觉的康居王还不知道女儿已被郅支骨都侯单于杀死了，而郅支骨都侯单于的女儿又不断对康居王"咬耳朵",双管齐下之后,康居王没有见死不救的道理。

腹背受敌,甘延寿和陈汤并没有慌张,他们两个商量之后,达成一致意见:弃已是"鸡肋"状态的郅支骨都侯单于,全力对付康居军。

乘着夜色,陈汤带着一队人马绕到康居军的后面去了。

事实上这是一场偷袭与反偷袭之间的较量。康居兵分成十余队,每队一千余人,奔驰号叫,那气势表现为志在必得。

这边汉胡联军先对康居兵展开了坚苦的防御战。他们知道,只要能多坚持一会儿,成功的希望就会多几分。果然,康居兵多次进攻都没有取得实质性的进展后,士气不免有所低落。坚持到天蒙蒙亮时,他们终于扛不住了,康居兵于是单方面地宣布:休战。等吃饱喝足恢复体力再战。然而,事实证明,战场上这种单方面的休战是无效的。他们屁股还没坐稳,就听见背后杀声四起,回头看时,汉军如同天兵天将般涌现出来。

偷袭反成了被偷袭,康居骑兵在甘延寿和陈汤的夹击下,只有逃命的份儿了,一万多人马,逃出来的不到一千人,康居骑兵终于体会到了什么叫丢盔弃甲。

在汉胡联军和康居骑兵进行偷袭和反偷袭战时,郅支骨都侯单于在整个过程中,却充当了一个不折不扣的"看客"角色(那一箭所带来的威慑力竟然如此强大)。

"断援"后,再无悬念可言,就看甘延寿和陈汤如何进行"瓮中捉鳖"了。捉鳖行动使汉军侯杜勋成了幸运儿,他第一个冲进宫中,把郅支骨都侯单于的人头砍了下来。

陪同郅支骨都侯单于一起上路的还有他的妻妾、太子、王公等一千五百一十八人,数目可谓浩浩荡荡、触目惊心。另外,还活捉番目一百四十五人,俘虏匈奴兵一千多人,另有匈奴开国一百多年所积累的物质财富,全部分给汉军士兵和参战的西域各国部队。

拿破仑说过:"上帝总是站在物质力量强大的一方作战。"甘延寿和陈汤以实际行动证明了汉朝的强大。充满硝烟的战争,就以这种"快刀斩乱麻"的方式结束了。

凯旋后,甘延寿被封为义成侯,官位提升为长水校尉;而陈汤被封为关内侯,官位升迁为射声校尉。同时,汉元帝还大赦天下,举国上下顿时沉浸在一片欢乐的海洋里。

3. 昭君出塞留传奇

王昭君,南郡秭归县(今湖北省宜昌市兴山县)宝坪村人。她父亲王穰因为老来得女,视她为掌上明珠,兄嫂也对其宠爱有加。王昭君天生丽质,聪慧异常,琴棋书画,无所不精。汉元帝建昭五年(前34),汉元帝在全国举行"选美大会",结果正值二八年华的王昭君被选入宫。

然而,入宫后,王昭君并没有见到汉元帝。原因是汉元帝的后宫佳丽成千上万,日理万机的他对后宫佳丽应接不暇。因此,汉元帝想出了一个省时省力省心的绝妙办法,叫画师毛延寿把各大佳丽的肖像画成一幅画,然后,他一有空就拿着画像看,觉得如意的话就可以侍寝。

各大佳丽的命运就掌握在画师毛延寿手上了。为此,各大佳丽都送上大把大把的银子,只为了让画师毛延寿把自己画得更美更有气质些。

这渐渐形成了后宫的"潜规则"。然而,自命清高的王昭君却不愿走贿赂的路。结果毛延寿很愤怒,于是"黑"了她一把,在她的面颊上点了一颗痣。结果使得画中的王昭君其貌不扬。

汉元帝看到王昭君的画像时,对生有克夫相的王昭君避之唯恐不及。也正是因为这样,五年光阴弹指一挥间就过去了,王昭君都没有受到汉元帝的宠幸。

王昭君正在感叹中打发着漫漫长夜时,命中有的终于来了。汉元帝竟宁元年(前33),南匈奴单于呼韩邪前来朝觐,王昭君的命运也随之改变。

呼韩邪单于为了让匈奴的最后一支血脉传承下去，提出"累世称臣"的方案，具体来说就是两个字：和亲。

汉元帝见又多了一个匈奴单于女婿，他没有不答应的道理。

从最开始的刘邦要把鲁元公主作为和亲的牺牲品，到后来的汉朝统治者一代比一代聪明的缘故，和匈奴和亲的公主越来越假，最后演变到了汉元帝时，索性连诸侯王的女儿都可以高枕无忧了，直接从民间选拔民女冒充公主作为和亲的对象。

汉元帝原以为随便弄个宫女就可以"忽悠"和敷衍呼韩邪单于。然而，辞别时，看见王昭君绝世的容貌时，他内心产生了波动，宫中有如此美貌女子，自己竟然什么都不知道。

他的疑问很快就有了矛头——画师毛延寿。他不是傻子，很快就明白了这样一个简单的道理，他被毛延寿忽悠了，汉元帝盛怒之下，毛延寿就成了刀下鬼。

然而，毛延寿死了，汉元帝却哭了。君无戏言，说出去的话便如泼出去的水，是收不回的。也正是因为这样，只能痛心疾首地眼睁睁地看着王昭君踏上异国他乡的旅程。

就这样，王昭君别长安、出潼关、渡黄河、过雁门，踏上了异国他乡之路。

关于王昭君为什么要选择出塞，还有一种与此截然相反的说法——这是毛延寿设下的救国计策。

王昭君入宫后，毛延寿见她貌美如仙，怕汉元帝会从此沉溺于王昭君的美色中不能自拔，荒废了政事，从而步商纣王后尘，导致覆国之灾，于是故意丑化了王昭君，让她没有见到汉元帝的机会，这样王昭君便一直被冷落在后宫中。直到呼韩邪单于请求和亲的时候，毛延寿为免除后患，便向汉元帝推荐将王昭君远嫁匈奴，一来可以彻底将王昭君与汉元帝分开，二来可以安抚匈奴的情绪，免除两国之间的战争。

但有一些人认为王昭君是自请出塞的。根据《后汉书·南匈奴传》的记载，昭君是自请出塞远嫁的。她在深宫几年，不能为帝王宠幸，所以心生怨恨，想利用这个机会改变自己的处境。

同时，一些人对王昭君"自请"出塞也表示了怀疑。他们认为王昭君出塞，是由于汉元帝的命令，而非她个人的意愿。这个说法的根据是在《汉书·元帝传》和《汉书·匈奴传》中，并没有记载王昭君自请出塞，只记载了汉元帝把昭君赐给呼韩邪单于。这两部书的成书时间比《后汉书·南匈奴传》要早三百年，可信的程度应该更大。

据说在出塞过程中还有一段小插曲：王昭君在出塞的路上郁郁寡欢，阵阵马嘶声，声声撕裂了她的心肝；丝丝雁鸣声，声声悲鸣着她的心魄。她坐在坐骑之上，百感交集，不由得拨动琴弦，弹奏了一首"离别曲"。

琴声婉转而凄凉，歌声伤感而悲切，随行之人无不唏嘘感叹。据说这时正好有一只南飞的大雁打此飞过，听到这悦耳又苍凉的琴声和歌声，看到骑在马上的这个绝世美貌奇女子，竟然痴呆了。它居然忘记了自己身在空中，需要摆动翅膀才能飞翔，这样停顿片刻后，大雁便如一支离弦的箭跌落下来。这便是王昭君"落雁"这个雅称的由来。

历时一年多，王昭君于第二年初夏到达漠北。她受到匈奴人民的盛大欢迎，呼韩邪单于派大队骑士、毡车、胡姬前来迎接。王昭君百感交集，再看两边的风景，此时已变成了平沙雁落，黄尘滚滚，牛羊遍地，无边青草。终于到了王庭，但见此时一座座帐篷中，张灯结彩。呼韩邪单于站在王庭外迎接这位来自中原的绝世美人。胡笳悲鸣，骏马奔驰，万民欢腾，王昭君终于真真切切地体会到了一回什么叫"受宠若惊"。

汉成帝建始元年（前32），王昭君为呼韩邪单于生下了一个白白胖胖的儿子，取名伊督智牙师，后被封为右日逐王。

老来得子，呼韩邪单于乐极生悲，只过了一年，就去世了，大阏氏的长子雕陶莫皋继承了单于的职位（号为复株累若鞮单于）。匈奴有这样一条不成文的规定：父妻子继。说得再直白点儿就是，儿子不但可以继承父亲的王位，而且还可以继承他的一切，包括妻子和嫔妃。也正是这个原因，正值风韵之年的王昭君理所当然地成了雕陶莫皋的妻子。

年轻的单于对王昭君更加怜爱，王昭君也终于体会到了什么叫"爱情"。他们的爱情结晶是两个"弄瓦之喜"，长女叫须卜居次，次女叫当于居次，后来分别嫁给了匈奴贵族。

雕陶莫皋与王昭君过了十一年的夫妻生活而去世，王昭君已经三十五岁，正是绚烂的盛年。她没有在丧夫之痛中沉沦，而是参与匈奴的政治活动，对于匈奴与汉朝的友好关系起到了至关重要的作用。按史书的说法是："边城晏闭，牛马布野，三世无犬吠之警，黎庶忘干戈之役。"

王昭君死后，葬在大黑河南岸（今内蒙古自治区呼和浩特市南郊）。传说入秋后塞外的草全都变黄了，只有王昭君墓上的草四季常青，因此被称为青冢。

六、西汉的衰败

(一)红颜祸水:一代妖后赵飞燕

1. 汉成帝的"重口味"

汉元帝竟宁元年(前33)五月,在位十五年的汉元帝驾崩于未央宫,享年四十二岁。

汉元帝的逝世,意味着太子刘骜终于熬出了头。他的太子路一开始走得很顺利,因为从一落到地上就被祖父汉宣帝视为"极品中的珍品"(第一个皇孙),捧在手里怕掉了,含在嘴里怕化了。刘骜这个名字也是汉宣帝赐的,如果大家查看一下《新华字典》,就知道"骜"还有三个字可以代替:千里马。单从这一点就知道汉宣帝对他的期望了。汉朝的丰功伟绩还要靠他来继承和发扬光大。也正是因为这样,他在当时创造了一项纪录:四岁被立为太子。和汉武帝经历千辛万苦才被立为太子相比,他幸运多了。

事实上,幸运一直伴随着他,被立为太子十四年后,也就是太子刘骜十八岁时,他如愿地登上了皇帝的宝座,史称汉成帝。

本着一朝天子一朝臣的原则,汉成帝上任后也逃不脱"大洗牌"的"潜规则"。首先封皇太后王氏为太皇太后,然后封母后王氏为皇太后,最后封舅舅阳平侯王凤为大司马大将军,职责是领尚书事。

汉成帝之所以一上任就大打亲情牌,是有原因的。

表面上我们看到汉成帝从被立为太子到登基似乎太过一帆风顺,如果用一句话来形容汉成帝,他是幸运的。然而,幸与不幸,往往只隔着一扇门。汉成帝是幸运的，同时他也是不幸的。他的不幸是从出生开始。他的母亲王政君是"失恋"的汉元帝（当时还是太子）的"替代品"，他的父皇汉元帝当时根本就对相貌平平的王政君不感冒。

据说那一夜之后，汉元帝就再也没有临幸过王政君。然而，王政君自己却很争气，硬是生下了一个皇子。也就是凭着母以子贵的原则，汉元帝把王政君立为皇后，把他立为太子。

然而，不管地位有多高，名分有多大，但父亲汉元帝留给太子刘骜的童年记忆是灰色的：冷酷、无情、孤傲……因为他感受不到父皇的半点儿温暖。

太子刘骜的成年记忆是白色的：雪白、雪白、雪白……因为这期间他虽然锦衣玉食，却经历了大难不死（废长立幼风波），如果不是凭着史丹一个人的"力挽狂澜"，他将成为"飘落的皇子"。

也正是因为这样，他登基后首先大打亲情牌，封大舅舅王凤（母后王政君的哥哥）为大司马大将军，完全是为了保护自己。

就在汉成帝的天空呈现蓝色时，宦官派头目石显也随之掉进了万丈深渊。

汉成帝在重用王凤，一手打造盛世江湖的"外戚派"时，自然想到的是要打压一直盘踞在宫中掌握朝中重权的宦官派。石显成了汉成帝的眼中钉、肉中刺，接下来看汉成帝如何穿钉拔刺了。

首先就是降石显的职，把他由中书令调任太后宫中的长信太仆。说白了这是一份闲职，让他远离政治中心，过清闲生活。

然而，正所谓树欲静而风不止。石显的清闲生活并不好过，因为朝中的丞相匡衡和御史大夫张谭开始弹劾他。匡衡和张谭本来初来朝中时是"人之初，性本善"的，但当时以石显为首的宦官派一手遮天，他们两人迫于形势，只能选择"明哲保身"地顺从石显。

然而，一朝天子一朝臣，汉成帝即位后，虎落平阳的石显立马成了明日黄花。匡衡和张谭觉得"将功赎过"的机会到了，于是联袂弹劾石显及其党羽五鹿充宗等人。

汉成帝本来就想早点儿让石显回老家安度晚年，此时便趁此机会，当即把石显的长信太仆这顶并不豪华的乌纱帽没收了，让他从哪里来回到哪里去。

石显经不起这样的打击，他的生命已伴随着无限伤感、无限落寞、无限凄凉走到了尽头，他选择了当年与范增一样的下场，在路上以一场大病结束了自己显赫而短暂的一生。

石显死了，意味着宦官派将彻底退出历史舞台。果然，宦官派成员该贬官的往死里贬，该削职的往头上削，该赶出京城的往黄泉路上赶。总之一句话，新官上任三把火，汉成帝也不是吃闲饭的，在处理宦官派这件事上绝不姑息手软。

只闻新人笑，哪闻旧人哭。宦官派一夜之间灰飞烟灭，有两个人却大大地火了一把，这两人就是丞相匡衡和御史大夫张谭。他们两个的联袂一弹，吹响了彻底摧毁宦官派的号角。也正是因为这样，宦官派一倒，他们两人立即成了名副其实的英雄。

然而，这两位英雄很快就体会到了什么叫"气短"。

从客观的角度来看匡衡和张谭，从最开始的顺从石显，到后来的反戈一击，虽然纯属明哲保身的需要，朝中一些正义之士却认为这很不正常。宦官派在时，你们躲起来；宦官派倒了，你们却站起来了，这是天理难容啊！

弹劾与被弹劾只差一个字，其境界却差十万八千里。弹劾二人组匡衡和张谭很快就体会到了什么叫被弹劾的滋味。送上滋味的是司隶校尉王尊。弹劾的内容有两点：一是说石显得宠时，匡衡和张谭与他同流合污；二是说石显失宠时，匡衡和张谭却来了个过河拆桥。结论是他们乃两面三刀的小人。

那么，这个王尊又是何许人也，敢在老虎屁股上动手？下面我们不妨先来看看王尊的发迹史。

王尊，涿郡高阳（今河北省保定市高阳县）人，因为爹死得早，娘改嫁得早，他从小就是一个不折不扣的孤儿，幸亏他叔伯收留了他。

然而，叔伯家里穷得揭不开锅，没办法，他只得从小就给人放羊，混一口饭吃。他一边放羊，一边读书识字，无师自通的他学会了识字，竟然自学成才。

和汉成帝一样，他的童年是苦涩而灰色的，而他的少年和青年却是充满阳光和蓝色的。十多岁时，机会不经意间降临在这个放羊娃身上，他摇身一变成了一个小狱吏。职务还是看守。只是前面是看动物，后面变成了看犯人。又过了几年，他被提升为书佐。随后直升为县令、益州刺史……

在任益州刺史两年后，他被调到东平国任丞相。应该说他的仕途一路青云直上，非常顺利。然而，一路阳光背后，王尊付出的血泪艰辛却是鲜为人知的。

在担任东平国丞相后，他将面临人生中极为严峻的考验。

东平王刘宇是汉元帝的弟弟，因为后台足，从小就目无王法，干了一些伤天害理之事。面对这样的亲弟弟，汉元帝既恨又叹，最后想出的办法就是：调正直且又敢作敢为的王尊为相，对他进行制约和打压。

要打造好这个目无王法的王爷，注定不会是波澜不惊的。刘宇很喜欢到外面去"寻花问柳"，并美其名曰微服私访。王尊上任后，他马上就给马夫下达了这样的命令：出车必须经过他的批准。

这下刘宇就不能随便出巡了。刘宇被限制了自由，非常生气：连皇帝老子都管不了我，你敢来管我，是不是活腻了！

杀机已出，王尊危如累卵。刘宇想出来除去王尊的办法很简单也很实用。喜欢看武侠小说的读者一定会对这样的场面不陌生：当小人想除去他的仇人时，在明的起不到作用时，只能用暗的，比如说下毒等暗招。而一些更为聪明的人会想出"借刀杀人"的妙计，比如假装从哪里弄来一把绝世好刀或好剑，然后请某某某来看，就在他惊羡于宝刀宝剑时，出其不意，一剑刺穿仇人的脖子。

而刘宇不知是不是看过这方面的书，总之他也来了个"借刀杀人"，他不是老一套的公式化程序：借刀、献刀、拔刀、挥刀、收刀，最后把目标干掉。他先把王尊叫到宫中，然后说了这样一句极富挑逗意味的话："我知道你向来以勇猛著称，不妨拔出你腰间所佩的刀，亮点儿绝活给我们开开眼界。"

王尊是何等人物，从刘宇阴晴不定的脸色中已看出些许端倪来，悠然道："这刀我是不会拔的。"

"丞相莫非翅膀硬了，敢公然违抗本王的命令？"刘宇怒喝道。

"臣不敢违抗大王的命令。"王尊说着把双手举起来，然后叫刘宇的武士过来拔刀。

刘宇本来叫王尊拔刀，就可以以公堂之上、持刀谋刺的罪名直接把王尊送上断头台。然而，人算不如天算，王尊拒绝拔刀，却叫他身边的武士来拔刀，如此一来，他的如意算盘就彻底落空了。

"我奉皇上之命来做你的国相，来的时候就已经和亲朋好友进行了隆重的告别仪式，根本就没打算活着回去。以前我听说大王很勇猛，如今看来只不过浪得虚名。大王如果想砍我的头，直接动手就是，何必假借拔刀这种伎俩呢！"王尊对着发呆的刘宇，索性来了个直言不讳。

王尊的话句句在理，声声敲在刘宇的心坎上。他只得哈哈一笑，随即命令手下备酒设宴。

刘宇的母亲公孙婕妤见此却不胜感慨。她老人家这么想，自己只有这么一个宝贝儿子，如果以后都生活在王尊的阴影中，儿子毫无自由毫无欢乐可言。于是，她给朝廷写了一封信，说王尊很傲慢，他们母子都受他的控制。长此以往，国将不国。

汉元帝接到信后，对王尊进行了罢官处理。从此，刘宇和王尊都自由了，刘宇可以重新过上无拘无束、无法无天的生活了；而王尊也无职一身轻，可以过与世无争的生活了。

然而，人生命运的转折往往就在举手投足之间。就在这时，汉成帝的大舅舅王凤却主动示好，把王尊召为军中司马。汉元帝驾崩，汉

六、西汉的衰败　183

成帝即位后,汉成帝为了打造外戚派,重用了舅舅王凤。王凤也没忘了重用王尊,他立马把他升为司隶校尉。也不知是不是新官上任三把火的原因,王尊一上来就拿朝中最高领导层的"一把手"匡衡(丞相)和"二把手"张谭(御史大夫)——弹劾。

汉成帝接到弹劾奏折后,也很为难,不知道如何处理这件事。他们两个虽然有过失,但不管怎样,在揭露石显的罪行方面还是起到了模范带头作用。此时如果重重处罚他们,自己刚刚登基不久,势必造成不良的后果。如果处罚得轻,那无疑是隔靴搔痒,无关大碍。不知道如何处理的汉成帝这次索性来了个"高高挂起"——暂时不处理。

汉成帝不处理,丞相匡衡却坐不住了。他得知自己被弹劾后,长叹一声:该来的终究还是来了。知道没有好果子吃的他,很识相地向汉成帝打了"辞职报告"。

人在河边走,哪有不湿鞋!匡衡的本意是,既然事情已经到了这种地步,如果能全身而退,就算失去一切又何妨?

应该说匡衡是很有自知之明的,功名利禄是身外之物,唯有生命最可贵。然而,这一次汉成帝没有成全匡衡的美意,驳回的理由是:现在国家正是用人之际,正需要像你这样的人才尽力,怎么能隐归山林呢?

为了彻底打消匡衡的后顾之忧,汉成帝只好委屈王尊,把他降为高陵令。

汉成帝从大局着想,最终牺牲王尊,以稳定民心。王凤在这件事上也只能真真切切地当了一回看客,爱莫能助。

然而,事实证明这只是汉成帝的"权宜之计",匡衡终究没能逃出被贬的命运,后来他被"遣"回故里,不几年便病死于家乡。

2. 赵氏姐妹的"温柔乡"

提起西汉的美女,赵飞燕不得不提。

赵飞燕和她的孪生妹妹赵合德生在江南水乡姑苏。她们的母亲是江都王的孙女姑苏郡主，嫁给中尉赵曼后，可能是觉得这样的"下嫁"有点儿委屈，便找了个情郎——舍人冯万金。冯万金果然人如其名，两人很快就生了一对私生女。考虑到这样的"婚外情"不宜留有把柄，姑苏郡主狠狠心便把她们丢在郊外，让她们自生自灭。三天三夜后，姑苏郡主终于还是忍不住去看"动静"，结果赵氏姐妹既没有被狼叼走，也没有饿死。这下没法了，只好把她们抱回家里抚养。

我们很难想象，在当时的封建社会，赵曼是如何面对这对从天而降的私生女的。但有一点可以肯定，那就是被"戴绿帽子"后的赵曼从此变得很抑郁和消极，不久就去世了。母女三人从此只能依靠冯万金了。然而，冯万金没过几年就追随赵曼去了阴曹地府。

没了依靠，母女三人过起了流浪生活。她们从姑苏一直流落到京师长安，寄居在城郊的陋室之中，靠着纤纤双手，替人做女工为生。赵母在这样的贫病交加中撒手人寰后，赵氏姐妹便寄托在同里的赵翁家中，成为赵翁的义女，过着一种寄人篱下的生活。

赵翁当时已是花甲之年，膝下却没有一儿半女，凭空捡到一对花儿一样的少女，自然喜不自禁，马上就像亲生女儿一样培养起来，读书识字、琴棋书画无所不教。不出几年，赵氏姐妹已颇具大家闺秀的风范。

光阴荏苒，赵翁眼看自己已到了"来日不多"的年纪了，便为赵飞燕姐妹谋求发展。机遇不期降临，不久，赵飞燕姐妹就被当时的长安第一公主——阳阿公主（汉成帝的姐姐）收为侍女。

刚进公主府的时候，姐妹俩任职"舍直"，并非歌舞伎，然而她们对歌舞有天生的敏感，很快就超过了那些专门培养的家伎，成了阳阿公主府里的头牌。由于赵飞燕原名宜主，窈窕秀美，凭栏临风，有翩然欲飞之态，被称为"赵飞燕"。姐妹俩对歌舞到了几近痴迷的程度，据说为了精研技艺常常废寝忘食，全然不顾别人的冷嘲热讽。

都说机会留给有准备的人，这话一点儿都不假。就在赵飞燕努力时，机遇意外地降临了。

话说从汉成帝鸿嘉元年（前20）的春天开始，汉成帝迷上了微服出访这项户外运动。和当年的汉武帝一样，他也有自己的"经纪人"——富平侯张放。

富平侯张放是敬武公主的儿子，之所以得到汉成帝的青睐，一是因为他是汉成帝的姑表弟，二是张放的妻子是汉成帝的原配许皇后的亲妹妹，再加上两人年纪相若，自幼便情趣相投，是不折不扣的铁哥们儿。因此，汉成帝微服出访时，常常带上张放，并美其名曰：兜风。

这一天，汉成帝带着张放又去兜风，无意中转到了阳阿公主的府邸来了。汉成帝一时心血来潮，马上来了个"临时造访"。阳阿公主见皇上来了，立马举行了盛大的"接风宴"。

盛宴之上，歌舞先行。按常规来推断，歌舞只是个"盘外餐"，仅仅给酒宴提神助兴罢了。然而，事实证明，这位汉成帝和他的先辈刘彻一样，在这样的风月场合很快就遭遇了爱情。

阳阿公主挖来赵氏姐妹，目的就是为了钓汉成帝这条大鱼。

阳阿公主手一挥，府中歌女舞姬轮番上阵，轻歌曼舞，别样的风情，独特的韵味，新鲜感且不失刺激，使得汉成帝眼花缭乱，有点儿飘飘然了。

等到赵飞燕出场时，歌声娇脆，舞姿轻盈，若空谷莺鸣，似仙子凌波；再看她纤眉如画，秀发如云，尤其是一对流星般的眸子，含情脉脉地回身一瞥，闪烁出无限诱人的风情与醉人的魅力，汉成帝便如雾里看花，看不真切，也看不明白，一下子如痴如狂，如梦如幻。

接下来的事很简单了，汉成帝走过场似的询问了赵飞燕的一些家底后，将赵飞燕带回了皇宫。芙蓉帐里，玉体横陈，汉成帝这才真正体会到了什么叫销魂蚀骨的滋味。

受宠的赵飞燕很快就被汉成帝封为婕妤，爵比列侯。连许皇后也要礼让她三分。

赵飞燕在宫中受宠，赵合德还在阳阿公主家里"闲置"。汉成帝终于从小道消息知道赵合德姿容不在姐姐赵飞燕之下，不禁起了得陇望蜀之心，于是派人以百宝凤毛步辇前往阳阿公主府接她入宫。在汉成帝想来，这样高的礼遇去请赵合德那肯定是手到擒来，不费吹灰之力。出人意料的是，赵合德却拒绝了他的美意，理由是："没有得到姐姐的召唤，我是绝不会入宫的。如果你们要强迫我入宫，那就只好以死相抗了。"

面对赵合德的"欲迎还拒"之术，汉成帝决定先对赵飞燕进行安抚，不但赐给她很多奇珍异宝，而且还弄了一栋装修豪华的别墅——远条馆给她住。最终赵飞燕只好亲自去请赵合德入宫。

这下赵合德终于可以名正言顺地进宫了。进宫前，她香汤沐浴，精心巧妙地打扮了一番。"七分靠长相，三分靠打扮"这话一点儿都不假。赵合德本来就很美，这一打扮更是美不胜收。果然，汉成帝一看到她这般千娇百媚的样子，顿时酥了半边。

"皇上如今是我姐夫，姐妹共侍一夫之事，如果没有姐姐的允许，我是宁死也万万行不得的。"赵合德继续上演"欲迎还拒"之术。

拒绝皇帝的下场，通常都是掉脑袋的事。然而，时机、分寸、火候都把握得恰到好处，赵合德的"婉拒"，汉成帝非但没有一点儿生气的样子，反而点头称赞不已。

然而，这一切都让侍立在汉成帝身后的一位宫廷老女官看在眼里。这位见多识广的老妇人名叫淖成诚，早在汉宣帝时期就已在宫中担任教习之职，号称"淖夫人"。眼看皇帝为一个初次见面的宫婢，竟然不惜当众如此自降身份，不由得轻叹道："这个女人是祸水啊，日后一定会出大乱子的。"

三天后，吊足了汉成帝胃口的赵合德才给他"喂食"。她那丰润饱满的美妙躯体和举世无二的媚功，使得汉成帝在春风一度之后，发出这样的感叹来：温柔乡里死，做鬼也风流。

然而，汉成帝不会料到，他的这样发自内心的感慨日后竟然会一语成谶。日后葬送他的正是这恋恋不舍的温柔乡。

六、西汉的衰败

自从汉成帝宠爱赵飞燕姐妹后,很快就把许皇后变成了"弃后",取而代之的自然是赵飞燕,这当真是只听新人笑,哪闻旧人哭。

赵飞燕被封为皇后后,移居豪华无比的东宫,很快露出了真实面目,竟然背着汉成帝偷情,偷情的对象是皇帝的侍郎冯无方。

侍郎冯无方本来就长相俊美,一次偶然的英雄救美,让赵飞燕记住了这个小白脸。据说此后,赵飞燕使出浑身解数在汉成帝面前为冯无方申请了一张可以随便进入后宫的特权。一个干柴,一个烈火,这偷情的滋味只有个中人知道了。

俗话说有了初一就有十五,赵飞燕自从和冯无方打开"婚外情"的门扉后,一发不可收拾。接下来,侍郎庆安世又成了她的"新欢",对于这位貌似潘安的美男子,赵飞燕借学琴为由"占为己有"。而其他的侍郎也纷纷成为赵飞燕猎色的目标。

当然,赵飞燕之所以敢这样明目张胆地偷情,主要原因就是想借种。

要知道,赵飞燕美则美矣,唯一头疼的就是不孕。她集汉成帝万千宠爱于一身,却没能生下一儿半女来,在后宫里混,没有儿子意味着什么,赵飞燕自然明白。于是,这样放荡的"婚外情",目的只为借种生子。然而,赵飞燕其实心知肚明,这只不过是她自欺欺人之举罢了,因为非但是她,连她妹妹赵合德也是永远的"不孕不育"患者。

那么赵氏姐妹为何患了不孕不育症呢?原来这对姐妹花当初潜藏在阳阿公主府里时,为了"包装"的需要,把一种叫作"息肌丸"的药丸塞入肚脐。这种药丸确实功效显著,用后肤如凝脂,肌香甜蜜,青春不老。这也是汉成帝痴迷赵氏姐妹的原因之一。可是这么好的药却不是人人都可以用的,除非是只想过"二人世界"的人。都说是药三分毒,这话一点儿都不假,这息肌丸虽然具有超级美容的作用,但唯一的副作用也是致命的,它能破坏子宫,从而导致不孕。

姐妹俩就是因为息肌丸的帮忙把汉成帝死死迷住,为此汉成帝精力耗尽,靠药物满足淫乐,最终落了个泄阳流血而亡的悲惨结局。

也正是因为这样,赵氏姐妹虽得专宠,但两人都从未怀过孕,更别说生儿育女了。赵飞燕自己不能怀孕生子,更害怕别的嫔妃怀孕生子,原因是怕别人母因子贵,直接"危及"自己的皇后位置。于是乎,赵飞燕联合妹妹赵合德做出了疯狂之举,想尽一切办法不择手段地阻止其她宫人怀孕生子,结果是:生下者辄杀,堕胎者无数。这里不妨举两个例子来简单地说明一下。

一是宫女曹宫生了一男孩,汉成帝欣喜若狂,特意派六个宫女去服侍曹宫。赵氏姐妹知道后,来了个"先斩后奏",假传诏令竟然活生生地逼死了曹宫,皇子自然也没能幸免于难。

二是许美人生了一男孩,汉成帝同样欣喜若狂,派中黄门靳严带着御医和乳娘去悉心照料的同时,这回汉成帝吸取了曹宫之死的教训,没有再瞒着赵氏姐妹,而是来了个"直言相告"。他满以为这次赵氏姐妹一定会网开一面。哪知赵氏姐妹听说后,立马来了个分工合作,赵飞燕来了个一哭二闹三上吊的表演。而赵合德干脆直接亮出撒手锏——绝食。并配以如下语言:"你干脆让有儿子的许美人坐上我这个昭仪的位置算了,我还是回老家去吧!"双管齐下,逼得色迷心窍的汉成帝只得"含泪"赐死许美人母子。

此时"痴情"的汉成帝在赵氏姐妹之间疲于奔命,已经没有年轻时那样到处去"撒网"的激情了。而赵氏姐妹却火眼金睛地四处"灭种",此消彼长,就这样,已到了"不惑"之年的汉成帝竟然没有一儿半女。他不禁在疑惑:膝下犹虚为哪般?

可怜的汉成帝不会明白,民间流传已久的童谣竟然一语成谶:

燕燕尾涎涎,张公子,时相见;
木门仓琅根,燕飞来,啄皇孙,皇孙死,燕啄矢。

3. 在劫难逃的命运劫

汉成帝绥和二年(前7)三月十七日,汉成帝突然病逝在赵合德的温柔乡里。

汉成帝死得太过离奇，太过窝囊，甚至连传唤太医的时间都没有。一石激起千重浪，面对铺天盖地的流言蜚语，一向深居简出的皇太后王政君都坐不住了。她在"悲伤泪流成河"后，亲自筹备的专案小组马上成立了。朝中四大王牌人物领衔：大司马王莽（王根的后继人）、丞相孔光（几经波折终于登上丞相的位置）及御史和廷尉组成，目的只有一个——"嫌疑犯"赵合德，步骤是：调查取证—捉拿严审—量刑判刑。

然而，事实证明，有自知之明的赵合德知道汉成帝死后，自己难逃一劫，她根本就没有让"专案组"浪费大量的人力物力，就果断地以一杯毒酒结束了自己年轻而宝贵的生命。

可怜一朵娇嫩的花，就这样凋落了。当真印证了"红颜薄命"这句话。

赵合德的以身殉情，却挽不回汉成帝的起死回生。四月，太子刘欣即位，史称汉哀帝。汉哀帝上任后，首先尊太后王政君为太皇太后，皇后赵飞燕为太后。

赵合德和赵飞燕是姐妹，既然汉成帝的死跟赵合德有千丝万缕的关联，那么为什么在赵合德识时务地以身殉情后，赵飞燕却安然无恙，甚至还被继承皇位的汉哀帝封为太后呢？

原因很简单，这是汉哀帝的"报恩之举"。汉哀帝刘欣当初之所以能被立为太子，跟赵氏姐妹的强有力支持有密不可分的关系。虽然汉哀帝无力救赵合德的命，但赵飞燕的命他还是力所能及地可以救的。因此，在他的努力下，赵飞燕被升为皇太后。

当年因为汉成帝太过于宠爱赵氏姐妹，红极一时的王氏家族也不得不把朝中的权力分一杯羹给她们。此一时彼一时，汉成帝死后，新上任的汉哀帝玩起了知恩图报，然而，不甘心的王氏家族自然不会再选择沉默。他们行动了起来。

王氏家族开始收集证据，经过一番明察暗访，赵氏姐妹的罪证立马浮出水面，结论是：汉成帝之所以绝后，全是赵氏姐妹所作所为。于是乎，一封小报告马上由司隶解光呈到了汉哀帝的办公桌前，严格来说这是一封"起诉书"："起诉"赵氏姐妹当年残杀皇子的种种罪状，要求严惩元凶赵飞燕。

王氏家族一致认为有这样的铁证在手，汉哀帝想要庇护也是有心无力。再加上"双飞燕"中的赵合德已死，剩下的赵飞燕已是孤燕难飞、在劫难逃。

然而，人算不如天算，王氏家族的美梦被熟人击碎。这个人就是汉哀帝的祖母傅昭仪——傅太后。

傅太后当初收买了赵氏和王氏两大王牌，才使得刘欣成功登上太子的宝座。如今刘欣顺利过渡为汉哀帝，但太后的位置还得由王政君来做；而傅昭仪也称太后，只是太后前面加了两个字的辅助语：定陶。

说得再直接点儿，傅太后就是属于"偏房"一样，也正是因为这样，傅太后时刻在考虑如何争权夺利，如何尽快让自己变为"正室"。此时，眼看王氏家族对已是明日黄花的赵飞燕穷追猛打，她没有视而不见，而是在赵飞燕危难之时显身手，对汉哀帝进行了"逼宫"。结果汉哀帝为了保全赵飞燕，只好撤了赵氏家族的另两位成员赵䜣和赵钦的侯爵。

这件事的结果是，孤家寡人的赵氏家族彻底落寞下去了，傅氏家族马上又浮出了水面。傅太后在自己的亲孙子登基后，自然不肯让王家再踩在自己头上。

傅太后首先在名分上与王政君来了个"并驾齐驱"，马上将自己的侄孙女、定陶王妃小傅氏册立为皇后。有了皇后这个重要的砝码，紧接着，傅氏家族中的人马纷纷到朝中就任重要职务。

一个是新宠，另一个是旧爱，王氏家族和傅氏家族马上上演争权大战。

眼看傅家势力越来越大，赵飞燕也不放过一切向傅太后讨好的机会：傅太后寿日，她派人送去了文犀避毒箸两双、沉水香玉壶一个、流波纹无缝衫一件，还有大批珍宝，真可谓千金一掷；傅太后穷奢极欲，尤爱听歌观舞，赵飞燕便将自己的女乐送给她，还凭自己的歌舞才能亲自指导教练。

赵飞燕还有一件最卖力气的事。汉哀帝建平二年（前5）夏，汉哀帝的母亲丁太后因病死去，汉哀帝下诏把棺柩送回定陶，与他的父亲刘康葬在一起，并征发定陶附近五万人修建陵园。汉哀帝自认为尽了孝道，先祖会福佑他，国运却毫无转机，他本人也染病在身。亡亲之痛和前程之忧使这个病弱的皇帝愁眉不展。恰在这时，司隶校尉解光等向汉哀帝推荐方士夏贺良，说他精通谶学，知道神灵预言，是宣讲《天官历包元太平经》的甘忠可的弟子。甘忠可虽因刘向劾奏他假借鬼神，诬蔑圣上而下狱死，但夏贺良继承其师遗志，私下进行教授。解光等人大力吹捧夏贺良的学说，说刘向纯属诬告，甘忠可死得冤枉，应对其弟子夏贺良大加礼遇。汉哀帝信以为真，遂召夏贺良进宫，请他讲授如何得到神灵的帮助。夏贺良说："木、火、土、金、水五德依次运行，周而复始。王朝受命于天，并代表着其中一德，气数尽了，必将被另一德所取代。如今，汉家历数将尽，只有再受天命，才能保住汉室，延续帝业。陛下经常生病，灾异屡有发生，这是上天对陛下的告诫！"汉哀帝忙问他有何良策，夏贺良说，当务之急是更改年号，重受天命。汉哀帝相信了夏贺良的话，改建平二年为"太初元将元年"，自称"陈圣刘太平皇帝"，把计时用的漏器由旧制一百度，刻成一百二十度，并下诏大赦天下。

"再受天命"这天，汉哀帝举行了隆重的仪式，其规模不亚于登基大典。仪式完全按照夏贺良设计的程序，拜天祭地，求神弄鬼，充满了神秘色彩。许多大臣颇持异议，认为夏贺良之言是胡言乱语，不足为信。唯独赵飞燕得知后，特意向汉哀帝呈上一道贺表，敬称汉哀帝为"陈圣刘太平皇帝"，恭维说："天运更迭，王朝递嬗，古今至理。陛下为永安国家，改元易号，再受天命，堪称明智之举。上天将赐陛下康泰，汉祚久长，祝愿真命天子宏图大展，万寿无疆！"

赵飞燕这道贺表，使汉哀帝得到了精神上的帮助。他在一片反对声中找到了支持者。紧接着，汉哀帝下令恢复已拆除或停止祭祀的祭坛神庙七百余所，大量增加祭祀的次数。赵飞燕对此不仅极力鼓吹颂扬，还主动提出减少中宫的费用，把省下来的钱用来建庙。这件事更使汉哀帝感动，多次褒扬赵太后"贤惠"。

然而，赵飞燕的努力很快付诸东流。急于看到成效的汉哀帝因夏贺良的话并不灵验而恼怒。在朝廷大臣们的强烈要求下，他下诏将改元诏书废除，只保留大赦一项，并以反动惑众罪将夏贺良逮捕入狱，处以死刑；举荐者解光等也被革职，免除死刑，流放到敦煌郡。

弄巧成拙，尽管汉哀帝没有怪罪赵飞燕，她的投机献媚却引来朝野上下一片"唏嘘"声，她的人气和地位都以自由落体的方式呈直线下滑趋势。

更令赵飞燕雪上加霜的是，此时的顶梁柱却突然间轰然倒塌了。

汉哀帝元寿元年（前2），帝太后（傅太后）所居的桂宫正殿发生一场大火，殿顶全部塌落，殿内用物大部分化为灰烬。傅太后以为是凶兆，忙令人抢修重建。然而，这场无名火灾过后不久，傅太后便不明不白地死了。

靠山倒了，赵飞燕悲痛欲绝，傅太后下葬汉宣帝渭陵那天，她眼中大颗大颗的眼泪流个不停。她心里很清楚。灵车远去的方向离自己的坟茔并不远了。

后来，王氏集团的代表人物王莽成了朝中的"摄政王"。他没有手下留情，先是以"谋杀罪"（谋杀皇子）把赵飞燕头上太后的帽子摘了下来，把她由"东宫"赶到"北宫"。然后，由"北宫"赶到"义陵"——去守汉成帝陵墓。按照王莽的话来说就是让这个令汉成帝绝后的"毒后"去赎罪和忏悔。

最终，赵飞燕在绝望中选择了自杀。

（二）宦官擅政：王氏的起与落

1. 选秀风波，那最是一瞥的风情

王莽因为整死一代红颜祸水赵飞燕而名声大震，从此他开始登上历史的大舞台。

王莽出身于汉朝的外戚王氏家族，从一介儒生，以其周全的为人处世之道，擅长沽名钓誉，鼓吹仁义道德，使自己罩上圣人的光环，制造天命所归的假象，其手段之高，古今罕见。最终，他在众人的欢呼声中一步步走上了皇位，将两汉"拦腰截断"，成为历史上举足轻重的人。

当然，王莽之所以能发迹，还要从他的姑母——皇太后王政君说起。

王莽的祖父王禁，本是汉宣帝时期的小廷尉史，好酒好色还娶了一伙小老婆，嫡妻李氏见丈夫如此离谱不免也寒了心，一怒之下与他和离，改嫁给了河内郡的苟宾为妻。

要是按照王禁这散漫的做派，王家就算等到猴年马月也难发迹，可幸运的是，李氏给他生下了一个女儿——王政君。

本来王禁对这个相貌平平的女儿王政君没有什么特别的想法，只想等她长大成人就找个门当户对的人家嫁了完事。然而，女儿的婚事却屡生波折。

女儿好不容易长大，王禁就为他张罗了一桩婚事，结果出人意料的是，王政君还没有过门，她的未婚夫就死了。王政君克夫的声名就此传开了。

为此，王禁急得差点白了头。好在不久，东平王刘宇主动上门提亲了——纳妾。尽管是当偏房，王禁却乐开了花，女儿能攀上东平王，那可是前世修来的福分啊。

然而，意外再度发生，王政君正要过门，这个未来金龟婿也突然

一命呜呼了。

两度未嫁丧夫,王政君克夫之名从此传遍了十里八乡。

王禁这下急得如火烧眉毛,慌乱中请来一个相士给女儿看相,结果相士的话给了他一个大惊喜:此女贵不可言。

吃了"定心丸"的王禁没有再选择让女儿"早嫁",而是转而让她在家专心"进修":读书写字、弹琴学画。总之,随后王政君过起了读书进修的生活。

春去秋来,秋去春来,转眼间王政君已成了十八岁的大姑娘。王禁来了个主动出击,把女儿送进了宫里,以求得到皇帝这个天下最大的"贵人"垂青。

然而,"大贵人"就近在咫尺,王政君却感觉到远在天边。她在宫里待了一年多,皇上连正眼都没有看她一眼,更别提当宠妃生贵子了。

这世上的事就是这样,当你希望越大时,往往失望越大;而当你没什么希望时,希望却又在不经意间降临。就在王政君一天天"爱念"(唠叨),一点儿一点儿"死念"(绝望)时,后来的汉元帝刘奭也好不到哪里去,他也在一天一天爱恋,却一点儿一点儿失恋。"失恋"的原因是:他最宠爱的司马良娣死了。

这位司马良娣不但人长得漂亮,而且知书达理,琴棋书画无所不通。总之,在刘奭眼里怎么看怎么舒服,什么都好。

也正是因为这样,刘奭把这位美人捧在手心怕掉了,含在嘴里怕化了,就在刘奭要把她由"偏房"(良娣)转为"正室"(太子妃)时,司马良娣先是"偶染风寒",接着"身体有恙",紧接着"卧床不起",再接着"病入膏肓"……

眼看自己最爱的女人突然间就到了"无法救治"的地步,刘奭在大骂御医无用之时,更多的是伤心和自责,嘴里左一句"都是我对你照顾不够",右一句"都是我对你不够好"之类的话,大有把"所有罪过"都自己扛之意。

眼看这样下去,刘奭没完没了,司马良娣有话要说了。她的话用

六、西汉的衰败

书面语来说就是：临终遗言。

"我的死，不是太子您对我照顾不够，也不是您对我不够好，更不是我的天命该如此，而是……"司马良娣就在这个节骨眼上还不忘"打哑谜"，引得刘奭屏住呼吸，只有洗耳恭听的份儿了。

"我是被其他姬妾诅咒而死的。"司马良娣说完这句没头没脑的话就去阎王那里报到了。

司马良娣死了，刘奭不干了，他不但发飙，而且还发誓了。誓言简洁易懂：从今之后，再不碰后宫的女人。

迁怒比愤怒更可怕，刘奭的女人们真真切切地领会到这个词的意思。从此，庭院深深深几许，漫漫长夜长又长，寂寞的人儿独自悲。

如果司马良娣能为刘奭留下一儿半女后再来个"含冤"而逝也罢，这样即便痴情的刘奭从今之后不再碰其他女人，至少刘家的香火能得以延续下去。

然而，问题是：司马良娣"无后"。

司马良娣"无后"，刘奭这样做等于"绝后"，汉宣帝自然不能"落后"，我刘氏香脉怎么能到了你这里就"绝后"？

冥思苦想之后，汉宣帝想出了一个绝妙的逼刘奭"延后"的办法：举行一次选美大会。

汉宣帝的选美和现在的娱乐节目的选拔赛大同小异，只不过考虑到时间和效率问题，这一次汉宣帝直接跳过"海选"，而到后宫的宫女中来进行"复赛"。复赛只有一场，名额只有一个，而"裁判"只有一个，不是汉宣帝，而是太子刘奭。这里，他拥有一句顶万句的一票否决权。而汉宣帝的身份是：赞助商、组织者、策划人。

随着"幕后推手"汉宣帝宣布比赛开始，各大美女开始登场。面对这次难得的"鲤鱼跳龙门"机会，各大美女各显其能，各显神通，又是舞姿表演，又是才艺比拼，总之一句话，忙得不亦乐乎。

忙活了大半天，各大美女最后站成一条"长龙"，接受主考官刘奭的"生死裁决"。面对各大美女期待的目光，刘奭却一点面子都不给，他像一个做错了事的孩子，自始至终耷拉着脑袋，似在悲悯，似在神伤，又似在轻叹，此时此刻那个熟悉的影子占据了他生命的全部。

"奭儿觉得哪位稍胜一筹啊？"汉宣帝眼看刘奭大有将沉默进行到底之势，情非得已下由"幕后"站到了"前台"，对刘奭来了个轻轻的、柔柔的、弱弱的"旁敲侧击"。

"这个，这个……"刘奭一惊，终于从沉思中惊醒过来。他是个明白人，知道眼下这种局面，如果自己不给出个答案，非但自己下不了台，汉宣帝也下不了台。他终于抬起了头，尽管他心里一千个不愿意，一万个不愿意，尽管他对那一排美女连正眼都没有兴趣看，只是来了个走过场似的"惊鸿一瞥"，但就是这"惊鸿一瞥"，却引出了一道千古奇缘的佳话来。因为就在这一瞥的电光火石间，一道耀眼的红光灼伤了他深邃而忧郁的双眸，他像是抓住了一根救命稻草，脱口而出："就是她。"

就是这样一句漫不经心的话，改变了王政君一生的命运。汉宣帝马上就为刘奭和"幸运女"王政君安排了洞房之喜。酒不醉人人自醉，色不迷人人自迷。尽管第二天"清醒"过来的刘奭并不喜欢相貌平平的王政君，以后再也没临幸她，但这一夜的雨露对于善于抓住机会的王政君来说已经足矣。

汉宣帝听说王政君怀了他的嫡孙，高兴之余，马上把王政君的身份变成了太子妃。汉宣帝甘露三年（前51），王政君生一子。对这个嫡长皇孙，汉宣帝异常怜爱，亲自为他取名"骜"，字太孙。

三年之后，汉宣帝驾崩，太子刘奭即位，是为汉元帝，立尚是幼儿的刘骜为太子，王政君被封为婕妤。按说，母以子贵，儿子被立为皇太子，她应该头顶凤冠。但因元帝不宠爱她，他想立最宠爱的妃子傅氏为后。整整踌躇了三天的汉元帝，因为怕引来非议，最后还是无可奈何地立了太子生母王政君为皇后。

王政君就这样阴差阳错地雄霸了后宫，这也为王莽日后的发迹打下了坚实的基础。

六、西汉的衰败

2. 政坛风波，那最是人性的沉浮

王莽是一位在历史上备受争议的人物。有人说他是"巨奸"，有人说他是盗国贼，有人说他是政治家，也有人说他是改革家。抛开是非恩怨，下面我们来看看这位中国历史转折点上的特别人物。

王莽，字巨君，从小便有"恭俭"的良好习惯。恭就是恭敬，俭就是节俭。王莽之所以会有这样好的脾性，全拜他的父亲王曼所赐。其父王曼是汉成帝的生母王政君的异母弟弟。王曼在王政君这个山头还没起来时就死了，等到王政君做了皇太后四处封侯的时候，当然没有王曼的份儿。王莽还有个大哥，和他爹一样早早地见阎王了，结果家里就剩下了两个寡妇和尚是小孩的王莽。虽然身为贵族，但是处于贵族的末端，小王莽早早尝尽了人间的辛酸贫寒，知道"折节为恭俭"。

作为一个家底不硬的贵族，青春期的王莽自然把希望寄托在裙带关系上，谋职大队中的"黄牛票"还要靠自己争取才行。因此，王莽勤勤恳恳地在求任的大道上做出努力。

汉成帝阳朔三年（前22），王莽用敏锐的政治眼光发现，他苦苦等待的机会不期降临了。当时，王莽的伯父——大将军王凤病重卧床，身边的猢狲们都已经散了，加上久病无孝子，王凤养尊处优的孩子们，哪里知道一位将死之人内心的寂寞和敏感呢？但是王莽知道。他对照自己的苦难童年，开始实施自己善于作秀的政治手段，趁着王凤理智尚在，随即打铺盖卷儿定居在伯父的床头床尾，精心守护。药要亲自尝，饭要亲自喂，连续几个月没洗澡，王莽尽心尽力的侍奉把王凤打动了——身边的这个侄子，比亲生儿子还亲啊！所以王凤临死的时候，特意叮嘱姐姐王政君和外甥汉成帝，一定要给王莽安排个职位。对此，汉成帝很快就拜王莽为黄门侍郎，这一年，王莽二十四岁。

正式进入仕途后，王莽面临选边站队的艰难选择。因为当时的大将军继任者王音与王家武侯进行了赤裸裸的内斗,对此,王莽倾尽家财前途押宝在了武侯集团。结果再次证明王莽独具慧眼,他也因为武侯集团大获全胜而升为校尉。

经过王莽几年的辛苦经营,黑道白道都和他有了交集。王莽趁热打铁,买通从事中郎陈汤,让他帮自己在成帝面前美言几句。从事中郎是皇帝的近侍官,陈汤办事也极有效率,奏折写得曲折婉转,触动人心:"父早死,独不封,母明君供养皇太后,尤劳苦,宜封。"于是,王莽获封新都侯。他结交的各方势力群起响应,他很快便声名鹊起。

三十岁的王莽成为贵族的高层人物之后,依旧夹着尾巴做人,勤勤恳恳地服侍自己的皇帝表哥,深得皇帝的喜欢。

王莽不但不贪污、不受贿,而且慷慨大方,经常用自己的工资救济手底下的宾客。宾客生个病什么的,他又是嘘寒问暖,又是送金送药,总之,王莽以治病为标杆,切实做到了"散舆马衣裘,振施宾客,家无所余。收赡名士,交结将相、卿、大夫甚众。故在位更推荐之,游者为之谈说,虚誉隆洽,倾其诸父矣"。

很快,王莽"仗义十三郎"的名号打响了,他获得了从贫民到贵族的一致认同。这使得王莽结识权贵十分便利,有谁不想炫耀自己跟西汉帝国的"好青年"王莽是朋友呢?

也正是因为王莽拥有了超强的号召力和影响力,他不再选择小富即安,而将目标直指天下权臣——大司马一职。

他当时最大的竞争对手是淳于长。淳于长是皇太后王政君的外甥,王氏集团"官二代"的典型代表,他因为在立赵飞燕为皇后一事中立过大功,得到了汉成帝的重用,受封列侯,位居九卿,权贵压倒公卿。

淳于长的巴结笼络手段不亚于王莽。他在外结交诸侯、州牧、太守,那些人贿赂他的钱财和皇帝给予的赏赐累积巨万。淳于长因为有这种与生俱来和后天培养的双重优越感,所以压根儿没把王莽这个"草根"放在眼里。

当然,王莽也不是吃素的,他不动声色地搜集淳于长的罪证,手里的小本本记了他的许多猛料，归纳起来就是一句话：淫于声色，不奉法度。

正在这时，大将军王根病重在床。王根也和他哥哥王凤一样，在弥留之际感受不到人间的温暖，简直是孤独寂寞冷。而他的外甥淳于长正春风得意，最有希望成为未来的大将军，自然也无暇关心王根的身体。王根对此深为不满。

天赐良机，机不可失，时不再来。王莽故伎重演，背上几年前伺候王凤的铺盖卷儿，揣上淳于长的黑记录，跑到了王根家，一把屎一把尿地照顾起王根的起居来。

王根感动之余免不了要跟王莽抱怨：现在的年轻人不懂得关心老年人，尤其淳于长，太不像话了！王莽听到这话都要哭了——辛苦十几天就等您老人家这句话了。他赶紧从怀里掏出小本子，一条一条地揭淳于长的短。精彩之处，气得王根吹鼻子瞪眼捶胸长叹，大怒道："竟然有这等事，为什么不告诉我？"

他让王莽立刻把这些告诉皇太后。皇太后听后也很气愤："这孩子放肆到这种地步，快去奏告皇上！"于是，王莽马上把这件事告诉了汉成帝。

汉成帝倒是很淡定，左手一挽袖子，缓缓说道："朕要好好查查他。"这一查，直接终止了淳于长的政治生涯。他被免去了官职，遣送回封国，落得罪至大逆、毙于狱中的下场。

淳于长垮台后，社会舆论给予了"爆料王"王莽一致的肯定，在高层中"莽以获忠直"而闻名，民间更是给了王莽"大义灭亲"的高度评价。

就这样，深谙厚黑学精髓的王莽，经过自己一系列的努力，一举铲掉对手，为自己的仕途迎来了一马平川。

汉成帝绥和元年（前8），王根做了两件事，两件惊天动地的事。

第一，主动让位——辞职告老"乞骸骨"。

第二，主动让贤——推荐王莽接替自己的大司马之位。

汉成帝很快便批准了王根这两个请求。

至此，王莽摇身一变，成了朝中的大司马，成了一号权臣。这一年，王莽才三十八岁，便爬到了身为人臣的顶峰。

3. 摔玺风波，那最是无奈的血泪

汉平帝元始元年（1），汉哀帝去世，又没留下子嗣。太后王政君听说皇帝驾崩，当天就起驾到未央宫，收回传国玉玺，随后下诏，要求朝中公卿推举大司马人选。

群臣会意，纷纷举荐王太后的侄子王莽。很快，王太后诏命王莽再任大司马，录尚书事，兼管军事及禁军。

王莽重回权力顶峰，代理政务的他马上做了四件当务之急的事。

第一件事：诛杀一个人。王莽以快刀斩乱麻之势斩杀了汉哀帝的男宠董贤，从而把朝中大权牢牢地掌握在了自己的手上。

第二件事：拥立一个人。王莽拥立年仅九岁的中山王刘衎为新天子，这便是汉平帝。有了这个傀儡皇帝的存在，王莽显得更加位高权重，得到朝野的拥戴。

第三件事：糊弄一个人。为了讨好王太后，让她在不知不觉中主动交权，王莽对太皇太后极其恭顺小心，无微不至。他见王太后久居深宫，厌倦宫廷的单调生活，不时怂恿她出巡四郊，慰问孤儿寡妇。他还封给王太后的姐妹爵位，把最好的采邑分给她们。同时，他又耍了一个花招，让公卿大臣联名上奏，说太皇太后年高体弱，不宜继续参与政事，哪怕是一件小事也不应该管。于是，王政君只得把全部大权都交给了王莽。

第四件事：培养一个班底。王莽拔擢附顺者，诛灭忤恨者。他把自己的亲信全部安插在朝廷各个要害位置和部门，整个朝中大事都在他的掌控之中。同时，他诛灭怨恨他的人，甚至连王太后的叔父王立也不放过，将其逼至告老回乡才善罢甘休。

与此同时，王莽借力打力，四两拨千斤，不断强化自己在朝中的势力。他主动巴结当时著名的儒者大司徒孔光。孔光是三朝元老，深受王太后和朝野上下的敬重，但为人胆小怕事，过于谨慎。王莽一边主动接近和拉拢他，引荐他的女婿甄邯担任侍中兼奉车都尉；一边以王太后的名义逼迫孔光为自己宣传造势，利用孔光上奏的影响力替自己排除异己。

就这样，王莽逐渐培植了自己的党羽，其堂弟王舜、王邑为心腹，自己的亲信甄丰、甄邯主管纠察弹劾，平晏管理机事要务，王家班底初具规模。

该得到的已经得到了，该打压的已经打压了，王莽突然就想起已经死去多年的丁、傅两位"后"来。当年正是拜她们二人所赐，他才光荣地"下岗"回家去了。如果不是汉哀帝的命太短，他"再就业"的机遇微乎其微。也正是因这样，王莽对丁、傅二后恨之入骨，尽管他一回到朝中，就把丁、傅两家的势力来了个"一窝端"，然而，事隔多年，他依然对丁、傅二后耿耿于怀。

也正是因为这样，挖掘丁、傅二后的坟墓成了王莽的"梦想"。事实证明，王莽是个有梦想的实干家，他是这么想的，也是这么做的。王太后听说，忙对他说，你这样做不好吧，人都死了，还要这样做，会造成不良影响啊。应该说王太后完全是以"商讨"的口气来对王莽进行劝导的。

然而，这次王莽回答得很坚决："丁、傅两位太后棺材里分别留着太皇太后和帝太后的玺绶，如果不拿出来废掉，那就不代表她们早已成了废后啊！"

王太后没辙了，只好叮嘱他一定要保留丁、傅两后的全尸，点到为止。

据民工的"盗墓笔记"记载：挖傅太后的坟墓时，突然土石崩塌，压死民工达数百人；而挖丁太后的坟墓时，突然喷出四五丈高的内火，烧死烧伤数百人。

但不管怎样，掘了丁、傅二后的墓，王莽终于泄了私愤。

重回权力巅峰，王莽向着取代汉朝发起了最后三步走。

第一步走：犹抱琵琶半遮面。

汉平帝元始元年（1），王莽暗示益州地方官，命令塞外蛮族自称越裳氏部落，向天子进献一只白野鸡、两只黑野鸡。王莽向太皇太后报告此事，建议她下诏，用白野鸡祭献宗庙。群臣都大肆歌颂王莽的功德，认为他像周公姬旦一样，使周成王获得白野鸡，此乃祥瑞。姬旦被称为"周公"，王莽也应该被赐号为"安汉公"，并增加他的采邑人户，与公爵爵位相称，上顺天意，下顺民心。

于是，太皇太后下诏封王莽为"安汉公"，这中间的曲折过程也让人"喷饭"。开始的时候王莽坚决推辞不受，要求封赏其他几个大臣。太皇太后再坚持，王莽又四次上书坚持推让，还称病不上朝以表示决心。

左右臣子对太后说："还是不要硬改变王莽谦让的心意，只论功赏赐孔光等人吧。"王莽这样才肯起床。太皇太后依王莽的意见，下诏赏赐除了王莽之外的几个大臣后，王莽还是躲在家里不上朝理事。

群臣又进言："王莽虽然克己谦让，但朝廷对应当表彰的大臣，还是应及时加以封赏，以表明重视元勋，不要使百官和人民失望！"

于是，太皇太后再下诏，任命大司马、新都侯王莽为太傅，主管四辅事务，称"安汉公"。这时，王莽才"惶恐不已"，赶紧起来接受封号。

王莽这种犹抱琵琶半遮面的作风虽然很不痛快，但一直非常有效。王莽与其三大亲信升任"四辅"之位：王莽为太傅，领四辅之事；孔光为太师，王舜为太保，甄丰为少傅。"四辅"大权独揽，除封爵之事外，其余政事皆由"安汉公、四辅平决"。

第二步走：成为根正苗红的外戚。

王莽不断通过种种手段扩大和巩固自己的权力。王莽是在王氏外戚集团专权的氛围中成长起来的，最清楚自己的权力与自己的皇后姑母王政君的关系。而在哀帝当朝时他从大司马位子上被赶下台的挫折，也使他更进一步认识到外戚的重要，因此，对汉平帝刘衎选皇后一事，他必须全力干预。

汉平帝元始二年（2），王莽决定让自己十四岁的女儿做十一岁的汉平帝的皇后，以进一步巩固自己的禄位和权力。但是，狡猾的他没有直接"把爱说出口"，而是一边向皇帝提了一个建议——进行一次大规模选秀，优中择优，挑选合适的女子做皇后；另一边堂而皇之地向自己的姑母太皇太后上了一篇奏章，说是以前国家的灾难大都是因为皇帝没有子嗣造成的，而配娶的皇后都没有为天下母的威仪和品德。现在应依五经经义定出选取皇后的标准和礼仪，从圣帝、明王、周公、孔子、列侯等在长安的后代中，选取符合条件的淑女做皇后。

太皇太后对此批了一个大大的"诺"字。于是，一场轰轰烈烈的选后活动在京都开始了。在主管官员呈上的名单中，王氏家族的女子大有人在。王莽恐怕王氏其他人的女儿会与自己的女儿争当皇后，就上书说："我本身没有高尚的品德，女儿的资质才能又为下等，她不适宜与众女子一起被挑选。"

太皇太后以为他谋国至诚，就下诏说："王氏家族的女子，是我娘家人，就不要参加挑选了。"

王莽这样做，当然是醉翁之意不在酒了，而在乎自己的宝贝女儿。明面上，在靠太皇太后摆平了王氏家族的"情敌"后，王莽暗地里马上又唆使其爪牙上书。

于是，儒生吏民每天守候在宫门外上书的有千余人，公卿大夫有的前往廷中，有的俯伏在宫内官署的门下，纷纷上书道："安汉公功勋盛大，如此辉煌，如今应当立他的女儿为皇后。剔除了安汉公的女儿，天下人将把期望归聚到哪一位身上呢！我们希望能让安汉公的女儿做天下之母！"

接下来，王莽再派遣长史及以下官员，分别去劝说阻止公卿及诸生的请愿，然而上书请愿的人反而越来越多。太皇太后不得已，只好听从公卿的意见，挑选王莽的女儿为皇后。王莽又为自己辩白说："应该广选众女。"公卿争辩说："再选取其他女子，就会出现两个正统，不妥当。"王莽只好说："那就请大家察看我的女儿吧。"

结果当然毫无悬念，王莽的女儿在众花魁中成功突围，当选皇后。

第三步走：原形毕露。

但是，做了代理皇帝的王莽并不满足，他开始考虑正式登皇位了。广饶侯奏报齐郡冒出一口新井，车骑将军奏报巴郡发现一头石牛，太保奏报扶风雍县发现仙石。王莽一概收下，然后拿这些东西去吓唬自己的姑妈——太皇太后，还说："七月中，山东临淄县的一个乡长做了几个梦，梦见有声音对他说：'我是天公的使者。天公让我告诉你，代理皇帝应当做真皇帝。如果你不相信我，这个驿亭里会出现一口新井。'亭长早晨起来查看亭中，发现确实出现了一口新井。"

一时间，各地的投机分子开始纷纷制作各式各样的符命。梓潼县人哀章在长安学习，一向品行不好，喜欢说大话。他看见王莽居位摄政，就制造了一只铜柜，做了两道标签，一道写作"天帝行玺金匮图"，另一道写作"赤帝行玺某传予黄帝金策书"。所谓某，就是高皇帝的名字。那策书说王莽是真天子，皇太后应遵照天意行事。图和策书上甚至都写明王莽的大臣应该是谁，而且这个家伙趁机把自己的姓名也塞在里面，共十一人，连将来的官职都写明了。这个铜柜最终自然也到了王莽手中。王莽就拿这个柜子说事，让王舜直截了当地去告诉王政君，自己要当真皇帝，让她交出玉玺。

王政君明白王莽的真意后，指着王舜的鼻子怒骂道："你们蒙受汉家厚恩，富贵累世，不思图报，反乘人之危，抢夺汉家江山，毫无情义可言。像你们这种人死了连猪狗都弃之不食！他既然自立为新皇帝，就该另制新玺，何必用此亡国不祥之物！我是汉家的一个老寡妇，垂死之人，死了也同这块玉玺一起埋葬！"

王政君一边哭，一边骂，左右侍从宫人也都流下了眼泪。王舜跪在地上，又羞愧又难受。他沉默了一会儿，抬起头来对太皇太后说：

"臣也无话可说。只是如今'新皇帝'一定要这块玉玺，太后怎么可能保得住呢？"

王政君心想，王舜这话说得倒也中肯，王莽是不会甘心的。她怕受到更大的胁迫，只得取出玉玺，恨恨地摔在地上，骂道："我是将死的人了，知道你们兄弟一定会被灭族的！"

王莽得了玉玺，高兴极了。为了讨好王政君，他尊王政君为"新室父母太皇太后"，还毁废汉元帝的宗庙，专为王政君修筑一庙，以供将来奉祀之用。因她人还健在，故取名"长寿宫"。

待宫室布置完备，王莽还特意设宴，在长寿宫宴请太皇太后。谁知王政君一看到丈夫的宗庙被毁，又惊又伤心，哭着说："这是汉家的宗庙，都是有神灵保护的，为何毁坏它？假如鬼神无知，又何必用庙？我是先帝的后妃，岂能用先帝的宗庙陈放吃食？"哭完，她又对左右说："此人轻慢神灵，必不为神保佑！"

此后，王政君在悲伤中又活了五年，王莽始建国五年（13）去世，享年八十四岁。死后，她被王莽葬于汉元帝的渭陵，但中间用一道沟把她与元帝隔开了。

新朝初始元年（8），王莽顺利即位，宣布取代汉，改国号为"新"。到此为止，王莽的皇帝梦终于实现。

七、新朝的困局

（一）冰火两重天

1. 跳起来摘桃子

王莽登基后，马上来了个双管齐下。

第一管：论功行赏。

为了打造王氏最高权力机构，王莽组建了最高领导机构——"四辅""三公""四将"，合称为十一公，他们成了王莽政权的核心。同时，王莽封妻子王氏为皇后，立小儿子王临为皇太子，其余子孙也分别封侯。

一朝天子一朝臣，王莽对功臣和自己的亲人大封特封是情理之中的事。不仅如此，为了显示他的皇恩浩荡，王莽召集天下诸侯入京，表示要沿袭周制，裂地分茅。但是，具体分封的方案迟迟没有做好，导致两千多大小诸侯滞留在京城，一时间"洛阳米贵"。

第二管：改革创新。

人事变动安排好后，王莽为了显示他新朝的"新"，立马进行了改革，出台了一系列新政，改革土地制度、奴婢制度、货币制度和商业制度。

应该说王莽改革的初衷是好的，也是为天下百姓着想的，然而，事实证明，这一切只是看上去很美。新政非但没有取得预期的实效，反而适得其反，成了掀翻新朝的前奏曲。

首先，来看王莽的土地改革政策，他等于是在一定意义上废除了土地私有制与土地买卖，然后分田地，均贫富。

要知道，王莽手下的官僚多数是大地主，身为地主却不能私有土地，谁能受得了这个？不仅地主受不了，就连广大自耕农也受不了，因为年景不好的时候他们得卖土地度荒，现在土地都不能卖了，他们就只有死路一条了。

土地是中国人的命，要地就是要命，所以但凡土地改革，非革命无以大成。但是，王莽只敢改制不敢革命，所以到最后只好被别人革了命。

这样的土地改革，既触怒了各州官僚的利益，又进一步剥夺了黎民百姓生存的底线，失了官心，更失了民心，必然会走向失败。

新朝始建国四年（12），大臣给王莽上书，中心思想只有一个，取消"王田制"。王莽眼看形势不妙，只好低调宣布"诸名食王田，皆得卖之，勿拘以法。犯私买卖庶人者，且一切勿治。"

就这样，王莽改革的第一招失败了。

其次，来看王莽的奴婢制度。王莽的本意是好的，因为当时为奴者众多，导致农业生产的劳动力数量大量减少，影响了国家财政收入，所以王莽要求停止奴隶交易。他的这番好意却不符合当时的"国情"。当时的"国情"是很多农民都没有土地，而贵族豪强们不买王莽的账，不肯给农民田地，因此，很多农民食不果腹，为了谋生，只能卖身为奴。王莽这一改革，使得农民连奴隶都当不成了，为了生存，他们只能造反当强盗。

再次，来看王莽的货币改革。为了对货币政策进行改革，王莽开拓创新，一气呵成地发明了二十八种货币，包括金币、银币、铜币，还有先秦时的布币，甚至把上古时的那套乌龟壳、贝壳也给翻了出来，简直如同一场古钱币的群英荟萃，什么乱七八糟的东西都放在市场里流通，而且币制改来改去，没完没了地折腾。最后，市场上新钱旧钱、真钱假钱满天飞，连官府自己都折算不清楚，完全被绕晕了，更别提老百姓了。

终于，新朝的金融市场彻底崩溃了。老百姓用王莽造的钱，则破财；不用王莽造的钱，则遭灾——以扰乱"金融市场罪"下狱，罚作官奴或发配边疆，甚至乱点鸳鸯谱，强制"易其夫妇"。

于是，整个国家都被搅乱了。商人破产，手工业者失业，农民失地，贵族失望，朝野上下因得罪改制而被连坐者更是数不胜数，连监狱都爆满了。

最后，来看王莽的商业改革。王莽一厢情愿地认为，要以国家强力取代私有经济，真正实现一切权力归官府。

上有政策，下有对策。面对王莽的新政，商贩们各显神通，马上采取了应对措施，与地方官府勾结，大做假账，大挣黑钱，搞得商业市场一片乌烟瘴气。

总而言之，王莽尝试性的改革，非但没有给百姓和国家带来半点好处，还让官府、官员、富商与农民之间已有的冲突更加尖锐了。王莽空有"顶层设计"，但真正落实下去，到百姓手中时，就像一条肥美的鱼，经过层层剥削，只剩下一堆白森森的鱼刺，变得惨不忍睹。

屋漏偏逢连夜雨。更令王莽头疼的是，正在新政失败、民怨沸腾的时候，老天似乎也看不惯他了，天灾接连不断，蝗虫遮天，青黄不接。民以食为天，没有粮食，百姓怎么活？

天灾的连锁反应是流民四起，劳动力严重紧缺。随后，很多老弱病残饿死于路边，更多青壮年男女加入了逃荒的队伍。

面对"白骨露于野，千里无鸡鸣。生民百遗一，念之断人肠"的局面，王莽也并非坐视不理，他马上推出了"衣食住"三大惠民政策。

衣：王莽让官府划拨了大量赈灾款和物资去支援灾民。

食：王莽组织专家发明了一种新型"速冻食品"，让灾民吃。这种"速冻食品"用料非常简单，是用草木煮成的，冷冻后就成了硬块。

住：王莽从国库里拿出白花花的银子修建大量"保障性住房"，供灾民们临时居住。

总之，为了解决灾民的"衣食住"问题，他可谓全力以赴，不遗余力。然而，事实证明，这只是王莽一厢情愿的做法，稍有头脑的人就会知道，那些看上去很美的"惠民政策"，最后的命运和他推行的新政一样，同样会打水漂。他拨出的赈灾款和物资还没有到达灾民手中，就已被官员层层剥削得差不多了。

如此一来，王莽看似环环相扣的"衣食住"三大惠民政策，终究成了竹篮子打水一场空。处于悬崖边缘的老百姓被逼得无路可走，只剩下起义这一条路可走了。

2. 跌入尘埃的刘秀

话说王莽篡位后，野心勃勃的他进行了大刀阔斧的改革，但结果是雷声大雨点小——失败了。加上天灾，各地闹饥荒，流民、难民多如牛毛，社会动荡不安。新朝天凤四年（17），数十支由流民组成的武装力量诞生了。其中，规模最大的是活跃在青州、徐州的樊崇武装（也就是后来的赤眉军），以及荆州的绿林军。他们揭竿而起，只为有一口饭吃，有一件衣服穿。

就在各地流民纷纷拿起木棒、锄头等工具开始武力斗争的这一年，刘秀却窝在老家舂陵（今湖北省枣阳市），两耳不闻世间事，一心只务庄稼活儿。

刘秀的六世祖是汉文帝的儿子汉景帝。汉景帝是一个贤明的君主，他对内采取休养生息的政策，对外采取和亲政策，和汉文帝联合开创了中国历史上著名的"文景之治"。事实证明，汉景帝不但是治国能手，还是治理后宫的高手。别的不说，他一共生了十四个儿子，这就是一件不简单的事，广施雨露之下，收获颇丰。

都说尾上结大瓜，汉景帝的最后一个儿子却结成了"歪瓜"。十四子刘发本来是不该生的，却偏偏出世了。

原来，有一天夜里，汉景帝酒后情欲大增，便叫程妃来侍寝。但是，这一天正巧碰上程妃来了月事，不方便行好事。不愿错过天子垂青机会的程妃想出了一招：她把自己的侍女唐儿精心打扮一番后，让她替自己侍寝。可能程妃的易容术太好，把唐儿捯饬得太像自己，也可能汉景帝醉得太深了，丝毫没有看出唐儿不是程妃。

就这样，一夜春风后，唐儿收获了汉景帝爱的种子。就这样，阴差阳错之下，汉景帝的第十四个儿子出生了，汉景帝颇有感触地给他赐名为一个"发"字。

后来，刘发得到了自己的封号——长沙王。但是，这个长沙王在汉景帝所有儿子中地位最低，封地也最少、最偏僻（当时的长沙属于没有开发的荒野之地），原因很简单：母微子卑。刘发的母亲唐儿只是一个侍女，刘发能被封王已经是皇恩浩荡、君恩广施了。

然而，刘发并不满足于守着自己这贫瘠的一亩三分地。他梦想着努力改变自己的境地，得到别人的认可。十三年后，刘发终于等来了改变命运的机会。

这一年的冬天比以往来得更早一些，诸侯王纷纷进京朝贡。汉景帝为诸王举行了一次盛大的"接风宴"。在宴会上，汉景帝让皇子们起舞助兴。皇子们自然不会放过这展示才华的好机会，个个轻歌曼舞，动如灵蛇，舞得美不胜收。但是，轮到刘发登台表演时，他却做出了两个莫名其妙的动作：一是微微地张开衣袖，二是轻轻地举了举手臂。众人还没明白是怎么回事，刘发的表演就结束了。

"见过笨的，没见过这么笨的。"兄弟们纷纷嘲笑他。

"奇了怪了，见过奇的，没见过这么奇的。"汉景帝询问他原因。

"儿臣国小地狭，不足回旋。"刘发慢条斯理地回答道。

汉景帝原本对刘发的所作所为"怪之"，但听完刘发的所言所语后，马上转为"笑之"，心里已"悔之"，随后"补之"——增封刘发武陵、零陵、桂阳三个郡。

刘发大发之后，为他的儿子带来了好运。后来，汉景帝为了加强对诸侯王的绝对领导权，采取了晁错的建议，实行"推恩令"。本着化整为零的原则，把偌大的天下分成了数不清的豆腐块。这是诸侯王不愿看到的局面，对刘发的次子刘买来说却是天大的喜事。按照各个王国的王位由长子世袭的原则，刘买原本跟封王、封侯是沾不上边的，但因为这次推恩令的实施，他时来运转，成了零陵郡泠道县春陵乡一个不折不扣的侯爷。

刘买死后，他的儿子刘外的官位变成了郁林太守，刘外的儿子刘回的官位是巨鹿都尉，刘回的儿子刘钦成了南顿令。

从祖上的皇到王，从王到侯，从侯到太守，又从太守到都尉，再由都尉到县令，刘秀祖上这一脉可谓是一代不如一代。刘钦作为一县之长，虽然官不大，但好歹食邑六百，确保家里人丰衣足食还是没问题的。但是，他不是一个安于现状的人，他认为家族复兴，匹夫有责。不过，已是风烛残年的刘钦知道自己是无法完成"兴业强族梦"了，所以就把希望寄托在了儿子身上。也正是因为这样，汉哀帝建平二年（前5），当集各种祥瑞于一身的刘秀降临时，他才会如此激动，仿佛刘秀的降生，便是承接了自己的梦想。

汉平帝元始三年（3），刘钦去世，小小的刘秀就体会到了什么叫顶梁柱倒塌的滋味，但也激励他从小就开始奋起之旅。

功夫不负有心人，就在天下进入灾荒之年时，刘秀却获得了大丰收。

天灾人祸，米价疯涨，价如黄金。刘秀首先挣到了钱，其次赢得了名声。

他在做生意的同时，在他姐夫邓晨的引导下广交朋友，结识到了两个人。

第一个是奇人，他的名字叫蔡少公。

蔡少公虽然姓蔡，人却不"菜"，他非常精通图谶。

图谶是一种由所谓的方术大师发明出来的东西，据说能推算出未来的变数，预言人的富贵兴衰。图谶玄之又玄，高深莫测，令人遐想，而蔡少公就是因为精通图谶而天下闻名的。

有一次，邓晨带着刘秀特意拜访蔡少公。择日不如撞日，他们正巧赶上蔡少公公开演讲，围者甚众。眼看观众赏脸，蔡少公更来劲了，不但口若悬河、滔滔不绝，还说出了一句石破天惊的话："王莽的新朝是昙花一现的王朝，将取而代之的真龙天子叫刘秀。"

有人问道："大师所说的刘秀是指国师刘秀吧？"

有人答："这不是明知故问吗？"

众人口中的国师刘秀原名叫刘歆。刘歆，字子骏，是西汉著名学者刘向的儿子。刘向学问渊博，著述颇丰。刘歆继承了父亲博学多才的品质，十二岁时就因父荫任辇郎。他深谙官场学问，善于拍马屁，乐于算心计，善于和稀泥，不到二十岁便爬到了谏大夫的位置上。他之所以升迁速度惊人，是因为他跟对了人，这个人便是王莽。刘歆身为王莽建立新朝的重要功臣之一，一跃成为位高权重的国师。之后，他做出了一个诡异的举动——改名。

刘歆这样做是有他的道理的。他在无意中看到了一本天下奇书——《赤伏符》。他如获珍宝一样，对这本书爱不释手，进行了充分的研究。功夫不负有心人，他很快便推算出了这样一句谶语："刘秀发兵捕不道，四夷云集龙斗野，四七之际火为主。"这谶语暗示了将来主宰天下的人叫刘秀。

为了顺应"天意"，新朝居摄元年（6），心血来潮的刘歆改了名，摇身一变成了刘秀。此时蔡少公在图谶中提到刘秀，大家自然便想到了他。

正在这个节骨眼上，原本一直充当听众的刘秀挺身而出，漫不经心地说道："你们就这么肯定是国师吗？没准儿这个刘秀说的是我呢？"

面对刘秀的质问，众人纷纷报之以笑，笑他不知道天高地厚。

刘秀也笑了。他并不在意别人的冷嘲热讽，走自己的路，让别人去说，他正在以待天时。

很快，刘秀期待已久的天时便不期降临了。这时，他遇到了第二个高人——李通。

李通，字次元，南阳郡宛县（今河南省南阳市宛城区）人。论经商，刘秀应该要拜他为师，因为李家是经商世家，家境富裕殷实；而且李通混迹于官场，在仕途上也干得风生水起。不仅如此，李通还痴迷于图谶，这源自他父亲留下的一句话，八个字："刘氏复兴，李氏为辅。"

李通对刘秀观察良久，最后确定刘秀就是隐藏在民间的天子，就是真龙天子。

为了投石问路，试探刘秀的心意，李通派出了自己的从弟李轶，让他去说服刘秀"顺应天意"。

李轶欣然出山，盛情邀请刘秀来家中一叙，不料竟被刘秀拒绝了。李轶很纳闷，心想这个刘秀竟然如此傲慢无礼。不过，想到李通眼神中饱含的期待，李轶只好放低姿态，向刘秀发出了第二次邀请，结果还是被拒了。

为了不辱使命，他充分发挥不抛弃、不放弃的作风，对刘秀发出了第三次邀请。

都说事不过三。面对李轶的不屈不挠，刘秀终于还是赴约了。也就是在这场赴宴上，两人制定出了"革命"的方案和计划，内容归纳起来有以下三个方面。

第一，时机定在九月立秋都试日。在汉代，满二十三岁的男子要在郡中服役一年，进行军事训练，都试是对他们的考核，每年立秋这天举行。都试由郡守主持，各级官员都要参加。选择这个日子举事，会有出其不意的效果。

第二，对象为军队的最高长官。擒贼先擒王，就等于成功了一半。

第三，目的是号令大众揭竿而起，建立不朽功业。

计谋定下，刘秀和李通马上开始分头行动。

刘秀回春陵，积极说服大哥刘縯共同举事。结果，刘縯很快和刘秀一起做起准备工作来，他变卖家产，组织人员……然而，就在他们忙碌而憧憬的时候，却传来了一个噩耗，李通家出事了。

原来，李通在长安为官的父亲李守知道此事后，决定大义灭亲，举报了李通的不轨之举。王莽知道这件事后很生气,后果很严重,随着他的一声令下,宛城的李家便被官府抄了家。

李家的满门抄斩把刘秀和刘縯逼上了绝路,在他们的号召下,和当年的项羽一样,他们拥有了一支由八千人马组成的舂陵大军,一场盛世拉开了序幕。

3. 昆阳之战谁又给了谁

新朝地皇三年(22)十月,刘縯和刘秀率八千子弟兵在南阳舂陵起兵(史称舂陵兵、汉兵),正式走上了起义之路。随后吸引了新市军、平林军和下江兵等其他义军的加盟,起义队伍一夜之间壮大。

为了镇压更始政权,王莽派虎牙将军王邑率二十万大军前去御敌,这支大军里除了军人外,还有一支由老虎、狮子、豹子、犀牛、大象等猛兽组成的超级"特种部队"。

他们日行千里夜行八百,很快抵达昆阳城北,摆出的阵势是"军阵数百里,不见其后"。

面对此情此景,汉军的表情已由惊愕万分转变为惊恐万状,惊恐带来的连锁反应是不知所措。

何去何从,生死攸关;何计何策,命悬一线。

关键时刻,众人搜肠刮肚也想不出什么妙计来,却想到了一个人——刘秀。

于是,原本被"雪藏"的刘秀又被他们以厚礼请上了贵宾席,众人异口同声道:"请刘将军计之。"

刘秀再次挺身而出,从容不迫地说出了自己成竹在胸的妙计——出奇制胜。

"出奇"的前提是死守昆阳,刘秀提出由王凤、王常率众坚守昆阳,并且必须做到城在人在,城破人亡,坚守到底。与此同时,刘秀亲率一支敢死队突围出城,以最快的速度向其他汉军求援。争取里应外合打败敌人。

听完刘秀的计谋,众人一致表示"如此甚好"。

计谋定下后,王凤、王常负责死守昆阳城,而刘秀率一支十三人的敢死队乘夜进行了突围。成功突围后,刘秀等人来到了定陵、郾城搬救兵。

刘秀突围去搬救兵后,镇守昆阳城的王凤、王常的日子可想而知,只能用"苦熬"来形容。

面对官军的连日攻打,昆阳城再牢固,士兵再英勇,军民再团结,一万守军怎么能抵挡得住几十倍于己的敌军的强攻呢?

结果已无悬念,城破人亡的命运已经注定。也正是因为这样,汉军在坚守七日后,在苦等援兵无望的情况下,终于动摇了,决定投降。

王邑却拒绝接受汉军的投降。

昆阳城里的汉军连投降这条不光彩的活命路都被堵住了,王邑逼着他们走上了绝路——誓与昆阳城共存亡。

与此同时,刘秀已成功争取到了外围汉军的全力救援,接下来是他"亮剑"的时候了。

王邑、王寻很忙,忙着招呼大军往昆阳城上冲;王凤、王常很忙,忙着"招呼"昆阳城下的官军们;刘秀很忙,忙着行军布阵。当他带着满打满凑也不足一万的援军赶回来时,已到了昆阳城生死存亡的关键时刻。

以一敌百,刘秀虽然不畏惧,但也不胡来,毕竟他知道胡来的后果只有一个:飞蛾扑火,自取灭亡。如何才能浴火重生呢?对此,刘秀开始了精心的排兵布阵。

兵马未动,舆论先行。刘秀让人伪造了一封来自宛城最高长官的信笺,中心内容只有八个字:宛城已破,援军将至。他将信故意掉在地上,让大家都看到了。

果然,听说宛城被攻破了这样一个大好消息,大家悬着的心终于放下了,原本畏惧官军的将士们一扫颓势,由垂头丧气变成了生龙活虎。总之，刘秀的伪信达到了提振士气、鼓舞人心的作用。

刘秀趁热打铁，趁机给大家上了一堂生动的思想政治课，提出了"我军可战"的论述："王邑犯了屯兵于坚城之下的兵法大忌，连日没有丝毫进展，已是一支疲惫之师；官军虽有二十万之众，但多半是临时抽调组成的，各怀其志，已是一支军心不稳之师；官军列营数里，首尾相连，不留余地，已是一支调动和策应相当缓慢之师；敌明我暗，他们不知我军的虚实，我军去袭，官军也不敢派大军来对抗，已是一支毫无战斗力之师……"

提振士气，稳定军心后，刘秀决定先从这不足一万人的军队里面精挑细选，选出了一千人，再度组成了一支"敢死队"，作为开路先锋。

刘秀就带着这一千骑兵，日行千里夜行八百，很快就到了昆阳城附近。

面对刘秀从天而降的千人团，王邑以其人之道还治彼身，他同样派出了一支千人团迎战。结果毫无悬念，刘秀的千人团很快就吞并了王邑的千人团。

刘秀起到了主心骨的作用。他一马当先，身先士卒，勇冠三军，所向披靡。汉军见状纷纷称赞道："刘将军平生见小敌怯，今见大敌勇，甚可怪也！且复居前，请助将军！"

初战告捷，虽然只是微不足道的小胜，对提升汉军的士气却起到了很好的带动作用。随后，刘秀乘胜出击，屡战屡胜，步步推进。对此，根本就没把刘秀这一小股援军放在眼里的王邑下达了这样的命令："诸营皆按部，毋得动！"意思就是说，没有他的命令，大家各就各位，不得擅自出战。

他要亲自出战，把刘秀剁成八大块。随后的事实证明，王邑的军令犹如顶尖高手比武一样，自缚了手脚，纵使有天大的本领，也没有完全施展的余地。果然，当他亲自率兵来迎战时，他已远远不是"赢疯了"的刘秀的对手。

七、新朝的困局

赤脚的不怕穿鞋的。汉军之所以这么勇猛刚强，除了有刘秀这样一位好的"带头大哥"外，还有一个天大的好消息令他们浑身充满力量。

这股力量最初来源于刘秀"善意的谎言"，成功也源于这个"善意的谎言"。刘秀不会知道，就在他造谣的时候，他的大哥刘縯，仿佛与他有心灵感应似的，对宛城进行了最后一击。

宛城作为南阳的首府，城墙坚固，守军兵器精良，刘縯围攻了三个多月毫无进展。此时的昆阳城危在旦夕，刘縯急得像热锅上的蚂蚁，早一日拿下宛城，就可以早一日回援昆阳，因为这里牵制了十万汉军，汉军的主力都在这里。

昆阳的形势一天比一天危急，刘縯也一天比一天灰心。如果王邑的官军拿下了昆阳，接下来肯定会救援宛城，那时他和整个汉军就会走上穷途末路。

为了保存实力，刘縯决定撤兵回援昆阳。他也知道这一撤，很可能永远都没有机会再回来了。但是，此时宛城拿不下，而昆阳又不能丢，他只有舍熊掌而取鱼了。

就在他选择离开时，宛城的守将岑彭却叫住了他，似乎是舍不得他走，毕竟一起对着干了好几个月，一方突然静悄悄地离开，另一方不习惯啊。

岑彭为了立功赎罪，在宛城一坚持就是三个多月。一百多天相比漫长的岁月来说只是沧海一粟，对在战火中的官军来说却是度日如年，备受煎熬。和一直处于王邑铁桶包围中的昆阳汉军一样，他们要吃的没吃的，要穿的没穿的，要用的没用的，更重要的是城下那些虎视眈眈的汉军还想要他们的命。

但是，在这样的艰苦条件下，他们没有退缩，没有气馁，相反表现出的精气神令人赞叹不已。除了不怕死的信念在支撑着他们，还有一个原因，那就是他们知道援军肯定会来。

等啊等，盼啊盼，援军终于来了。岑彭在那一刻，眼睛湿了，那是望穿秋水后看到曙光的激动，是苦尽甘来后尝到甜蜜的兴奋。他甚至叫士兵们随时准备打开城门，去迎接援军的到来，把汉军送上不归路。

然而，事实证明，他只是一厢情愿，王邑带领援军到了昆阳后就停滞不前了，连来宛城露一面都没有。一打听才知道，原来他是要先攻昆阳，攻昆阳也就罢了，那是你战术需要，这个不怪你，问题是你不是号称有百万雄兵吗？就不能分一点点兵力来救宛城吗？哪怕就几万也行，毕竟宛城将士的生死还悬于汉军之手呢，毕竟宛城的重要性不言而喻！

令岑彭失望的是，王邑没有分派一兵一卒来救援。哀莫大于心死。后知后觉的岑彭终于醒悟过来了，原来自己是如此的低微，低微得连尘埃都不如。数月的坚守和顽抗，却换不来同情和支持。忽视他倒也罢了，怎么可以忽视宛城这个军事要地呢？十个昆阳也抵不上一个宛城啊！更让人哭笑不得的是，王邑的所谓百万大军居然连昆阳也拿不下。

千呼万唤，朝廷居然派出如此将领，居然派出如此军队！岑彭终于绝望了。他找严说商量，提出自己的想法，一个字：降！理由是如今自己这样卖命，得来的却是孤立无援，与其这样白白等死，不如投降，还可以保全众人的性命。

严说听了，长叹一声，半晌才道："非要如此吗？"

岑彭道："朝廷早已不把我们当人看了。再坚守下去也毫无意义。再者，这几个月我们和刘縯的汉军不打不相识。我觉得他是个帅才。我等现在投降，正如弃暗而投明也，既可以救众士兵于水火，又可给他们指出一条光明之路，何乐而不为呢？"

严说再度长叹一声，从牙缝里吐出六个字："恭敬不如从命。"

就这样，岑彭和严说把宛城献给了刘縯。

宛城的攻破，对汉军来说是个天大的喜事，对鼓舞军心、提振士气也起到了立竿见影的效果。不久，汉军就在刘秀的带领下彻底把王邑派来的阻击队给打趴下了。

俗话说："好汉敌不过人多。"此时王邑的军队毕竟有几十万。如果此时群起而攻之，那么，刘秀就算有三头六臂也无济于事。然而，王邑却下达了"毋得动"的命令，所以官军均"不敢擅相救"。

败，溃败，大溃败，败得一塌糊涂。

接下来，是见证奇迹的时候了，汉军开始了表演。战斗是激烈的，是刺激的，但也是毫无悬念的。汉军成了主角，官军成了配角；汉军成了主宰者，官军成了被宰者。

战斗中，刘秀开始施展擒贼先擒王的看家本领，通过不懈努力，在乱军中发现了王寻。在他的指挥下，汉军成功把王寻射死了。

这个时候，躲在昆阳城里的汉军终于发现援军来了。眼看官军大败，他们在王凤、王常的带领下，杀出城来支援城外的汉军。一时间杀声四起，锣鼓喧天，鲜血染路，官军只剩下一条路可以走了——不羞遁走。

对此，如梦初醒的王邑还幻想着力挽狂澜，做出了最后的挣扎和拼搏。可是，任凭他砍杀逃亡的士兵，任凭他喊破了喉咙，也阻止不了一溃千里的颓势。没办法了，王邑只好使出了撒手锏——"特种部队"。

接下来"特种部队"的"巨无霸"出场了。负责"巨无霸"的官兵们原本以为这场战役根本不值一提，昆阳城就那么点汉军，连援军也那么少，他们根本就没有出场机会。因此，当王邑突然叫他们出场时，他们还在打盹儿，完全不了解战况。

官兵们接到命令，二话不说，赶紧放出魔兽军团。好家伙，铁笼里关着的老虎、豹子、狮子等动物憋得太久了，一放出铁笼，顿时大显神威，直扑汉军而去。汉军原本正打得起劲，突然见敌军中冲出这等怪动物来，也都吃了一惊，正准备四处逃窜时，奇迹又出现了。

这次的奇迹非人力所为，而是天力所致。这时候，突然变天了，先是黑云笼罩，接着狂风四起，再接着几声巨雷炸响，随即暴雨如注。

黑云把天空的光芒都遮挡住了，狂风把旗帜帐篷都吹飞了，大雨把道路都冲垮了。更重要的是，可怜的魔兽军团，本来正张牙舞爪准备一展威风，但被这闪电、惊雷、暴雨三部曲一弄，因为惊吓过度，像是得了"疯牛病"一般，老虎不是那个老虎，豹子不是那个豹子，狮子不是那个狮子，开始四处逃窜。在逃的过程中，又踩死咬死官军无数。一时间，官军尸骨遍野，魔兽军团也随之烟消云散。

王邑眼看败势不可再挽回，只好选择了"自由飞翔"，充分发挥"钻山豹"的风格，抛下一切，一路狂奔，马不停蹄地逃回了洛阳。

这就是历史上著名的"昆阳之战"。

（二）人心齐，成大业

1. 权术：更始皇帝的横空出世

自成立起，汉军很快取得了长聚之战、唐子乡之战、棘阳之战和沘水之战的大捷，打败了甄阜和梁丘赐的大军。

当然，随着参加的人越来越多，军队急需一个"带头大哥"来主持大局。

当时大众的皇权思想较为严重，因此，众人纷纷要求马上立皇上，建政权，谋帝业。关于皇上的人选资格，大家列出了以下条件。

一是必须是高祖后裔。要知道当时天下大乱，民心思汉，而受传统思想和谶语的影响，普遍赞成"刘氏当兴"的观点，认为只有刘氏的后代才有能力带领众人建功立业。

二是必须德高望重。要知道在乱世之中，作为一个统帅如果不能服众，那么队伍的战斗力肯定就会大打折扣。而如何才能服众呢？六个字：能力、实力、威力。

也正是因为这样，刘縯成了当仁不让的热门人选。

刘縯不仅是高祖后裔，而且才能出众，威望极高，再加上他带领起义联军取得了多次大捷，名气更加暴涨。

刘縯自己也很有自信，甚至想好了谦逊的话语，梦想着"登基"那天的到来。然而，他不会料到，这只是他一厢情愿的想法，因为就在尘埃落定之时，突然有一个人站出来，大喝一声："立皇上，非我不可；选带头大哥，非我莫属。"

敢说出此话的人名叫刘玄。他的底气之所以这么足，是因为他有坚强的后盾。

首先，他符合起义军立新皇的第一个条件：高祖后裔。

刘玄，字圣公，是刘秀的族兄。刘氏家族败落后，刘玄一开始流浪江湖，后来因为讨不到钱经常饿肚子，他咬咬牙便加入了绿林军。因为有刘氏宗族这顶帽子在，再加上读书识字，他在军中有了职务，负责供应粮草、征集新兵这样的后勤服务事宜，能力受到众人的一致认可。

客观地来说，刘玄无论才华、威望都比不上刘縯，但他身上有一点却是刘縯无法具备的，那就是"大众口味"。

原来，刘玄虽然为刘氏宗族后裔，但他起义时是只身参加的，没有坚固的帮手，也没有自己的嫡系部队，完全是孤家寡人一个，这样的人易于控制。而刘縯拥有自己的核心部队，在军中威望又极高，一旦他掌权，他人要想再从他手上夺权，那无异于虎口夺食，难于上青天。因此，在新市军和平林军中，支持刘玄为主的人反而要远远多于支持刘縯的。再加上刘縯治军从严，约束极多，这也是对"自由"极为向往的新市军和平林军不愿意接受的。

也正是因为这样，刘玄以黑马姿态被推为皇帝的候选人。如此一来，以刘氏宗族子弟为主的舂陵军自然不干了，他们坚定地推刘縯为皇帝。也正是因为这样，刘縯和刘玄之间的对决也就在所难免了。

此时，舂陵军支持刘縯，而新市军和平林军支持刘玄。因此，客观上来说，两人的军事力量对比是一比二，刘縯明显处于劣势。

在这个节骨眼上,下江军中的精神领袖王常不顾自己和新市军、平林军同为绿林军的情谊,来了个胳膊肘往外拐,反对平庸的刘玄,支持豪气的刘縯。这样一来,两人的军事力量瞬间变成了二比二。

难分伯仲,就在双方僵持不下时,新市军和平林军的头领王匡、朱鲔、张卬三人为了确保立刘玄万无一失,上演了"三人密谋行"。最后决定以快刀斩乱麻之势,直接把刘玄推上皇位,等生米煮成了熟饭,一切也就尘埃落定了。

王匡、朱鲔、张卬三人上演"共定策立之"的第一步后,马上进行了第二步走:派人以驷马之车的高礼节,把刘縯请来,告诉众人公推刘玄为帝的决定。

应该说王匡、朱鲔、张卬三人原本各有所长、各有所短,王匡有勇无谋,朱鲔有谋无勇,张卬无勇无谋却有识。三个人凑到一起,制定的两步走策略可谓环环相扣,步步相连,当真是高招。

刘縯一路上忐忑不安,不明白王匡、朱鲔、张卬等人葫芦里卖的是什么药。很快,他就由纳闷变成了郁闷。听到众人要立刘玄为帝的消息,他能不郁闷吗?但是,刘縯毕竟是个经过大风大浪的人,在短暂的失态之后,他马上就恢复了镇定自若的真面目,不卑不亢,不叫不嚷,说道:"立皇帝乃大事,须慎之又慎,切不可轻率为之,愚鄙之见,窃有未同。"

接下来,他说了四段话来阐述自己的观点。

第一段话:滴水之恩,当涌泉相报。诸位想要立我们刘氏宗族子弟为皇帝,这份恩情和仁义太厚重了,作为刘氏宗族一员,我倍感荣幸,深表感谢。

第二段话:打铁还须自身硬。虽然我们接连打了几次胜仗,虽然自身得到了加强,但天下的起义军不单单只有我们,全国各地都是,特别是山东的赤眉军就有数十万之众,势力只比我们大,不比我们小。现在一旦我们明目张胆地立了皇帝,成立了政权,赤眉军听到消息后,也一定会效仿我们立一个皇帝,建立政权。这样一来,咱们起义军势必为争夺地盘而自相残杀，最后受益的还是王莽啊！

第三段话：前车之鉴，后事之师。自古以来，起义之初就称王立帝的成功事例很少有。远的不说，秦末陈胜和项羽的失败就是前车之鉴啊。

第四段话：出头的椽子先烂。我们现在虽然占领了不少地盘，但相对这天下万里江山来说却不值一提，根本没有称王称霸的资本。妄自称帝，犹如夜郎自大，除了成为天下人的靶子外，没有一点好处。出头的椽子先烂，须三思而行啊！

我们不得不佩服刘縯，在极短的时间内居然能说出如此长篇大论来，而且理由条分缕析，冠冕堂皇。

诸将听后，便只剩一件事可做了——"点赞"。就连"密谋三人行"中的四肢明显比大脑发达的王匡也被说得回心转意，加入了"点赞"的队伍。而书生意气偏重的朱鲔选择了沉默。可是张卬不干了，他无谋无勇，但有识，他一眼就识破了刘縯的"缓兵之计"，马上来了个当机立断。

张卬拔刀相向。自己的地盘自己做主，作为"东道主"，他不管三七二十一，拔出身佩宝剑，手腕一挥，砍在身前案几上，案几顿时断为两截，轰然倒塌。

就在众人惊魂未定时，张卬厉声喝道："做大事者当机立断。我们都走上了起义这条道路了，反朝廷的事都做了，还怕称天子吗？今天的事就这么办了，谁要是不服，案几便是下场。"

面对张卬的"武力逼宫"，众将很快又倒向了他这一边，齐刷刷地举手表示同意。

刘縯见此场面，知道再反对非但无济于事，反而会引火上身。到了这个时候，话语权已经丧失了应有的威力，实力才是硬道理，武力才是真理。留得青山在，不怕没柴烧。为此，识时务的他只能选择退一步海阔天空。

新朝地皇四年（23）二月初一，风和日丽，万物复苏，生机盎然。

起义军在淯水之滨的沙场中设坛,举行陈兵大会。刘玄正式成为起义大军的首领——皇帝。从此,起义军有了一个共同的称号:汉军。接下来,便是汉军踏上漫漫征程的时候了。

2. 谋略:甜言蜜语巧脱身

新朝地皇四年(23),夏天虽然到了,但春天的潮气并没有消散殆尽。

刘秀的心情如同这季节的更替,波澜起伏,潮起潮落,一半是海水,一半是火焰。

给刘秀灌以"海水"的人是他的大哥刘縯。

也许是老天的眷顾,在昆阳之战中,除了刘秀立下奇功外,刘縯也功不可没,因为他拿下了军事重地宛城,不但给自己留有后退的安身之地,而且还给官军以心灵上的沉重打击。

王莽的主力部队被攻破后,其灭亡已是必然之势。刘氏兄弟立下大功后,威望、人气暴涨也是必然结果。

众人看刘縯和刘秀的眼光都带着崇拜,朱鲔等人看刘縯和刘秀的眼光却是毒辣的。别人的"高"衬托的是自己的"低",朱鲔等人视刘氏兄弟为眼中钉、肉中刺也就在情理之中了。于是,朱鲔联合平林军、新市军的将领,轮番给更始皇帝刘玄吹耳边风,中心思想只有一个:杀死刘縯,以绝后患。

刘玄很快就在朱鲔等人的策划下,上演了一场鸿门宴。

宴席上,绣衣御史申屠建见刘玄犹豫不决,迟迟不肯拔剑,立马上演楚汉鸿门宴的翻版,举玦示意。结果刘玄和当初的项羽一样,很矛盾,很纠结,思来想去,最终还是下不了手。

鸿门宴过后,刘縯依然我行我素,仿佛什么事都没有发生一样。

眼看刘縯连自己老祖宗的鸿门宴都忘了,他的舅舅樊宏急了,赶紧给他敲警钟。然而刘縯听了,还是一笑了之。

七、新朝的困局

这时的刘玄在朱鲔等人的唆使下，开始对刘縯展开第二轮攻击。这一次，刘玄使出的是"苦肉计"，而这出"计"的主角是一个叫刘稷的将军。

刘稷和刘縯同是宗室子弟，刘縯视刘稷为兄弟、知己，刘稷视刘縯为兄长、主子。他和刘縯的关系不是一般的铁。

刘稷是个眼里容不下一粒沙的人。早在刘玄登基当天，他便不顾一切地以公开演讲的方式表示对刘玄的不服。后来，他立了大功，刘玄表现得很大度，马上就封他一个头衔——抗威将军。刘玄的意思已经不言而喻了：刘稷你有功，封你为将军，但你竟敢公然在背后骂我，违抗我的龙威，那就叫你抗威将军吧。

结果一根筋的刘稷却来了个拒封，公然抗旨，已犯了滔天大罪。手握刘稷把柄的刘玄，立马把刘稷打入死牢，并且定了死罪。

诱饵已经撒下，只等鱼儿上钩。事实证明，刘縯就是一只鱼，一只木鱼，一只笨得不能再笨的木鱼。他主动站出来为刘稷求情，并且据理力争。这给了刘玄"亮剑"的机会，他以"大不敬"为由，直接将刘縯斩首。

对刘秀来说，刘縯的死，无异于晴天霹雳；刘縯的死，无异于沧海桑田；刘縯的死，无异于山崩地裂；刘縯的死，是支柱的倒塌，是海水的泛滥，是心头永远的痛。

给刘秀点燃"火焰"的人是他的妻子阴丽华。

面对大哥的冤死，刘秀肝肠寸断、五脏俱裂、伤心欲绝，但在悲痛之余，他的头脑却是清醒的，他明白自己此时的处境。他就是刘玄手中的一颗棋子，任其摆布，毫无反抗能力。为此，刘秀做出了一个惊人之举，在刘縯被杀的第二天，他火速从汝南父城的最前线撤下来，单枪匹马赶往刘玄所在的宛城。

刘秀来宛城，不是为大哥讨回公道的，也不是为大哥发丧的，而是主动向刘玄认错的。他信誓旦旦地表示，今后一定悬崖勒马，改正错误，唯更始皇上的命令是从。

兄罪弟认，刘秀深明大义的良好态度让刘玄惊讶不已。他本来准备好了"屠龙刀"，准备将刘秀赶尽杀绝，结果刘秀的表现改变了他的想法。出于愧疚和补偿，刘玄也做出了一个出人意料的举动：任命刘秀为破虏将军，封武信侯。

当然，这只是刘玄的权宜之计，他封刘秀的官位和爵位，只是为了暂时稳住刘秀的心，堵住天下众人悠悠之口。他心里深知刘秀是一只虎，一只可能比刘縯还凶猛、还可怕的猛虎。为了不放虎归山，他在加封刘秀的官爵时，还赏了他一套"豪华别墅"，名义上是让他好好享受生活，实际上是软禁了他。

刘秀当然明白刘玄的险恶用心，为了彻底迷惑刘玄，为了韬光养晦，他每天饮酒作乐、醉生梦死，并且大张旗鼓地娶媳妇，对象就是他的梦中情人阴丽华。

古人婚姻讲究父母之命，媒妁之言。刘秀派出的不是媒婆，而是媒公。媒公的名字叫朱祐。

朱祐没有让刘秀失望。他用尽三寸不烂之舌，把阴丽华的哥哥阴识搞定了。

原来，阴丽华身为绝世美女，引得方圆数百里的贵族子弟、文人异士纷纷往阴府里钻。他们来时是满面春风、心热如火，去时却都垂头丧气、心冷如冰，因为他们都没能满足阴丽华的求婚条件：一是非汉室宗亲不嫁，二是非将军侯爵不嫁。

这两个条件看似简单，却很苛刻，真正符合条件的人凤毛麟角，刘秀却恰巧全中了。

这年七月，刘秀和阴丽华喜结连理。新婚当晚，刘秀拥着、抱着如花似玉的新娘，却泪如雨下，大颗大颗的泪珠打湿了描龙绣凤的喜枕。男儿有泪不轻弹，只因未到伤心处。此时，刘秀既有伤心欲绝的悲愤泪，也有喜极而泣的幸福泪，还有忍辱负重的委屈泪，更有坚韧不拔的坚强泪。

就这样，在刘秀人生最困顿的时候，他靠"守拙"保全了自己，靠爱情的力量支撑着向前的动力源泉。

而更始军挟着昆阳之战的余威,势如破竹,很快攻入长安,新朝的皇帝王莽也死于乱军之中,新朝灭亡。

之后,更始皇帝刘玄决定定都洛阳。

洛阳经过战火的洗礼和摧残,不但外表(城墙城池)千疮百孔,而且内脏(城内宫殿)也残破不堪。

结果刘玄想把修建洛阳的事交给刘秀去做。

眼看刘玄要做出放虎归山之举,刘玄的心腹对其进行了善意的劝阻,提醒他放虎容易捉虎难,需三思而后行。

这时候的刘玄不再是任人摆布的木偶,他武断地拒绝了众人的好意,坚持按自己的想法去做,在众人惊疑的目光中给了刘秀一个新职务——司隶校尉。

刘秀不鸣则已,一鸣惊人。他带着邓晨、冯异等心腹,到了洛阳便大刀阔斧地干了起来,主要做出了以下几件事。

一、及时招募配备僚属。

二、着力整理好文件档案。

三、依旧章规定开展司察工作。

四、严明纪律,对部下进行"约法三章"。

四管齐下,效果是看得见的。当洛阳城的百姓看到刘秀带领威武庄严的部队出现时,衣着鲜明,衣冠整洁,顿觉眼前一亮,狂喜之情溢于言表。有的老官吏深有感触地喜极而泣道:"老天有眼啊,都过了这么多年了,没想到还能再睹汉朝的威仪和雄风啊!"

刘秀注重礼仪等细节,特别是在阅兵仪式上,以其特有的严谨、威武、整齐划一、有条不紊树立了良好的外在形象,打造了良好的"品牌",赢得了百姓的交口称赞,从而最终引来了"贤者归之"。这一时期,刘秀得到了铫期和王霸两位重量级人物。

至此,刘秀手下拥有了冯异、铫期、王霸等盖世之才。这为他从头开始,走出自己的"创业"之路打下了坚实的基础。

就在刘秀大展雄才时，更始皇帝刘玄也没有闲着，他为了江山社稷着想，为了达到一统天下的目的，大肆采取招降的措施，主要政策是：先降者复爵位。刘玄幻想着以这种"换汤不换药"的方法引诱万众臣服。

结果是赤眉军原本想归顺，但最终还是分道扬镳了。

吃一堑，长一智，刘玄把眼光转向了河北一带。

得不得，在河北。河北本身位置重要。这里自春秋战国时，就是军事要地和各大政权的聚集地、根据地，兵家必争。与此同时，河北人杰地灵，英雄豪杰层出不穷，它还是洛阳的天然屏障。只要占据了河北，洛阳便可以安若磐石。

刘玄想到的办法还是招安。这一次，他不敢怠慢，决定派一位重量级人物出马，确保河北的招安万无一失。

就在刘玄茶不思、饭不想地思考最佳人选时，一个人主动站了出来，他的名字叫刘赐。

刘赐是刘秀的族兄，是最早追随刘縯、刘秀的刘氏宗族成员之一。更始政权建立后，刘赐被封为光禄勋，后被封为大司徒。

刘赐这时站出来，主动表示愿意为刘玄解忧。刘玄一听大喜，自然愿闻其详。于是，刘赐果敢地说了一句话："诸家子独有文叔可用。"

听了刘赐的极力推荐，刘玄觉得很有道理，就当他准备点头答应时，又有一个人站出来，给他当头泼了一盆冷水。

"这事万万不可。"敢于在刘玄面前说出这样强硬话来的人有且只有一个，他就是朱鲔。

因为朱鲔的反对，一时间，刘玄也不知道该如何选择。

机遇来敲门，刘秀自然不会袖手旁观。这一次，他没有再选择隐忍，而是决定主动出击。为此，他与自己的"参谋长"冯异进行了一次挑灯夜谈。

很快冯异就为刘秀指明了一条大道，搞定两个人——曹竟父子。

曹诩是山阳人,也是"官二代",他的父亲曹竟才华横溢,相传有经天纬地之才,定国安邦之智,在当地是个无人不知无人不晓的大名人。王莽执政时,为了请曹竟下山辅佐自己,多次相邀,但曹竟对王莽的为人很不屑,对其采取了"三不"主义——不理,不睬,不去。

刘玄成立更始政权后,也对大才子曹竟仰慕有加,曹竟也愿意为刘玄效力,结果深受刘玄的宠爱。

为了搞定曹氏父子,足智多谋的冯异投其所好,设下了古董局中局。

曹竟是个守气节的清高之人,因此,他的日子过得并不富裕。他有一个爱好,喜欢收藏古董,这使他原本清贫的生活变得更加拮据。

冯异就以改善曹竟生活为出发点,以古董为突破口,上演了一出好戏。冯异为自己的戏找了一个很好的配角,这人便是古董店的老板。冯异跟他谈了一笔交易,让他去曹竟家高价收购古董。

就这样,曹竟"卖"掉了自己的古董。他虽然得了大笔钱,但古董对他来说是最心爱之物,因此他心痛至极。就在这时,冯异出现在了曹家门口,他不是空手来的,而是提着坛坛罐罐——曹竟的古董来的!

一来二往,冯异和曹竟的关系熟络起来。曹竟得了冯异的好处,心里总觉过意不去,力思报答。眼看时机成熟了,冯异这才"亮剑",说道:"这些其实都不是我做的,我只是替人代劳,这是刘文叔献给您的薄礼,以慰仰慕之名。"于是,一心想要回报的曹竟听说刘秀想去河北招安,马上表示愿意帮忙。

曹竟父子一出马,自然非同凡响。曹诩用了"行大事者不拘小节"对刘玄进行了劝说,让刘玄无言以对,无法反驳。这时,刘赐也在一旁火上浇油。双管齐下,刘玄很快招架不住了,同意让刘秀挂帅去河北招安。

刘玄给了刘秀新的职位:破虏将军,代大司马之职。

刘秀拥有了自己新的人生:自由飞翔的机会,实现梦想的机会。

3. 法宝：远交近攻建根基

更始二年（24），"单飞"成功的刘秀离开更始皇帝刘玄的桎梏后，凭着自己强大的人格魅力和超级才能，消灭了王郎，平定了河北。

刘秀在争霸天下的过程中采取的战略是四个字：远交近攻。

"远交近攻"的思想从战国时期就有了，秦始皇更是通过践行这一思想统一六国，刘秀更是将"远交近攻"发挥到极致。具体来说就是，对威胁较大的近敌集中全部兵力全力加以歼灭，而对于相距较远的割据者，则通使往还，通过交好使众敌彼此掣肘，互相消耗，从而使得他获得喘息的机会，进而逐步走向大统一的时代。

刘秀用金蝉脱壳之计挣脱更始政权的束缚，刚到河北时，形势很不好——"四面受敌"。如果选择单纯地防守必兵分势细，刘秀审时度势地选择在河北境界内四处进攻，但其中也有选择性地有轻有重，针对不同的人有不同的对策和战略。

这样的旷世奇功、绝世佳作，远在长安的刘玄看在眼里，急在心里。刘秀是英雄，是豪杰，这条蛟龙一旦腾飞到了天上，想要再擒住比登天还难。因此，他马上派御史前往河北，封刘秀为萧王，以图把刘秀骗回来。结果刘秀拒不"回归"。随后，刘玄图穷匕见，直接下令刘秀罢兵，为了达到逼刘秀就范的目的，刘玄还派出了大将苗曾任幽州牧，韦顺任上谷太守，蔡充任渔阳太守，并且下令他们马上上任就职。

刘秀当机立断，针对刘玄派兵遣将到河北赤裸裸地剥夺胜利果实的野蛮行径，马上上演了三步走策略。

第一步走：舆论先行。该谴责还是要谴责，该愤怒还是要愤怒，该交涉还是要交涉，这种声势、这种舆论导向还是得做好。越是把刘玄说得昏庸，越是把更始政权说得腐败无能，越是对刘秀有利。

第二步走：安抚为中。攘外先安内。对刘秀来说，现在刘玄及更始政权已经是"外人"了，而河北之地才是他的"内部"，但现在"内部"并不安宁，除了刘玄强行派入河北上任的幽州牧苗曾、上谷太守韦顺、渔阳太守蔡充，还有很多起义大军，如铜马、大彤等。他们各自为政，总人数加起来不下百万。如果这些同在河北的起义大军都搞不定，那么，想要撵走外入的更始大军，那无异于痴人说梦。为此，刘秀派出了有勇有谋的吴汉和智勇双全的耿弇去做一件事——借兵。为了增加借兵的筹码，刘秀让吴汉和耿弇这对"双子星座"持节并以"萧王"的名义调发幽州十郡的骑兵。

第三步走：兵马后行。幽州牧苗曾是个聪明人，当然知道刘秀调发幽州郡之兵的用心，自然不会袖手旁观，他马上给幽州十郡下达了"禁军令"——不得接待，不得发兵，不得应调。面对苗曾的"三不"政策，吴汉当机立断，还以一招"一剑穿喉"——率领二十个精锐骑兵，直捣幽州牧苗曾所在的无终（今天津市蓟县）。

苗曾见吴汉只有这么一点人，以为吴汉是来拜访他的，马上来了个开门迎客，他哪里知道吴汉见了他，不寒暄也不唠嗑，而是拔刀便砍。苗曾猝不及防之下成了刀下鬼。

就在吴汉大发神威时，耿弇也不甘落后，他以迅雷不及掩耳之势斩杀了上谷太守韦顺和渔阳太守蔡充。结果，"北州震骇"，于是，十郡全部调发精兵。

事实证明，刘秀的借口是一石二鸟之计。在借的过程中，他出其不意地成功除掉了刘玄派来的"三剑客"。"攘外"成功后，刘秀手握"借来"的幽州十郡之精兵，底气大增，他马上做出了"安内"之举。

刘秀的安内行动开始了。他把铜马作为第一个清除的对象。铜马势力超大，实力超强。为此，刘秀派出了邓禹、铫期、盖延"三剑客"出击铜马大贼。整个"射鹰"过程可以划分为三个阶段。

第一个阶段：急于求进，出师不利。正如万事开头难一样，刘秀大军的开局并不好。首先是勇冠三军的"开路先锋"盖延遭遇了铜马大军的伏击，结果"战不利，还保城"，被铜马大军围了个水泄不通，形势严峻。好在这个时候邓禹及时率领大军赶来增援，才把盖延救出。

与此同时，勇猛精进的铫期也在进军的过程中被铜马大军打败，最后无奈之下，只好退到河边，选择了背水一战。背水一战的结果只有两种：要么绝处逢生、逆境扬帆，要么视死如归、死而后已。

对铫期这样的猛将来说，不管选择哪一种，都是轰轰烈烈、无怨无悔的。但是，对刘秀来说，他不能眼睁睁地看着自己手下的狼虎之将被困而不管。他马上派出大军前往相救，并把即将"溺水"的铫期成功营救了出来。

总而言之，第一个阶段，刘秀的先头部队因为犯了兵家大忌，急于求成，结果成了铜马大军"歼"的对象，虽然最终都有惊无险地成功脱围，但出师不利。这给刘秀的大军敲响了警钟，冥冥当中似乎印证了前进的道路不可能一帆风顺。

第二个阶段：稳中求进，步步为营。吃一堑，长一智，刘秀马上改变了策略，做出了这样两个部署。一是坚壁清野，坚营自守。这样做的目的只有一个，避开铜马大军锋芒，消磨他们的斗志。二是士兵突击，斩断粮道。这样做的目的只有一个，让铜马大军没有衣穿、没有饭吃。

结果可想而知，铜马军人多势众，但刘秀的坚守，让他们的超强战斗力没法发挥，而粮道、粮仓的破坏，让他们人数优势反而变成了劣势，空着肚子怎么打仗？一个月以后，他们再也坚持不下去了，无奈之下只得选择"移兵求食"——深夜退兵。

第三个阶段：快中求进，致命一击。兵法有云："敌未动，已未动；敌一动，已先动。"刘秀自然不会眼睁睁地以行注目礼的方式欢送铜马大军离去，而是选择了"血腥大告别"——蓄势以待的汉军倾巢而出，结果在魏郡馆陶（今河北省邯郸市馆陶县）把铜马大军打得哭爹喊娘、溃不成军。

铜马军眼看就要走投无路了，这个时候，他们的盟军到了。于是，他们信心大增，士气大振，马上上演"三部曲"：悬崖勒马—蓦然回首—反戈一击。结果刘秀的大军原本顺风顺水，被打了个措手不及，

七、新朝的困局

无奈之下只得选择重走铜马军的路线——夜遁。

铜马联军自然不会让到手的鸭子飞走了,也同样选择了千里追踪。就在这个危急关头,刘秀的援军也及时赶到了——吴汉和耿弇带领征调的援军雄赳赳、气昂昂地出现了。

吴汉和耿弇来了个雪中送炭,刘秀自然不会放过这个绝好的机会,他选择了锦上添花——和铜马联军在蒲阳(今河北省邢崃市东南)进行大决战,再次打败了铜马联军。

这一次,铜马联军不但败了,而且是完败,十二个字:非死即伤,非投即降,全军覆没。

胜利让刘秀如此高兴,他仿佛看到了一幅灿烂的风景画在眼前闪烁,一切是那么美好。胜利又让刘秀如此寂寞,他仿佛体会到了高处不胜寒的孤独感,一切是那么风平浪静。胜利却让刘秀苦恼,这是幸福的苦恼,面对十多万铜马降兵,如何处置的确是个棘手问题。

降兵只有两种身份,死敌或者盟友。这个很容易理解:真正归顺、死心塌地跟着你干的就是盟友;两面三刀、另有图谋的就是死敌。处置降兵,只有两种选择:留或杀。

留,其实很简单,就是留下来,留下来度过每一个春夏秋冬,说白了就是占为己有,为己所用。杀,其实很简单,就是坑杀,坑杀所有的降兵,说白了就是消除隐患,防患未然。

降兵就像是后妈生的儿子,如果能融入自然是好事,但如果心怀二志,那就是心腹大患。

杀,坑杀,狠狠地杀,这似乎成了历朝历代一些名人、强人最喜欢干的事,毕竟一刀下去,一了百了,好与坏、美与丑、黑与白,一切不安定因素都烟消云散了。

但是,不是所有人都选择这样粗鲁的手段来实现自己的人生梦想,比如刘秀。面对十多万铜马降军,他的确苦恼过、犹豫过,他最终选择的却是"以柔克刚"的方法。概括起来有三个关键词。

第一个关键词:大加封赏。刘秀对降兵大封大赏,分封降将为列侯，奖赏士兵财物，赐将士们各自归营帐，这样做的目的是为了让他们有饭可吃，有衣可穿，有亲可依，有地可倚。

第二个关键词：推心置腹。为了消除"降者不自安"的威胁，刘秀只带了两个随从去各营帐视察安抚。结果刘秀的"单刀赴营"感动了所有降军将士，他们纷纷表示就算是肝脑涂地、万死不辞也难以报答这份恩情啊！

第三个关键词：顺水推舟。成功俘获铜马降兵的心后，刘秀马上趁热打铁，对铜马军进行改编，通过"悉将降人分配诸将"，刘秀成了拥有精兵强将数十万的大军阀、大首领了。

刘秀的付出取得了良好的成效，为此，他荣获了广大起义军颁发的一个新的称呼——"铜马帝"。

八、东汉的中兴

（一）治天下也是一项技术活

1. 爱情翻牌：左手阴丽华，右手郭圣通

东汉的开国皇帝刘秀是位雄才大略的帝王，他凭一己之力，力挽狂澜，重拾了被王莽拦腰砍断的大汉王朝。同时，刘秀还是一位痴情的皇帝，他一生只爱一个女人的故事传为佳话。

刘秀宠爱的女人名叫阴丽华。阴丽华，属于典型的"富二代"。她本人不但长得倾国倾城，而且温良贤淑，还是亭亭少女时，已经在新野声名大震。

而当时同样在南阳的刘秀则属于落魄人士，他是汉高祖的后裔，九岁失去父母而成为孤儿，寄养在叔父刘良家里。刘秀二十五岁那年，姐夫邓晨领着他去拜访阴丽华的哥哥阴识，结果"邂逅"了正在院子里给牡丹花浇水的阴丽华。刘秀对这个比自己小近十岁的美丽少女一见钟情，从此发出了"娶妻当得阴丽华"的爱情宣言。

然而身为一介布衣，想娶阴丽华为妻看似不可能，机会却不期降临。

新朝地皇三年（22），刘秀和大哥刘縯在南阳起兵反对王莽新朝，阴丽华同父异母的哥哥阴识也参与到起义的队伍中。

一年后，威望日增的刘縯被更始帝刘玄杀害。正领兵在外的刘秀听闻噩耗后，审时度势地做出了不吊丧的决定，并主动回到宛城向刘玄谢罪，以此来保全自己和刘家军。

刘秀的主动认错使得刘玄有了内疚之心，于是"饶恕"了刘秀。

而一直跟随刘秀作战的阴识对刘秀的所作所为十分钦佩，认为他将来定是个能成事的人，于是说服家人，把妹妹阴丽华嫁给了刘秀。

二十八岁的刘秀如愿以偿地娶到了年仅十九岁的阴丽华，实现了"娶妻当得阴丽华"的这个爱情宣言。

三个月后，刘玄拟迁都洛阳，并封刘秀为司隶校尉，先行抵洛阳，为自己打前站。此行生死未卜，因此只有少量人马可同行。为了妻子的安全，刘秀只好派人把阴丽华送回了南阳老家。从新婚到离别，仅短短的三个月，两人便天各一方。

回到老家的阴丽华随着家人几经辗转，惶恐度日，在家里待了近三年的时光，直到刘秀定都洛阳，派侍中傅俊接她到洛阳。可是在洛阳等待她的，却已物是人非，刘秀身边不仅多了一个女子，而且还有了一个孩子。这个女子叫郭圣通。

刘秀在河北征战时为了借助真定王刘扬的十万大军而娶了其外甥女郭圣通。

面对阴丽华和郭圣通，刘秀左右为难。一个是深爱着的结发妻子；另一个是有了孩子，背后有着十万大军的征途伴侣。无奈的刘秀只好把她们暂时都立为贵人，但在他的心底，始终是向着自己的结发之妻的。

也正是因为这样，刘秀称帝后，想立阴丽华为皇后。结果，阴丽华的表现出人意料，她选择了推让。这样三番五次，刘秀只好放弃册封她为后的念头。这样，命运就把皇后的宝座送到郭圣通面前。光武帝建武二年（26），刘秀正式册封郭圣通为后，郭圣通成为东汉王朝第一任皇后，她年仅两岁的儿子刘彊也顺理成章地被立为东汉王朝第一任太子。

然而，一宫同样不容二后，皇后郭圣通和"准皇后"阴丽华注定要进行你死我活的争斗。那么，谁能最终笑傲后宫呢？

这时，阴丽华因为谦让，彻底征服了刘秀的心。他在册封郭圣通为皇后后，为弥补心中的愧疚，经常光顾阴丽华的寝宫，嘘寒问暖，有时一天要去好几次，大有百踏不厌之势。而郭圣通的寝宫却十天半月也难得去一次，不折不扣地成了"冷宫"。刘秀还封阴丽华的父亲阴陆为宣恩哀侯，哥哥阴识为恭侯、阴兴为列侯。阴氏家族一时风光无限。

为了挽回颓势和败势，相貌发达、头脑简单、心灵空虚的郭圣通上演的是"一哭二闹三上吊"的策略。她除了整天以泪洗面，躲在后宫里哭得梨花带雨外，还主动出击，有机会要上，没有机会创造机会也要上，主动找刘秀摊牌。

如果单是以理论理、就事论事倒也罢，怒极生恨的郭圣通偏偏选择大发脾气，大吵大闹，无休无止。郭圣通一如泼妇骂街，对刘秀的怨恨、对阴丽华的妒恨、对现实的不满、对人生的绝望，总之，多年积压的怒气一股脑儿地往外抖。这种赤裸裸、毫无技术含量的"推销"，取得的效果是刘秀对她愈恶之。

如果此时郭圣通及时悬崖勒马还来得及，但郭圣通就是郭圣通，她既然选择了血拼、死战，就会坚持到底，就不会半途而废。眼看一时抓不到阴丽华的辫子，她选择了"迁怒"，把愤怒之火转向了后宫中的其他宫女。很快，所有的宫女都对郭圣通避而远之。顿时，后宫陷入了一片腥风血雨之中。

自作孽，不可活。面对郭圣通的无理取闹、不可理喻、无法无天、胡作非为，刘秀善意地提醒她，他喜欢的是温柔贤惠的女人，而不是野蛮老婆，请她自省、自悟、自重、自尊。但是，郭圣通对此还是视而不见，听而不闻，依然我行我素，恣意妄为。

宫中充满腥风血雨，这样下去后宫难言花落知多少。忍耐到极限的刘秀终于不再沉默，光武帝建武十七年（41），正式下诏，废去郭圣通的皇后之位，立阴丽华为皇后。

郭圣通被废后，改称"中山王太后"，和儿子生活在一起，成为中国历史上唯一一个没入冷宫反得尊崇的废后。

对此，亲身经历了建武、永平两朝，对阴皇后极为熟悉的老臣第五伦在上书中一语道破个中玄机，七个字"烈皇后友爱天至"。意思说阴皇后天性善良，不愿去伤害别人。

汉明帝永平七年（64），阴丽华去世，谥号为"烈皇后"，死后和光武帝合葬于原陵。

2. 人才洗牌：挥泪斩邓奉

光武帝刘秀打天下时，手下有一位超级大将邓奉。

邓奉在汉军中可以用名高位重来形容。

首先来看他的"名高"：邓奉是刘秀二姐夫邓晨的亲侄子，是刘秀原配妻子阴丽华母亲的亲戚，乃新野名门望族之后。

其次来看他的"位重"：邓奉后台足，自身素质过硬。他勇猛顽强，颇有智谋，随邓晨投奔起义事业后，立下了不少战功，刘秀封他做了破虏将军。

年纪轻轻，兵权在握，前途明亮，人生得意，按理说他会珍惜这来之不易的机会，会心满意足于眼前的一切。然而，事实证明，顺风顺水的他却经不起风雨考验。

性格决定命运。改变邓奉命运的正是他的性格。

邓奉是什么样的性格呢？八个字：耿直正义，嫉恶如仇。他认为耿直正义是做人之根，嫉恶如仇是立人之本。他能在仕途上扶摇直上、平步青云，正是他这种超凡脱俗的性格使然。然而，人生有起便有落，有盛便有衰，他在随邓禹的西征途中，被赤眉军打得焦头烂额，最后被刘秀派去的冯异取而代之。应征回师后，他的心情自然也是一落千丈，跌入谷底。

屋漏偏逢连夜雨，正在这时，一件事的发生又激起了邓奉的嫉恶如仇之心。

这件事跟他回了一趟家乡有关。

他怀着忐忑不安的心情来到老家时，却发现村庄断壁残垣，乡亲们尸骨遍地，血流成河。邓奉经过一番查问，得知村子不是经过了天灾才变成这样，而是经历了人祸。

这个人祸的主谋不是别人，正是吴汉的部队。

吴汉是刘秀最倚重的大将之一，因为屡立战功，被封为大司马。任何人都有缺点。吴汉在战场上的本领有目共睹，他的缺点也同样有目共睹：放纵部下劫掠。后来便成了"黑五毒"：一是为了夺物而掠夺百姓；二是为了夺宝而掘冢陈尸；三是为了夺财而断人肢体；四是为了夺人而奸淫妇女；五是为了夺恨而裸人形骸。

对此，刘秀也不是不知道，但在当时那种情况下，一切都是为了战争的需要，因此他就睁一只眼闭一只眼，只是偶尔对吴汉进行口头警告而已。

江山易改，本性难移。因此，尽管吴汉在仕途上芝麻开花节节高，放纵部众劫掠这个恶习却一直没有改过。光武帝建武二年（26）八月，吴汉率大军攻克了南阳诸县后，依然让将士们大肆劫掠。

邓奉的家乡也没能躲过这场风暴。部将们肆意抢劫一番后，整座村庄自然是一穷二白三萧条了。

邓奉一怒之下，大手一挥，率领自己的部队去找吴汉讨说法。按理说吴汉是给邓奉几分薄面的，然而，邓奉的过激举动却激怒了吴汉。评理还要带这么多人来吗？他一怒之下，自然也没能给邓奉好脸色看。邓奉不是吃素的，既然谈不拢，那就手下见真章吧。于是，两人当场就干了起来。

邓奉带的人马毕竟有限，自然不是吴汉的对手，落荒而逃。他越想越气，越气越恨，恨到心里痒痒的时候，便找到了自己的好友——宛城守将董欣。听说朋友有难，董欣马上来了个两肋插刀。而南阳的父老乡亲听说邓奉的义举后，也纷纷打着保卫家园的旗帜支持邓奉。

有了董欣的支持，有了乡亲的支持，邓奉信心大增，掉转马头，又来挑战吴汉。这一回轮到吴汉挨打了。

吴汉败了,他马上向刘秀进行了汇报,四个字:邓奉谋反。

刘秀一听,气得直唏嘘、直捶背,他怎么也想不到在自己眼里至忠至诚、在别人眼里至仁至义的邓奉居然会在关键时刻胳膊肘往外拐。为此,他调令南阳的守将万修和坚镡去征伐邓奉。结果万修出师未捷身先死,还在行军途中便病死了。

不过,坚镡没有退缩,他以大无畏的精神直接面对彪悍的强敌,先是出其不意拿下了宛城。然后,坚镡便后悔了,他被邓奉和董欣困在城中围着打。好在坚镡是个有能力、有勇气、有骨气、有士气、有韧劲的人,虽然孤军防守,虽然缺衣少粮,但他凭着坚忍不拔和不懈拼搏的精神,与士兵们同甘共苦,带领手下士兵们进行了顽强的反击,就连自己身受重创也不后退半步,成功坚守了月余。这为刘秀调兵遣将来支援赢得了宝贵的时间。

面对坚镡告急的文书,刘秀心急如焚。他马上派出了一位重量级人物——岑彭去平叛。结果在和岑彭带领的"特种部队"交战中,邓奉再次展示了自己的力量,取得了完胜,还生擒了建威大将军朱祐,击伤了执金吾贾复。

这下没辙了,为了拿下这个刺头,刘秀选择了御驾亲征。

光武帝建武三年(27)三月,刘秀做出如下军事部署。一是令大司徒伏湛留守京师洛阳,主持朝中内务。二是命邓禹为"禁军总司令"兼"后勤部部长",负责征调兵马、供应粮草等工作。

解决了后顾之忧,很快,刘秀的大军直抵河南叶县。在这里,刘秀大军遇到了反将曹欣的当头一棒。曹欣仗着地理优势,又是设伏又是打游击,让刘秀的大军根本无法前进。对此,刘秀不慌不忙地对岑彭说了这样一句话:"今将军之任也。"

岑彭立即率军采用"迂回"战术,对董欣进行了突然袭击,结果大获全胜。董欣的后防支援中心邓奉眼看情况不妙,选择了三十六计,走为上计。邓奉走了,董欣慌了,眼看汉军强大,慌不择路之下选择了"畏威而降"。

四月，刘秀手下的大将岑彭、耿弇、臧宫、傅俊等人合力把邓奉逼到了无处可逃。

无路可退，无军可援，邓奉终于明白了"无法无天"的后果。眼看失败已是必然，邓奉无奈之下只好选择了投降。投降的时候，他选择了左手衣服，右手人质。左手拿着衣服，那是为了配合当时最流行的方式——脱掉衣服"肉袒"以表诚意。

邓奉的这种方式打动了刘秀，再加上当年邓奉跟随刘秀闯天下时立下的赫赫战功，刘秀对他大手一挥，便要做出"无罪释放"的宽大处理。

就在这个节骨眼上，岑彭、耿弇等将领不干了，他们联手出击，把邓奉推向万劫不复的深渊："一个犯了这样滔天大罪的人如果被无罪释放了，那就没有什么法律的约束了。开了这个口子，以后如何惩恶，如何服众？长此以往，葬送的是陛下您的大好江山啊！"

刘秀内心是爱惜邓奉才华的，是不想斩邓奉的，此时他却难违众议。最后，刘秀只能含着泪、忍着痛下令处斩邓奉。

3. 政治底牌：法不容情的桓谭

光武帝刘秀一统天下后，一方面把有功之臣"冷藏"起来，另一方面积极推行人才战略，大力选贤任能。他经常召集官员到御前，进行谈话，了解基层吏治的得失，了解老百姓的疾苦。对新提拔的地方官员，他都要亲自考察，重用了一大批好官。

下面，来看一个让刘秀伤脑筋的牛人——桓谭。

桓谭，字君山，沛国相（今安徽省淮北市相山区）人。他是有名的才子，主要表现在四个方面。

一是桓谭精通音律。这个一半是天生的（桓谭的父亲是汉成帝时的太乐令，桓谭出身文艺世家），一半是后天的（桓谭是个积极向上的人,凡事勤学苦练,喜爱钻研),因此,在音律方面有自己独到的见解,造诣很深,尤其是擅长鼓琴,可以说是达到了炉火纯青之境。

二是桓谭才识渊博。桓谭从小习读"五经",并且有自己独特的方式。他学习"五经"并不寻章摘句,他喜欢深思其中的含义,因此,可以说做到了举一反三,融会贯通。

三是桓谭口才极佳。他不但满腹经纶,文章写得一流,而且还善于表达,善于辩答,曾经多次和刘歆、扬雄这样的高手辩论,往往能够一针见血地直击问题的最深处,令人无懈可击。

四是桓谭个性飞扬。桓谭为人不拘小节,他平时不修边幅,又喜欢吃喝玩乐,一副放荡不羁的形象,尤其喜欢嘲笑那些对大道至理一知半解的俗儒。

结果就是桓谭的这种任性伤了很多人,弄得自己经常遭人排挤,在仕途这条路上遇到了挫折和打击。在汉哀帝、汉平帝年间,桓谭一直是候补官员,从未正式任职。

尽管遭遇到了无情的打压,但桓谭还是没有被埋没,很快便露出头角来。汉哀帝刘欣宠爱帅哥董贤,董贤的妹妹是昭仪,仅次于皇后。傅皇后既没有性也没有爱,非常郁闷,几欲自杀。

傅皇后的父亲孔乡侯傅晏忧心忡忡。他请教了桓谭。桓谭说:"昔武帝欲立卫子夫,阴求陈皇后之过,而陈后终废,子夫竟立。今董贤至爱而女弟尤幸,殆将有子夫之变,可不忧哉!"

在西汉的正式文件中,一直声称陈皇后陈阿娇是由于携媚术、做巫蛊被废。为了维护这个谎言,西汉政府下了很大力气,与汉武帝"胸怀大志"不符合的记载一律删除,有敢于对此事发表言论的一律杀掉,却挡不住桓谭这样的高手,他一针见血地指出陈皇后之所以被废,就是因为汉武帝阴损,他"阴求陈皇后之过"。

孔乡侯傅晏此时是西汉高官,他并没有和桓谭这个"大谣"争论,赶紧问桓谭怎么办。桓谭说:"刑罚不能加无罪,邪枉不能胜正人。夫士以才智要君,女以媚道求主。皇后年少,希更艰难,或驱使医巫，外求方技，此不可不备。又君侯以后父尊重而多通宾客，必借以重执，贻致讥议。不如谢遣门徒，务执谦悫，此修己正家避祸之道也。"

说实在话，桓谭的计策之所以成功是有一定运气的。傅皇后嫁给汉哀帝，这是傅太后一手促成的，连汉哀帝当皇帝也是傅太后运作的，汉哀帝不管有多大的胆子，只要傅太后健在，就不可能废掉她的侄孙女傅皇后。后来，傅太后过世了，汉哀帝直接掌握了权力，果然抓捕了傅皇后的弟弟傅喜。傅喜早有戒备，绝不屈打成招，正赶上汉哀帝过世，这事也就不了了之了。

汉哀帝的宠臣董贤当时官拜大司马，相当于汉军"总参谋长"。他知道桓谭有水平，也想套套近乎。结果任性的桓谭根本就不吃他这一套，马上给他写了一封信，奉劝他做事不要太过分，否则性命难保。接到恐吓信，董贤知道桓谭和自己不是一路人，只能各行其道了。

后来王莽掌权，为了能够当皇帝，他做了很多拉拢人心的事，收买迷惑了一批人，连汉室宗亲刘歆都成了王莽的"宣传员"。桓谭对王莽看得很清楚，他独守自身，"默然无言"。王莽对桓谭这样一位大儒还是很想拉拢的，他提拔桓谭为掌乐大夫。

王莽失败后，桓谭在更始政权中官拜太中大夫。刘秀即位后，桓谭被征召，但没给什么职位。对此，桓谭没有自暴自弃，自怨自艾，而是选择了自强不息、自力更生。就在这段有官无职一身轻的时期，桓谭完成了他人生的蜕变，他完成了自己的大作，也是流传后世的名著《新论》。据说《新论》原书是二十九篇，早已亡佚，经后人辑录，仅得十六篇。尽管已经不是原本，但我们仍然可以看出桓谭的一些思想。后世对桓谭评价很高，认为他是一位唯物主义哲学家。

当然，如果我们仔细分析，就能得出这样的结论：桓谭写作《新论》的目的和司马光编《资治通鉴》的目的一样，就是辅助政治。

桓谭在《新论·本造》（相当于序言）中明确宣布："谭见刘向《新序》、陆贾《新语》，乃为《新论》。"刘向的《新序》是把历史资料编辑起来用于讽谏政治。陆贾的《新语》是对秦朝灭亡教训的总结，也是文景之治的治国纲领。桓谭的《新论》主要是从王莽败亡的过程中吸取教训，就事论事，显然是这种思想的延续。

然而，尽管桓谭一直在努力，想通过立论古今来达到吸引刘秀注意力的目的，结果却令他大失所望。刘秀对他的鸿篇巨制根本不感兴趣，都默然视之。

对此，桓谭充分发挥不灰心、不气馁的作风，随后多次上书刘秀，想通过这种"真情告白"的方式来博取刘秀的青睐。结果还是成效甚微，刘秀依然对他默然视之。

看样子凭桓谭个人能力是没办法让刘秀发现自己了。好在这时，他人生中的伯乐出现了——大司空宋弘。宋弘发现桓谭是位不可多得的超级人才，马上向刘秀推荐了他。宋弘是刘秀颇为器重的人，他的推荐引起了刘秀的注意，于是给了桓谭一个议郎给事中的官职。

议郎成了桓谭的平台，也成了他的舞台，他有了向刘秀一展自己才华的机会。原本就喜好音乐的刘秀，平常听的都是正儿八经的官曲，突然听到桓谭来自民间、来自大自然的天籁之音，很快就痴迷了。桓谭的音乐高山流水、怒海波涛尽在其中，普通乐师根本比不了，刘秀越听越好听，到后来便经常让桓谭为他鼓琴弹奏。

玩物丧志，大司空宋弘看不过去了，他对桓谭进行了告诫："吾所以荐子者，欲令辅国家以道德也，而今数进郑声以乱《雅》《颂》，非忠正者也。能自改邪？将令相举以法乎？"桓谭也是有大是大非观念的人，他赶紧改过自新。

后来，桓谭以各种理由拒绝为刘秀弹琴，而是改为上书，说的多是平常之事，谈的多是兴国之声。他向刘秀呈上《陈时政疏》，提出了四大兴国建议。

一是任用贤人。他指出："国之废兴，在于政事；政事得失，由于辅佐。"所以要任用贤能，争取"政调于时"。

二是设法禁奸。他建议，申明法令，惩办行凶违法者，包括知法犯法者，争取社会安宁。

三是重农抑商。他建议打击兼并之徒和高利贷者，不让商人入仕做官，让诸商贾互相揭发奸利之事，除了劳动所得之外，把一切非法所得都赏给告发者。这样，就可以抑制富商大贾盘剥百姓，而劝导百姓务农，多生产粮食而尽地力。

四是统一法度。他强调"法令决事，轻重不齐，或一事殊法，同罪异论"。这就容易被奸吏钻空子而"因缘为市，所欲活则出生议，所欲陷则与死比"，这样上下其手，必然使奸猾逍遥法外，而使无辜者受害。现在应令通义理、明法律的人，"校定科比，一其法度"，通令颁布，使天下人遵守。这才可使吏民有法可依，而难以胡作非为。

桓谭的上书归纳起来为十六个字：关注民生、任人唯贤、改革创新、反腐倡廉。字字真情流露，句句真情实意，他的爱国之心可见一斑。

实际上，光武帝刘秀发愁的正是这件事，刘秀是个打假求真的皇帝。他看透了王莽的欺诈，也看透了西汉的做作，但是他没有看透某些思想的虚伪。刘秀是个做事的人，他不是一个理论型人，他始终没有提出一种新的治国理论，无奈之下采用了谶纬学说，这成为东汉二百年统治的核心弱点。

刘秀开创的东汉王朝相当真实，他所崇尚的儒家思想却非常虚伪，这个内在矛盾始终没有解决。东汉一朝，不管是皇帝，还是太后，还是权臣，大都比较敬业，不乏积劳成疾的案例。但是，东汉和西汉一样，也只是存在了二百年，后来的党锢之祸、黄巾起义多少都和统治理念不清晰有关系。

桓谭就是上天赐给光武帝的机会。那年，朝廷上讨论把灵台建在何处，刘秀对桓谭说："吾欲以谶决之，何如？"

桓谭沉默良久，思想斗争了半天，说："臣不读谶。"刘秀问其中缘故，桓谭引经摘句，进行了阐述，归纳起来为三个方面。

一是谶记纬书是邪门歪道，并非仁义正道。

二是唯一有益于政道者,是合人心而得事理。

三是万物相生相克,生生不息,生老病死,皆是自然现象。总而言之,桓谭认为谶纬纯属旁门左道,和儒家经典无关,和治国之术无关,和民生百姓无关。

刘秀闻言,怒不可遏,最后来了个怒吼:"桓谭非圣无法,将下斩之!"

桓谭显然还没有达到为论而死的境界,也没有舍生取义的崇高,在生死一线间,他反应迅速,立马把头使劲地往地上叩,真叩得头破血流,血肉糊涂……眼看再闹下去,便要闹出人命来了,良心发现的刘秀怜悯之下,赦免了桓谭的死罪。

死罪可免,活罪难逃。桓谭的人头是保住了,头上的乌纱帽却丢了。本着眼不见心不烦的原则,刘秀将桓谭贬为六安郡丞(相当于郡守的副手)。

辛辛苦苦一辈子,一夜回到从前。对于桓谭来说,他努力了这么多年,奋斗了这么多年,从大的意义上来说,是为国为民,兴国安邦;从小的层面来说,就是为了人生梦想、个人抱负。刘秀贬他去基层为官,这显然是一个极为危险的信号——失去了宠信,仕途已经被毁了;这显然是一个难以忍受的事实——出宫容易进宫难,这从中央下调到地方去了,想要再回中央,简直是难于上青天。

刘秀无情、绝情,桓谭悲情、伤情,心高的他哪能经得起这样残酷的折腾,气傲的他哪能经得起这样无情的打击?上任的路成了桓谭的黄泉路。他闷闷不乐,郁郁寡欢,古稀之年的他最后两眼一闭,一辈子就这样过去了。

值得一提的是,桓谭去世时,他的绝世大作《琴道》还有一篇没有完成,刘秀的后来人肃宗令班固继续完成。元和年间,肃宗到东边巡狩,特派使者祭祀桓谭墓冢。这成了桓谭家乡人引以为荣的大喜事。

（二）和边疆有约定

1. 马援：我死不瞑目

马援是东汉初年著名军事家，为刘秀统一天下立下了赫赫战功。天下统一之后，马援虽已年迈，但仍请缨东征西讨，西破羌人，南征交趾，官至伏波将军，因功封新息侯，被人尊称为"马伏波"。

下面我们就来看其老当益壮、马革裹尸的故事。

话说刘秀平定天下后，好不容易搞定了北方的匈奴，还来不及缓一口气，南方武陵五溪（今湖南省怀化地区）地方的少数民族又发生叛乱，并且很快攻克了武陵郡官府所在地临沅（今湖南省常德地区）。

叛乱无小事，刘秀自然高度重视，他急派武威将军刘尚前去征剿，但结果是孤军深入，全军覆没。这让刘秀很震惊，就在刘秀一筹莫展时，朝中闪出一将，大叫道："臣愿带兵出征。"

这个毛遂自荐、请求出征的人便是伏波将军马援。

光武帝建武十一年（35）夏，刘秀任命马援为陇西郡郡守。马援一上任，便整顿兵马，派步骑三千人出征。先在临洮（今甘肃省中部地区）击败先零羌，斩首数百人，获马牛羊一万多头。守塞八千多羌人望风归降。

光武帝建武十三年（37），武都参狼羌（羌族的一个分支）与塞外各部联合，杀死官吏，发动叛乱。马援率四千人前去征剿。部队行至氐道县境，发现羌人占据了山头。马援命令部队选择适宜地方驻扎，断绝了羌人的水源，控制了草地，以逸待劳，不许出战。

羌人水草乏绝，陷入困境，首领们带领几十万户逃往塞外，剩下的一万多人也全部投降。从此，陇右清静安宁。马援在陇西太守任上一共六年。由于他恩威并施，使得陇西兵戈渐稀，人们也逐渐过上了和平安定的生活。

后来，北匈奴对汉朝不安分时，马援也多次出兵捍卫了汉朝的荣誉。

当时五溪地方的叛乱，武威将军刘尚全军覆没，危急关头，马援主动请求出击，再度显示了"关山度若飞"的英雄气概。

汉军南下攻击武陵郡境内的五溪叛军，在取得全面对抗胜利后，在追击叛军时，马援和副帅耿舒在行军路线上产生了严重分歧，结果两人互不相让，不得已，马援只好打了个报告给刘秀。刘秀看了书信后，批了这样一句话：将在外，君命有所不受。你是主帅，你看着办吧。意思很明显，就是委婉地同意了马援的战略。

刘秀虽然批得委婉，耿舒却感到委屈。不满归不满，耿舒还是尊重了上级的指示，于是，大军开始走"独木桥"。

接下来的过程正如耿舒所说的那样，汉军刚过壶头山，很快就陷入了五溪叛军布下的天罗地网之中。

进退无路，汉军陷入了绝境。屋漏偏逢连夜雨，当时正值炎热酷暑，不久，汉军中发生了瘟疫，很快在军中蔓延开来，病死的将士数不胜数。

对此，马援采取的措施是，一边派兵固守营寨，抵御叛军的进攻；一边在溪岸山壁上凿出一个个小洞来。士兵躲在洞里面，一来可以休养，二来可以隔离病人。

五溪叛军困住汉军后，渐渐加强了攻势。马援见形势十分危急，以身作则，带领士兵进行了艰苦的反击。

众将士拼死拼活时，副将中郎将耿舒却在干着另一项"技术活"——抱怨：是啊，我主张走"阳关道"，你却偏要上"独木桥"，现在知道"独木桥"的滋味了吧。抱怨之后，他开始诉苦。他马上写了一封信给自己的兄长好畤侯耿弇。信中分两层意思：一是述说了汉军现在的艰难处境，请求增兵；二是痛诉马援的一意孤行，请求调查。

耿舒的意思很明显，把"兵困"的责任全推到了马援的身上。

耿弇接到书信后，不敢怠慢，立即把情况向刘秀进行了汇报。

听说南征大军陷入了进退维谷之境，刘秀自然很失望。而此时刘秀的女婿梁松等人又落井下石。刘秀一怒之下，马上来了个双管齐下，一方面对马援进行了怒骂，另一方面撤销了马援的军事指挥权。刘秀马上派遣梁松为虎贲中郎将，充任监军官，去追查马援的责任，接收马援的军队。

马援很想胜利，也需要胜利，他很想凭借自己的力量挽狂澜于既倒。然而，接到刘秀的谴责和追查的圣旨，马援悲愤交加，当场吐血晕厥过去了。

马援年老体弱，加上连日征战，本来体力和精力就到了极限，此时怒火攻心，一倒下去就再也没有站起来。马援以这种悲情的方式结束了自己辉煌而又凄凉的一生。

梁松到时，马援已死。梁松旧恨难消，趁机诬陷马援。

接下来的事很简单了，在梁松的策应下，一些早就看不惯马援的人开始活动了。是啊，马援活着的时候太风光了，总是在刘秀面前抢风头，弄得一些自认为是天才的人都变成了庸才。马援活着的时候，他们不敢找马援算账，死了这笔账也该有个了结了。

这些视马援为眼中钉的人趁机诬陷他。马援以前在南方打仗时，听说有一种叫薏苡的药，可以防止中瘴气，据说具有百毒不侵的功效。马援打了胜仗凯旋时，就顺便带了一车薏苡回来。

薏苡一颗一颗的，晶莹剔透，形状跟珍珠一模一样。于是，这些人就给刘秀打小报告说："马援贪污受贿，曾从南方弄来了一车珍珠。"

刘秀看到这个小报告后，显然是急火攻心了，下诏撤掉了马援的侯位。

马援的家人见状，只好偷偷地把马援给埋葬了。据说是用马革裹着他的尸体，当真了却了他"马革裹尸"的愿望，一代名将就此长眠于地下。

当然，也有人为马援鸣冤的，朱勃便是其中一个。

朱勃是扶风人，曾任云阳（今陕西省淳化县）县令，十二岁就能够流利地背诵《诗经》《书经》，被人称为神童。他常常去拜访马援的哥哥马况。见面时,朱勃态度沉静,言谈流畅,谈笑自如。

马援其时才开始接触书籍,面对朱勃,不由得自惭形秽,自愧不如,怅然若失。

马况看出了弟弟的自卑反应。于是,马况亲自给弟弟讲授知识,勉励弟弟。朱勃不到二十岁,右扶风郡就试用他代理渭城县(今陕西省咸阳市)县令。可当马援晋封侯爵高位时,朱勃却依然在原地踏步,仍然是一个县令,一直没有升迁。马援发达以后,常常仗着马家对朱勃旧日的恩情,很瞧不起朱勃,甚至有时还欺侮他。可是,朱勃越发谦恭,依然与马家保持亲近。

等到马援受到诬陷和迫害时,世态炎凉,亲友宾朋一个个都避之唯恐不及。他们对马家统统敬而远之,纷纷溜之大吉。此时,朱勃挺身而出,长跪于宫门,上书为马援申冤,说马援"以死勤事",应当得到公平的待遇,词语恳切,令人垂泪。

此时,马援的侄儿马严和马援的夫人也先后六次向皇帝上书,申诉冤情,言辞凄切。最终,刘秀像是被突然点化了一样,最终命令厚葬马援。

2. 班超:我弃笔从戎

经过多年摸索,汉明帝刘庄大力推行一个外交政策:联合西域,共同对付北匈奴。随着这个外交政策的出台,历史上大名鼎鼎的大人物班超由此登上了历史舞台,演绎出一曲可歌可泣的英雄赞歌。

汉明帝在营中千挑万选,终于确定了出使西域的使者,他就是军中代理司马班超。

班超,字仲生,扶风郡平陵(今陕西省咸阳县西北)人,是著名史学家班彪的小儿子,著名史学家班固的弟弟。

班家都喜欢读史,当然,与父亲班彪和哥哥班固读史是志在做学问不同,班超读史是为了圆理想。他想在改变历史方面做出一番贡献。

然而，正当班超为了自己理想而读书的时候，父亲班彪去世了，家中的顶梁柱倒了，家境顿时陷入困境。生活很容易解释，一个是为了生，一个是为了活。于是乎，班超跟随母亲来到洛阳，投奔时任校书郎的哥哥班固。

为了生计，班超只能工作——帮人抄书。长此以往，班超还是忍不住满腹牢骚，一天，掷笔感叹道："大丈夫即使没有远大的志向，也应该像傅介子、张骞一样立功于异域，靠业绩来取得侯爵之位，我怎么能一直从事这些侍奉笔砚的事呢？"

乐躬耕于陇亩兮，以待天时。班超的"天时"很快就来临了。

不久，因为哥哥的缘故，班超被汉明帝任命为兰台令史。兰台是汉朝收藏图书的地方，兰台令史的职责就是典校图籍，治理文书，在皇帝和群臣之间行使"监察"和"上传"的职能，可以说是位卑而职重。当然，这与班超的理想还是相差十万八千里的。

直到后来，汉明帝刘庄四路出击北匈奴，车骑都尉窦固奉命出兵。班固与窦固的私交不错，他向窦固推荐了自己的弟弟班超。窦固便起用班超做假司马，让他率领一支军队攻击伊吾。结果，班超在经过蒲类海（今新疆维吾尔自治区巴里坤湖）时，率军成功斩了数百敌人而回，一时间名声大震。

因此，班超得到了窦固的赏识。

汉明帝永平十六年（73）夏，上天突然降大任于班超，在打通西域的外交政策上，班超理所当然地成为窦固青睐和寄予厚望的第一人选。他和从事郭恂率领三十六名勇士出使西域，开始了一场惊心动魄、感人至深的"西游记"。

西域原有三十六国，汉哀帝、汉平帝年间，因为内乱分裂为五十五国，王莽贬王为侯，由是西域怨叛，与中原王朝绝，复役属匈奴。匈奴敛税重课，诸国不堪命，建武年间，诸国纷纷遣使求内属、请都护。光武帝刘秀以天下初定，未遑外事，不许，诸国遂乱，莎车王贤侵凌诸国，诸国更相攻伐。

后来的情况是：鄯善灭小宛、精绝、且末；于阗败莎车，灭渠勒、皮山。当时南道上鄯善、于阗两国最强。北匈奴闻于阗败莎车，遣五将发焉耆、龟兹十五国兵三万余人围攻于阗，于阗王广德降，以太子为质，岁给贡赋，北匈奴派使者监督于阗国政，于阗暂降于北匈奴。形势之严峻可想而知。

班超所带的"西游团"，出使的第一站是鄯善。鄯善国即古时的楼兰，西域三十六国之一，西汉时改名鄯善，在今新疆维吾尔自治区罗布泊西南。之前，鄯善王安曾上书要求归附东汉，并且请求汉朝派兵"保护"，然而，当时的光武帝刘秀正致力于国家的经济建设，再加施行"和平共处"的外交政策，无暇东顾，婉言拒绝了鄯善王安的美意。当时西域的形势很微妙，西域各国各怀鬼胎，相互吞并。而北匈奴为了迫使西域各国臣服于他们，使出的手段是：武力加外交，一边用强大的武力震慑，一边用舆论进行威逼。正是迫于这种压力，鄯善王安无奈投靠了北匈奴。

因此，班超出发前，就感到了肩上沉甸甸的担子，他知道，西域各国现在可都是北匈奴的属国，此去肯定是像在惊涛骇浪中航行一样，必定波涛四伏，必定凶险万分。是挑战，也是机遇，班超知道风险，但也是扬名立万的大好时机。

班超一行风尘仆仆地到达鄯善时，鄯善王广对他们的到来非常高兴和热情，接连三天，大摆宴席，好酒好菜好肉应有尽有。

然而，三天后，饭菜全变成了咸淡不一的素食。班超马上意识到肯定是北匈奴使者到来的缘故，于是立即把三十六个部下召集到一起："我们同在绝远荒域，如今北匈奴使者才来几天，鄯善王广已不讲礼数了，若是北匈奴使者命令他把我们抓起来，到那时，我们的骨头就只有喂豺狼的份儿了。现在是我们生死存亡的危急时刻，大家说怎么办？"

部下们齐声道："如今身处这种危亡之地，要死要活，现在全凭司马的一句话,你说怎么办就怎么办。"

"不入虎穴,焉得虎子!"有了部下的支持,班超底气大增,豪气十足地道,"为今之计,只有利用夜晚大做文章,采取火攻的办法进攻北匈奴使者。深更半夜,他们不知道我们的虚实,火光一起,定会感到害怕,慌张中便会乱了阵脚。我们趁机便可以把他们一窝端。消灭了北匈奴使者,鄯善王广自然会害怕,肯定会回心转意,如此,我们就大功告成了。功成名就在此一举,关键看大家能否齐心协力了。"

班超声色俱厉,众人便无异议,都说跟着他干就是。

是夜,他们对北匈奴使者驻地发起进攻。虽然他们只有三十多个人,但因为出其不意,把数百人的北匈奴团给杀了。

第二天一大早,班超给鄯善王广请安,并且送上了北匈奴使者的头颅。鄯善王广一看,大惊失色,半晌没有说出一句话来。北匈奴使者全部死亡,消息传开,鄯善国上下震恐。

鄯善王广眼看别无选择,只得表示愿意归附汉朝,并主动提出把王子送到汉朝作为质子。

班超一把火重新点燃了西域,汉明帝刘庄很欣赏班超的勇敢和韬略,马上任命他为军司马,再度出使西域。

于是,班超领着他的原班人马三十六人,再次踏上征途。

班超上次拔掉了鄯善这个"难剃头"后,第二刀决定从于阗动手,搞定现在西域实力最大的于阗,对稳定整个西域的作用是不言而喻的。

然而,班超一行到达于阗时,情况比第一次还要糟糕,于阗王广德因为新破莎车,又有北匈奴遣使监护其国,双管齐下,自然是不可一世。面对班超的到来,根本就没把班超使者团当"干部"看。

如果仅仅是受个冷遇那倒也罢,关键是北匈奴使者与于阗巫师相勾结,令巫师向于阗王广德要驹马。巫师当时是这样恐吓广德的:"神已发怒,问我们为何要倾向汉朝?汉朝的使者有一匹神马,快去找来给我做祭品!"神有要求,于阗王广德不敢怠慢,即刻派宰相私来比向班超索求驹马。

面对巫师的无礼要求，班超倒显得很自然，他哈哈一笑，说："一匹马算什么，我给了就是了！只是我不知道哪匹才是天神所求之驹马，还得请巫师亲自来挑选才对啊！"

巫师听说很是高兴，心想，汉朝这些使者倒是蛮识时务的嘛。于是乎，很快就大模大样地来选马了。巫师是相马之意不在马，而班超也是送马之意不在马，就在巫师在宝马之间流连忘返时，班超开始行动了，他蕴意已久的剑以迅雷不及掩耳之势出鞘，开始"亮剑"了。

手起，刀落，头飞。然后，收刀，提头，班超来到于阗王广德处，义正词严地说："我已审明，巫师与北匈奴使者串通，装神弄鬼来离间我们，欲使汉与于阗交恶而北匈奴从中渔利，今日我且直面问你一言，你究竟是亲汉还是亲匈？"

于阗王广德早已听说班超诛灭北匈奴使者、威逼鄯善的事，于是决定杀北匈奴使者而降班超。

就这样，班超先打后收，成功地搞定了于阗国。

随后，班超上表，不但对西域各国的局势和自己的情况进行了分析，而且全面地平定了西域各国的主张，提出了"以夷制夷"的战略。汉明帝刘庄很高兴，又给班超增加了人手。班超得到朝廷的支持，收复了龟兹、姑墨、温宿等国，整个西域都臣服于汉朝。为表彰班超的功绩，朝廷封他为定远侯，后人将其称为"万里封侯"。

班超在西域前后长达三十一年，收服了西域五十多个国家，打通了"丝绸之路"，为西域重新回归汉朝做出了巨大贡献。汉和帝永元十四年（102）八月，七十一岁的班超获准回国，九月病死，结束了光辉的传奇人生。

3. 耿恭：我有孤高节

本着"双管齐下"的原则，汉明帝刘庄派班超在西域大显神威的同时，也没有放弃武力征服北匈奴，毕竟智取能一能二能三，但不能总是长久下去。

汉明帝永平十七年（74）十一月，刘庄展开了对北匈奴的第二次军事行动。这一次军事行动的主帅是奉车都尉窦固，两员副帅是驸马都尉耿秉和骑都尉刘张。出发地：敦煌郡的昆仑要塞。兵力：一万四千名骑兵。作战任务就是扫除北匈奴在西域的残余势力。

耿秉出生于将门世家，祖父是开国功臣耿况（原上谷太守）。耿况有六个儿子：耿弇、耿舒、耿国、耿广、耿举、耿霸，其中耿弇在云台二十八将中高居第四。耿秉是耿国（耿况第三子）之子，此前多次上书请求攻打匈奴。

在前一年的西域会战中，窦固军团击溃北匈奴南呼衍王的军队，占领了伊吾卢城，北匈奴的残军撤退到天山。这次的远征军进军到天山脚下便与北匈奴人再续"前缘"，两军交战勇者胜，结果经过一年磨刀霍霍的汉军再次展现了神奇的力量，打得北匈奴溃不成军。接下来便向西域前进，之后进攻车师国。

西汉时代，郑吉击车师，车师国一分为二，分别为车师前国与车师后国。东汉建国后，由于光武帝刘秀对经营西域持消极态度，车师国重新投靠北匈奴人。刘庄对北匈奴实行武力攻略后，班超在西域风生水起，西域各国纷纷吃"回头草"时，车师国并没有跟着西域别的国家归顺汉朝，仍然对北匈奴情有独钟。可以说要想重新经营西域，必先夺车师。然而，在具体的进军策略上，主帅窦固与副将耿恭产生了不同意见。

窦固认为，应该先打车师前国。耿恭认为，应该先打车师后国。

结果年轻气盛的耿恭率领所属部队向北进军了。窦固又气又无奈，只得带领大军来了个紧随其后。然而，事实证明，耿恭"一意孤行"并不是盲人摸象般没有一点儿把握，他的部队起到了出奇制胜的作用。车师后国国王安得按常理推断，认为汉朝必然会先进攻车师前国，疏于防范，结果被跋山涉水不畏艰险的耿秉来了个一窝端，斩杀数千敌人，缴获马、牛等牲畜十余万头。

车师后国国王安得眼看再坚持下去，只能落得个"城破人亡"的地步，为了保存上老下小，他赶紧在城头竖起了白旗，然后打开城门，摘去王冠，跪着相迎耿恭的到来。

就这样，车师后国搞定后，起到的作用是显而易见的，车师前国国王见孤掌难鸣，赶紧学车师后国，也来了个举手投降。

可以说，在耿恭的带领下，汉军兵不血刃地平定了整个车师。窦固上书建议重新设置西域都护及戊、己校尉。汉明帝刘庄将陈睦任命为西域都护，将司马耿恭任命为戊校尉，屯驻后车师金蒲城（今新疆维吾尔自治区奇台县）；将谒者关宠任命为己校尉，屯驻前车师柳中城（今新疆维吾尔自治区吐鲁番地区鄯善县鲁克沁镇），各设置驻军数百人。

一切都归于平静后，汉明帝刘庄下诏，命令窦固班师回京。西域都护陈睦、戊校尉耿恭、己校尉关宠三个百人军团成了西域的留守儿。

然而，汉明帝刘庄太小看北匈奴了。他原本以为这样搞定车师就万事大吉，他才下了班师令。他却忽略了北匈奴人的反击能力，很快北匈奴人以牙还牙，同样派出了两万名精锐的北匈奴铁骑，他们在左鹿蠡王的率领下，雄赳赳气昂昂，跨过西域边境线，目标直指车师后国。

面对北匈奴的大兵压境，车师后国国王安得并没有马上进行抵抗，而是一边紧闭城门，一边派出使者，连夜向屯垦兵团在金蒲城的耿恭紧急求救。

陈睦、耿恭和关宠都是百人军团。何谓百人军团，顾名思义，就是每个兵团总兵力只有数百人，跟北匈奴的两万骑兵相比，没得比。耿恭决定再次来个出奇制胜，想都没有想就派出三百人"敢死队"前往支援车师后国。

在半途中，遇到了大批北匈奴骑兵。三百人奋勇作战，但是敌众我寡，最终全部战死，无一降者，无一被俘。汉军援军被歼灭，北匈奴骑兵转而全力进攻车师后国，大破车师后国的军队，并阵斩其王安得。随后，北匈奴铁骑长驱直入，直奔耿恭所在的金蒲城。

北匈奴两万骑兵围城，金蒲只是个百人军团。耿恭冥思苦想许久，最终还是决定故技重演——出奇制胜。他研制出了一种毒药，虽然不致命，但比致命更要命，人只要中箭，皮肤便会发生化学反应，有一种强烈的灼烧感，如同熊熊火焰在沸腾地烧烤，直到伤口溃烂，直到痛不欲生，直到生不如死。

他命令士兵们将这种毒药涂抹在箭头上，射杀了很多北匈奴士兵。

左鹿蠡王见强攻受阻，赶紧调整了战略部署，只围不打，围而不攻。耿恭当然不会坐以待毙，他一个人站在城墙上，默默地看着远处安营扎寨、以逸待劳的北匈奴军。入夜时分，一个想法有感而出，还是重起老路——出奇制胜。

这一次，耿恭出奇制胜的具体策略是：偷袭北匈奴大本营。

不到七百的兵力，去偷袭一万多人的北匈奴大本营，按常理推断，这无疑是天方夜谭。然而，耿恭却偏偏创造了奇迹。

耿恭带领数百热血男儿手持刀剑弓弩，偷袭了猝不及防的北匈奴大军，面对似乎从天而降的汉军，很多北匈奴士兵还没弄明白是怎么回事，便成了刀下之鬼。

这时，左鹿蠡王只能感叹道："汉军用兵如神，神出鬼没，吾不如也。"说罢，无力地挥挥手，垂头丧气地撤军了。

然而，金蒲城没有水源，很难长期坚守，耿恭便率军向疏勒城（今新疆维吾尔自治区吉木萨尔县、奇台县一带）撤退，去寻找水源，进行持久战。

耿恭到疏勒城不久，北匈奴大军再次来征讨，还截断城外水源，疏勒城面临断水的危险。

面对北匈奴的断水举动，耿恭马上采取了补救措施。他让士兵在城内挖井，一直挖到十五丈深，终于找到了水源。汉军便从城上将水喷洒下去，北匈奴士兵看了很是无奈。

然而，面对北匈奴大军铁桶似的围攻，耿恭所处的环境很艰苦，他坚决不投降。

数月后，部下范羌搬来救兵，大将段彭率两千兵马来增援。沿途冰雪一丈多深，汉军只好放弃辎重，轻装前进，到疏勒城救援耿恭。到了疏勒城时，耿恭以为是北匈奴来攻城，便下令准备战斗，后得知是范羌回来，便开城迎接。此时清点人数，城内士兵竟然只剩二十六人。

有了援军，耿恭决定从疏勒城撤退。北匈奴当然不会让他们轻易"回归"，于是极力拦截，汉军且战且退，历经千辛万苦才回到玉门关。耿恭这才发现，只剩下十三人，于是又有"耿恭十三勇士回玉门"的美谈。

耿恭也因此被封为将军，原本以为耿恭就此飞黄腾达尽享幸福余生，奈何两年后羌人扰边，耿恭再次挂帅出征，结果他很快取得了胜利，招降数万人。但是，耿恭跟车骑将军马防关系不好，后被马防进谗言而被朝廷罢免官职，回到老家的一代名将耿恭不久便病逝。

然而，耿恭的英雄事迹和丰功伟业，并没有随着他的病逝而消失。相反，这种精神凝聚成永恒，流芳百世。后有赞诗云：

落落丰标霁月怀，棱棱寒碧隔风埃。
耿恭也有孤高节，岂但苏郎齿雪来。

九、皇帝轮流坐

（一）国舅那些事儿

1. 该上位时就上位

汉明帝永平十八年（75）八月初六日，汉明帝去世，年仅十九岁的太子刘炟即位，是为汉章帝。

汉章帝刘炟上任后，重用赵憙、牟融、第五伦等人，在极力打造自己的"嫡系部队"的同时，还不忘打造"亲系部队"——重用外戚势力。

我们都知道，自东汉开国以来，刘秀吸取了西汉灭亡的教训，对外戚势力格外提防。规定凡后族、宫戚，都"不得封侯与政"。禁令一下，不少外戚、后族皆知守富贵而避权势，以免遭皇帝猜忌。刘秀即使面对最为心爱的女人阴丽华，也没有格外地重用她的兄弟。而废皇后郭圣通的弟弟郭况有"金窟"之称，但那是刘秀弥补愧对郭圣通的需要，即便如此，也只是停留在奖和赏上，并没有给郭况过多过大过强的实权。刘庄即位后，对外戚势力更是"忌惮"三分，上台之初封了云台二十八将，又增加了王常、李通、窦融、卓茂四人，但无论是在二十八人大名单，还是在三十二人大名单里，唯独缺了功不可没的伏波将军马援和中郎将来歙。原因是来歙跟刘庄有亲戚关系，而马援则是刘庄的岳父。不列他们两人，一是为了"避嫌"，二是再次向天下宣告，不会重用外戚势力。事实上，刘庄在位期间也一直坚持自己的主张不动摇，马皇后的兄弟马廖、马防、马光三人，年轻有才华，再加上强大的后台，朝中文武百官都认为他们"前途无量"，但马廖最终只爬到了虎贲中郎将的位置便再无迁升了。而马防和马光更惨，在宫中干了好多年，居然一直只是黄门郎（给事于宫门之内的郎官）。

好在一朝天子一朝臣，汉明帝刘庄英年早逝后，刘炟继位。与此同时，马廖三兄弟终于苦尽甘来，迎来了人生新的转机。

刘炟虽然不是马皇后亲生，但他自然知道他的人生之所以会有这么大的改变，完全离不开"养母"马皇后的养育和培育之恩，于是乎，继位后，马上把马皇后提升为马太后。他还觉得不足以报答马太后对自己的恩情，于是，又将马廖任命为卫尉，将马防任命为中郎将，将马光任命为越骑校尉。而朝中一些见风使舵、趋炎附势之徒马上视马家为可以托付终身的"保护伞"，纷纷来投。于是乎，在刘炟的关照和众大臣的拥护下，马家外戚突如一夜春风来，千树万树梨花开。

眼看朝廷有点儿乱，第五伦看在眼里急在心里，本着"传帮带"的原则，他马上写了一封书信，对年轻得还有点儿嫩的刘炟进行"点化"，希望刘炟能在重用外戚这条危险的道路上及时悬崖勒马，回头是岸。

第五伦是刘秀、刘庄手下的老臣了，加上刘炟，他此时已是三朝元老级人物，什么大风浪没见过，什么事理不明了，再加上他从小饱读经书，因此，上书写得洋洋洒洒，不亢不卑，不骄不谄，不矜不伐，不蔓不枝，是很有文采的。

然而，第五伦不会料到，他的上书呈上去后，便如泥牛入海，杳无音信，不了了之了。他在新皇帝手下的"处女秀"就以这种方式收场，实为可惜。不回答，那是不好回答，刘炟是个很有个性的人，他还是认为这属于自己的"感恩"之举，丝毫没有什么不妥之处，于是乎，对第五伦的上书采取冷处理，对马氏三兄弟依然"热捧"，准备赐封他们爵位。

正在这时，天下发生了大规模的旱灾。天灾人祸，有人悲痛，有人悲悯，有人祈祷，也有人幸灾乐祸。幸灾乐祸的人为了巴结刘炟，马上上书总结天灾的原因是：外戚没有及时得到封赏的缘故。

这不正合刘炟的"意"吗？于是乎，刘炟决定上顺天意下顺民心，马上赐封外戚势力。

眼看刘炟在"歧途"上有渐行渐远之势，在这个节骨眼儿上，马太后如果还不出面那就不是马太后了。马太后毕竟不像第五伦那样——即使是皇帝最宠爱的大臣，但也终究只是一个臣子而已，她是太后——皇帝他妈。她此时站出来，不是像第五伦他们来个弱弱地向刘炟上书，而是强悍地对刘炟来了个"下旨"。

马太后在诏书中首先指出三点：凡是建议你封外戚的人，都是小人；凡是劝你不分封的人，都是忠臣；凡事要慎重、慎言、慎行啊。接着，马太后举了一个典型的反面教材：王莽篡汉。最后的结论是：你现在刚刚继位，即使有得失，一下子也体会不到。外戚富贵过盛，很少不倾覆的。前车之鉴已是血的教训，你此时不及时收手，到时候只怕为时已晚。

知子莫若母，马太后知道刘炟的脾性，服软不服硬，你硬他更硬，应该说马太后的诏书下得还是蛮"委婉"的。然而，刘炟看到马太后的诏书后，认为不值一哂，心里道："我选择，我喜欢；我选择，我快乐。"于是，他回了马太后四句话：

一、自从汉高祖建汉以来，舅舅封侯，就像皇子被分封为王一样，这是亘传不变的定式；

二、太后谦让了，但如果到我这里对舅舅就不分封了，那有违古训，更是对不起恩重如山的三位舅舅；

三、三位舅舅身体欠佳，都患有大病，一旦发生什么意外，那我就要后悔、内疚一辈子；

四、择日不如撞日，撞日不如今日。所以，此时不分封更待何时？

见了刘炟的回信，马太后一边感叹儿大不由娘这句古训，一边来硬的了，派人直接送了根木头到东宫。你不是翅膀硬了，抗旨不遵吗？

那我送你一根木头，看你敢抗木不收吗？

看到马太后送来的木头，刘炟面如土色，冷汗直流。他是个聪明人，自然明白马太后的意思。

一根木头含有很深的寓意，表明了马太后对此事的强硬态度。此时无声胜有声，凡事点到为止，如果真要再说出来，那就是撕破脸了，这样对谁都不好。刘炟这时有贼心也没贼胆了，于是乎一番无奈的感慨后，只得暂时取消了赐封舅舅的举动。一场闹剧也就这样告一段落。

一根木头成功地拉回了原本站在悬崖边的刘炟，马太后在感叹这得益于对儿子的早期教育好的同时，决定将教育进行到底，让马氏家族的思想观念转变得更彻底些，在作风上更硬朗些，在姿态、心态、行为、言辞上要更低调些，总之一句话：整个马氏外戚集团要高调做事，低调做人。不久，马太后诏告天下："马氏家族及其亲戚，如有因私事请托郡县官府，干预、扰乱地方行政的，应依法上报、处置，绝不姑息养奸。"

事实证明，马太后是这样说的，也是这样做的。具体表现有三。

一是拿母亲说事儿。马太后的母亲和他的父亲马援一样，早就归西了。马太后想拿死去的母亲说事儿，这个难度挺大，除了梦里可以偶尔述说一下，其他场合可能还不好说。但马太后的说不仅仅停留在表面，而是"深入"到了母亲的坟上说事儿。因为马太后的关系，母亲下葬后，坟堆得又气派又高。当然，这原本是属于个人的"私事"，不能算是个事儿。但此时为了"作风建设"的需要，马太后却拿母亲的坟开刀，她说如果坟高一尺，国高一丈那可不行，最后，她令她的哥哥卫尉马廖等人将母亲的高坟削减成低坟。拿母亲的坟说事儿，细微处见功夫，马太后再度表明了自己的态度。据说，这件事之后，刘炟对马太后发出这样的感慨："我啊，现在不光怕你，我还怕你妈。"马太后问原因，刘炟答："你不是说，谁要是不听你的话，你妈和你爸就把他带走吗？"

二是拿家规说事儿。马太后对马家亲属和亲戚采取三步走，凡是行为谦恭正直的,马太后进行奖赏——赏赐财物和官位。有三个亲王车马衣服很朴素,马太后知道后,大加赞赏,每人赐给钱五百万。凡是犯了微小的错误,马太后进行"单兵教练"——教育和谴责。凡是那些不遵章守纪、犯下大错误的家属和亲戚,马太后就干脆进行"除名"处理——将他们从家族名册中取消,直接遣还回乡,以后便是陌路人。

三是拿起居说事儿。与此同时,有空闲的时候,马太后也没有闲着,她在编著一本叫"显宗起居注"的书。"起居注"说白了就是记录皇帝言行的书,马太后亲自操刀编著,一是怀念汉明帝,二是告诫汉章帝。而在书中,马太后经常"假私济公",凡是与马家有关的人或事都尽量"淡化",譬如说她特意删除了自己兄长马防在刘庄病危期间侍奉医药的情节。总之,她觉得这些不删,就有点像为自己马家立传写书一样,心里过意不去。当然,马太后不会料到,她的"不经意"之举,居然创下了三个第一:一是历史上最早的专门记录皇帝日常言行的著作;二是为后世开创了"起居注"这一新的史书体例;三是成为中国第一位女史家(马太后开始写史比班昭补写《汉书》早了二十多年)。

然而,马太后的德化并没有彻底感化刘炟。汉章帝建初四年(79),也就是刘炟登基的第四年,全国农业获得了丰收,边境也太平无事,用一句话来形容就是风调雨顺、天下太平。汉章帝刘炟高兴之余,还想弄个"双喜临门",于是乎,又将三个"木头舅舅"封侯的事儿提上了日程。

和前两次一样,这一次太后依然义正词严地表达了自己坚决反对的立场。而三个"木头舅舅"在马太后的感化下也不再是"木头"脑袋了,也公开发表了辞让的宣言。

都说事不过三,既然这一次汉章帝刘炟再一次提封侯的事,肯定是有备而来,不达目的绝不罢休。果然,面对马皇后和"木头舅舅"的阻力,这一次,刘炟来了个"一意孤行",坚持要把三个舅舅封侯。

眼看木已成舟,马太后除了感叹"皇命不可违"外,还将三兄弟召来，进行了受封前的训诫："我年轻少壮时，时时提醒自己，居不求安，食不贪饱，恭谦克己，兢兢业业，只望能把国家治理好，让百姓们生活得好一些，以不负先帝的遗愿。希望各兄弟也能共承此志，使归天之日，无所遗恨。"

随后，马太后对汉章帝刘炟说："我年轻时只知读书，今虽老了，也懂得滥封外戚的弊病。你为何不听我的劝诫，让我抱恨终身呢？"此后，马太后退位归家，不问政事。

这年四月，汉章帝刘炟将马廖封为顺阳侯，将马防封为颍阳侯，将马光封为许侯。

幸与不幸原本就只隔着一扇门，数尺之间而已。幸运的是，马家兄弟终于咸鱼翻身，从此大展身手。不幸的是，就在这一年，"退居二线"的马太后还是"抱恨终身"了，她走过了人生的第四十一个春秋后，不幸病逝。

而刘炟对这位"继母"给予了最后的补偿：一是赐马太后谥号为"明"（意思是贤明的太后）；二是把马太后和汉明帝合葬于显节陵（今河南省新郑市境内）。马太后死后应该可以安息了。

2. 该出手时就出手

汉章帝刘炟统治期间，还发生了一个"将相不和"的曲折故事。

故事的主角就是我们的大英雄耿恭和颍阳侯马防。

马防是马援的儿子，马太后的哥哥，也就是不折不扣的皇舅。是英雄注定不会寂寞，耿恭返回的这一年，东汉帝国的西部边疆金城郡爆发羌战，烧当羌部落首领迷吾与封养羌部落的首领布桥结盟，发动五万大军，侵掠汉朝的陇西郡与汉阳郡。

情况十分危急，国家领土不容侵略，刘炟马上派出部队进行反击。可派谁出征呢？刘炟犯难了，朝中"第一将军"窦固一直守在边疆地区，西域他要打，北匈奴他要防，此时打西羌如果把"主心骨"抽调去,那北边边疆又要出大乱子。

既然窦固是不可动摇的,刘炟很快想到了一个人——外戚马防。外戚一直是他想打造的对象,此时国家正处于危难之中,派外戚出战比谁都可靠啊。于是乎,马防很快被任命为车骑将军,担任西征的主帅。至于副帅,刘炟想也没有多想,直接就内定了耿恭。刘炟这样做也是有道理的,耿恭九死一生地从西域归来,身心和体力都还没有恢复过来,按理说应该让他休养一段时间。他这一折腾,太累了,也该歇歇了,但他毕竟经过了大风大浪,派他压阵胜算无疑增加了几分。

因此,如果说派马防是当主"将"使用的话,那么派耿恭就是想当"相"使用了,关键时刻希望他能凭着多年的征战经验和不凡的才能力挽狂澜。

应该说刘炟这样的安排也是合情合理的。然而,他不会料到,他的精心安排换来的却是将相不和。

马防是有背景和后台的将军,目空一切,目中无人,目无王法。耿恭是一个耿直之人,在西域那样的绝境都能坚持到底,自然是眼里揉不得一粒沙子的。也正是因为这样,马防和耿恭在行军过程中,就战术、用兵等产生了分歧,最开始还是据理力争,互相不服,但到后面就演变成了横眉冷对,到最后竟然变成了血海深仇。

也正是因为将相不和,到后面两人干脆兵分两路,耿恭率领一部人马北上,抵达陇西北部的枹罕,而马防则率军向西南突进。眼不见心不烦,如果分开能让双方快乐,那么分手又何尝不可以呢?

当时,前线形势告急,羌军中的封养部落布桥兵团对陇西郡南部重镇临洮(今甘肃省岷县)进行了猛烈的军事打击,力图以最快的速度拿下这座城市,作为与汉朝抗衡的根据地。

临洮告急。车骑将军马防决定先解临洮之围。然而,通往临洮的道路可以用难于上青天来形容,如果按常规行军,大部队到达临洮时,可能会耽误解救时间。思来想去,马防决定采取派一支先遣部队先行,大部队随后的策略。

可能是受耿恭等人在西域以百人军团创造奇迹的诱惑，马防派出的急先锋是由两名军司马率领的数百名骑兵。这支百人军团同样没有令马防失望，他们快马加鞭，一路冲破艰难险阻，来到临洮城外十里开外。这时，两名军司马叫大家停下行军的步伐，说要举行军事比赛。就在百人军团以为要进行比谁能最早冲到临洮城下的百米冲刺赛时，两名军司马首先举行的是就地安营扎寨比赛，比谁建的营寨多。比赛的结果是本来几百人住的营寨，却修建成了几万人住的营寨。大家认为这是严重浪费人力、物力、财力。接下来，又举行了插旗比赛，比谁插的旗最多。比赛的结果是，汉军的旗帜插得漫山遍野都是。最后举行的是睡觉比赛，谁睡的时间长，谁就是"睡仙"。结果，一连几天，汉军营寨静悄悄地静得可怕。

如此多的营寨，如此多的汉旗，如此安静的阵营，羌军远看近看，上看下看，看得心里直发毛，这一定是汉军的主力到了，不然他们怎么会有如此大的气势，不然他们怎么会如此沉着，他们一定是想对我们进行全歼啊！羌军对自身实力进行分析后，得出了这样的结论，敌强我弱，此时不逃，更待何时，并且马上付诸行动，放弃了就要攻破的临洮城，向西来了个"不羞遁走"。

都说人倒霉，连喝口水都要被呛着。这不，羌军原本以为留得青山在，不怕没柴烧，结果偏偏受伤的还是他们。他们在逃跑的过程中，正好碰到已成功翻过山越过岭、正往前线开来的马防军团主力部队，一场阻击战就此拉开了帷幕。羌军认为汉军的主力部队已达临洮城边，这里只不过是汉军的"散兵游勇"，因此非但没有重视，而且还轻视，认为他们自不量力。"骄兵必败，哀兵必胜。"羌军对形势判断有误，注定要付出惨痛的代价，结果两军的接触战打响后，汉军像变魔术般，越打越多，越打越勇，直打得羌军"丈二和尚摸不着头脑"，汉军咋这么多？此时，吃饱睡足的先遣百人军团，举行的是百米冲刺比赛，很快追上了羌军，然后举行的是"砍瓜比赛"。前后夹击，斗志原本就不高的羌军很快便溃不成军，很快就有四千多人成了刀下鬼，再战下去，非死即伤，绝对没有什么好果子吃。这时，羌军中烧当羌部落的头领迷吾不再迷惘，而是醒悟过来了，他选择了向马防投降的这条光明大道。而布桥率残部二万余人走的却是另一条路，拒绝投降，退守临洮西南的望曲谷。

随后，马防带领汉军对望曲谷进行了围城的攻坚战。垂死挣扎的布桥在坚守了数月之后，眼看救兵无影、突围无望、伤亡无数，绝望之下率剩余的一万多人向马防投降。

花开两朵，各表一枝。就在马防取得巨大的胜利时，耿恭在北方战线上也取得了重大胜利。

驻守在枹罕的耿恭部，受到羌部联合部落的攻击，那绵绵不绝的阵势，平常人一看定会吓得惊恐万状。然而，防守对于耿恭来说是强项，他曾在北匈奴数万人的攻击下，以百人军团坚守疏勒城数月之久，此时他拥有精兵强将，自然是一脸的平静。

随着迷吾与布桥的投降，围攻耿恭的其余羌部落大受影响，仿佛看到了黑暗前途的到来。耿恭这时，不再做"守城奴"了，而是开始反攻，结果很快歼灭羌军一千多人，缴获牛、羊等牲畜四万多头，大胜而归。

南北线均告失利，勒姐羌、烧何羌等十三个部落首领于是聚集在一起，召开了一次临时会议，商谈何去何从的问题。会议强调，此次（会议）关系重大不得缺席；会议认为，再和汉军对抗，无异于自取灭亡；会议决定，集体向耿恭投降。

羌乱就此平息，按正常情况，可以告一段落了。然而，平定羌乱后，耿直的耿恭本着防患于未然的态度，向朝廷打了一个报告。报告的内容可用一句话来概括：建议派大鸿胪窦固镇守凉州，派车骑将军马防屯守汉阳，以防诸羌再生异心。

理由是：以前安丰侯窦融在西州时，和羌胡人的关系处理得非常融洽，在当地的威望和信誉很好。现在大鸿胪窦固乃是窦家的后人，功冠三军，威不可当，派遣他坐镇凉州，诸羌定然会心悦诚服。与此同时,再派车骑将军马防率军屯守汉阳,便可确保万无一失。

他原本是忧国忧民所做的举动,然而,就是因为这样一个小小的报告,车骑将军马防和他彻底决裂了。

耿恭的建议虽然是要让窦固和马防同守西疆之地,然而,窦固是守中心城市凉州,而马防驻守的却是偏隅之地。打个不适当的比方,就好比是要窦固当正房,而马防屈居偏房一样。可马防那是何等人物,他是当今皇太后的亲弟弟、皇帝的舅舅、堂堂的车骑将军,位比三公,权高势重。耿恭却建议让马防当"偏房",驻守小小的汉阳郡,马防能不怒不可遏吗?

愤怒之下的马防选择了反击,他使出了官场绝杀技——诬陷。当然,考虑到自己的身份和地位,这样的事他肯定不会亲自出面,而是躲在幕后操作。这个前台刽子手由监营谒者李谭来当。李谭诬陷耿恭的罪名是八个字:不忧军事,被诏怨望。意思是说,耿恭不以国事为忧,接到出征诏书时有怨望之辞色。

有马防在幕后操作,办起事那是风生水起,很快耿恭就领略到了官场的腐败和正直的代价。朝廷马上征召耿恭回京。耿恭不知何事,火急火燎地赶回来时,迎接他的是一把冷冰冰的铁铐。接下来的过程很简单,概括起来就是:下狱受审—屈打成招—免除官职—还归老家。结果一代英雄耿恭的最终结局是凄惨的——病死家中。

然而,耿恭的英雄事迹和丰功伟业,并没有随着他的病逝而消失。相反,这种精神凝聚成永恒,流芳百世。

3.该放权时就放权

应该说马防在西征中的演出是马家最为出彩的表演。而马太后驾崩后,束缚马氏家族的缰绳勒断了,马家子弟像脱缰之马开始狂奔。狂奔是好的,但如果是盲目狂奔,总有马失前蹄的一天。此时马家已不再是原来的那个马家,马太后去世后,顺阳侯马廖理所当然地成为了掌舵马家的"大哥大",但问题是,马廖虽然正直公道,但性格天生仁义宽厚,跟"木头"这样的称号是名副其实的。这样的人适合当温顺的长者,而不适合当"带头大哥"。

正是因为他的仁义宽厚,不能有效地约束马家子弟,很快便成了"傀儡大哥"。马家子弟全都不听他的调遣,仗着马太后的光环,仗着汉章帝刘炟的宠爱,原本礼让谦恭的马家子弟个个变得目空一切,骄傲奢侈,不可一世。

具体表现在:除了马廖能苟守马太后的教诲外,马氏三兄弟的另两位重量级人物马防、马光兄弟马上变了,变得贪财好色,他们两人很快拥有财产无数,美女无数,豪宅无数,食客无数。据说,马防还另辟蹊径地想出了生财之道,对羌人、胡人征收赋税——以国家名义收,以个人名义用,一句话假公济私,赚得钵满盆满。

眼看马家子弟在迅速变成纨绔子弟,马廖的好友、时任校书郎杨马以书信的形式对马廖进行了友情提示。

然而,老好人马廖见了书信后,认为杨马这是小题大做,只是口头"警告"了一下马家子弟,并未采取任何有效措施和方案对族人进行约束。

凡事有因必有果。马家人为所欲为,杨马看在眼里,朝中文武百官看在眼里,天下百姓看在眼里,汉章帝刘炟也看在眼里,痛在心里。是啊,当初他决定重用外戚,纯属心里本能的感恩行动,希望以这种方式来回报自己的养母,希望以这种方式取悦三个"木头舅舅",希望自己的一生能不留遗憾。然而,希望越大失望越大。刚开始刘炟对马家的所作所为还能睁一只眼闭一只眼,但马家子弟越来越嚣张,越来越无法无天,一点一点地蚕食了刘炟的耐心,一点一滴地挑战着刘炟的底线。终于,刘炟发飙了。他开始三番五次地对马廖进行谴责,眼看谴责无效,刘炟开始了心底流血的"撤恩"之旅,对马氏子弟非但不再奖赏,而且该收权时就收权,该处罚时就处罚,该限制时就限制。总之,一句话,当年恩情早已随风而逝,取而代之的是无限怨恨和懊悔。如果此时马家子弟能及时悬崖勒马，说不定还能博得刘炟回心转意，重新宠爱他们。然而，眼看马家越来越失势，马家一位年轻俊杰挺身而出，以雷霆之势想力挽狂澜，重塑马家的辉煌，这个人便是马廖的儿子马豫。

然而，都说嘴上无毛办事不牢，时任步兵校尉马豫的出现，非但没有改善马家和汉章帝刘炟的关系，反而进一步磨损了两者之间的关系。

马豫的出发点是好的，见马家大有一落千丈之势，很是着急，于是，他开始干一件事——四处进行投诉，强烈表达怨恨和不满。

很快，马豫的超常规行为，引起了有关部门和有关人士的高度重视。自重才能得人重，自轻自然被人欺。此时朝中文武百官的眼睛是雪亮的，他们已经察觉到了刘炟对马家态度的大转变，很快，弹劾马豫的信笺便如雪花般飞到了刘炟眼前。发展到最后，连马防、马光兄弟的"光荣事迹"一块儿进行了揭发。

面对这样的集体控诉事件，汉章帝刘炟愤怒了，他虽然不忍心对马家处以极刑，但还是来了个"一窝端"，大手一挥，哪儿凉快哪儿待着去吧。

被全部罢除官职的马家势力就这样一夜之间烟消云散。但不管怎样，能保全性命"全身而退"也算是刘炟格外开恩网开一面了。值得一提的是，马豫在随马廖离开洛阳时，半路被刘炟派人快马加鞭追回投入狱中受审。"木头人"马豫这一回终于像木头一样强硬了一回，拒不招供，最后竟活活惨死于严刑拷打之中，落得"英烈"的美称，也算是为虚度的一生增加了一点儿色彩，画上了一个并不圆满的句号。

（二）皇后那些事儿

1. 宫里宫外一场戏

马氏外戚刚刚落幕，另一个外戚势力又开始崛起——窦氏外戚。

窦氏外戚的崛起也是有原因的，同样的道理——刘炟太过重情重义。当然，这一次汉章帝刘炟表达的是对一位心爱女人的厚爱。这个女人便是他的妻子，也就是后来的窦皇后。

窦皇后，扶风平陵（今陕西省咸阳市西北）人。她之所以能通过宫中层层选美关，得到刘炟的"亲昵"，一是因为窦皇后长得美，长相是敲门砖，没有这块砖寸步难行；二是因为窦皇后有强大的后台。她是大司空窦融的曾孙女。窦融前面已经说过了，那是一位呼风唤雨的人物，是助光武帝刘秀"中兴汉室"的"明星"之一，刘秀对他格外器重，百官对他也是尊重有加，因此，窦家子弟也是兴旺有加。到了祖父窦穆时，窦家的富贵还在延续，在刘秀"联姻"政策的感恩下，窦穆娶了刘秀的女儿内横公主为妻，并且接替他的叔叔窦友任城门校尉，曾经威风一时。到了父亲窦勋时，同样是富贵花开，窦勋又娶了东海恭王刘疆的女儿沘阳公主，窦皇后就是窦勋与沘阳公主的长女，单从这一点来看，窦皇后应该称刘炟为"堂舅"，血缘关系之亲可想而知。当时，窦氏一门"一公、二侯、三公主、四二千石"的显赫无比的地位被洛阳人津津乐道。

然而，汉明帝永平五年（62），七十八岁的窦融病逝之后，窦家开始日渐衰落。窦穆虽拥有万贯家财，但不修品行，刘庄对此除了冷眼相看外，还时常派人监护他家。很快，"检查组"汇报了窦穆父子"言行不检点"的情报：窦穆假传阴太后的命令，让六安侯刘盱离婚娶自己的女儿（窦穆想通过联姻的方式，把六安当成自己的一亩三分地）。眼看窦穆如此无法无天，胡作非为，愤怒的刘庄下了"驱逐令"，令窦穆父子回老家"思过"。只有窦勋的夫人沘阳公主因为"关系特殊"而留在了京城。

按理说，窦穆父子回到老家后，应该好好反省才对。然而，窦穆父子很快把口头上的不满化成实际行动，干起了贪赃枉法的勾当，全然不理会刘庄一直盯着他们的那双慧眼。结果可想而知，他们的不法事迹很快就被人揭发，刘庄这次毫不手软，直接把窦穆父子打入了死牢。结果窦勋没有把牢底坐穿就死了。

也正是因为这样,窦氏的出身是高贵的(显赫的官宦之家),她天生丽质(长相美不可言)、才华横溢(六岁就能写出很好的文章),她的童年却是在这样一个破落了的"名门"中度过的。

窦氏童年丧父后,失势的窦家人为此多次向算命先生进行"寻经探宝"。算命先生见到窦家子弟时,都是直摇头,直到见到窦氏时,说了石破天惊的八个字:大富大贵,贵不可言。

于是乎,尽管家道败落,但窦家人从此都视窦氏为"全家宝",悉心照顾,精心培养,几乎倾尽了全族之力。

窦氏也没有令他们失望,长成少女的她越来越像出水芙蓉,而且琴棋书画样样精通,很快便在方圆百里声名远播。

都说贫在闹市无人问,富在深山有远亲。窦氏美则美矣,如果不走出那片养育她的大山,那她的美貌和才情注定是要被埋没的。为此,在窦家人全力支持下,汉章帝建初二年(77),窦氏及其妹妹参加了宫中数年一度的"选美大赛",要长相有长相,要才华有才华,窦氏毫无争议地顺利通过层层海选、预选,最后成功突围,被直接选入了长乐宫。

结果刘炟对窦氏一见倾心,一见销魂,他大手一挥,窦氏直接进入妃嫔居住的掖庭,一跃成了他的最爱。于是乎,聪明的窦氏马上来了个三步走:

第一步是施展多年练就的十八般才艺,对刘炟进行征服。举止娴雅,雅中见美,结果刘炟不但被她的美貌所倾倒,也被她的才华所倾倒。不由得感叹"见到你时,我是一个人;没见到你时,我就只剩下半个人了!"可见刘炟对窦氏的痴迷程度。

彻底征服汉章帝刘炟后,窦氏并没有小富即安,马上进行了第二步走,把目标对准了马太后。她是个知书达理、乖巧敏捷的人,此时极尽温柔之能事,连起居请安都是有条不紊,尽量做到尽善尽美。马太后见她和自己身世相仿(都是属于名门之后)、经历相仿(都是属于大起大落型），本来就对她另眼相看。更进一步接触后，她发现两人居然才情相仿（都是属于才貌兼备型）、习性相仿（都是属于温柔敦厚型），于是乎，马太后对她也是越来越喜欢。

搞定了刘炟和马太后这两位"一把手"后，窦氏的第三步是开始有意与众妃嫔搞好关系，每天对她们嘘寒问暖，时不时大献殷勤；时不时假公济私，大施恩德；时不时低言低行，大秀谦风。于是乎，很快众妃嫔就对这位有礼有序有节的"后起之秀"敬佩有加。

三步走的结果是，窦氏的声名如潮水般日夜疯涨，很快就压倒了整个后宫。

窦氏入宫的第二年，八面玲珑的她完成了鲤鱼跳龙门式的质的跨越，神奇地登上了皇后的宝座。

窦皇后可以用三绝来形容：美如赵飞燕，毒比吕太后，奸过王美人。这样才、智、色、艺俱全的人发迹后，自然不是等闲的主儿，马上上演了一场扣人心弦、惊心动魄的"宫心计"。

窦氏立后的第二年，汉章帝建初四年（79），马太后病逝。马太后是后宫的"大姐大"，集一切生杀大权于一身，马太后去世后，权力自然而然地"移交"到了窦皇后手上。

然而，窦皇后心里却并不踏实，因为她拥有两个竞争对手——宋贵人和梁贵人。我们都知道贵人是仅次于皇后的封号。那么，宋贵人和梁贵人又是什么来头呢？其实，宋贵人和梁贵人和窦皇后一样，除了至上的美貌外，还拥有强大的政治背景。

首先，我们来看宋贵人。宋贵人的政治背景不说不知道，一说吓一跳，他和马太后有亲戚关系，她的爷爷的妹妹是马太后的外婆。宋贵人和窦皇后一样，同样有个貌美如花的妹妹。也正是因为两姐妹长得倾国倾城，再加上与马太后拥有亲戚关系，于是乎，马太后主动当起"月老"，把既温柔又贤惠的宋家二姐妹引荐给了汉章帝刘炟。刘炟见到宋氏姐妹后，和后来见到窦氏姐妹一样，同样发出了"见到你时，我是一个人；没见到你时，我就只剩下半个人了"的爱情宣言，沉浸在温柔乡里醉生梦死，并且很快就将其封为贵人。宋贵人接下来的表现同样可以用"惊艳"来形容。她心思细腻，善解人意，每次用餐，她都要客串宫女的角色，亲自给马太后端盘递碗，颇得马太后的欢心，所以婆媳关系非常融洽。总之，一句话，窦皇后入宫后所做的包括"三步走"的一切都有"模仿"和"复制"宋贵人的嫌疑。如果宋贵人有知，一定会说这样一句话：我的成功可以复制。

其次，我们来看梁贵人。梁贵人是安定乌氏（今甘肃省平凉县）人，开国功臣梁统的孙女。他的父亲梁竦是个有名的才子，喜好读书，并曾著书，但郁郁不得志，妻子生下三男三女之后不幸病逝，嫂子舞阴长公主（光武帝刘秀的女儿，嫁梁竦之兄梁松为妻）见梁竦孤身一人抚养儿女，既当爹又当妈，很是艰辛困难，便主动收养梁氏三姐妹。也正是因为这样，从小失去母爱的梁氏三姐妹在舞阴长公主的呵护下又重新找到了母爱。长大后，她们变成了如花似玉且知书达理的三朵金花。梁贵人和窦皇后一样，是同年同月同日进宫，在这次宫女选拔中，最小的梁氏和她的二姐双双被选入长乐宫。由于姐妹俩相貌出众，她们均被封为贵人。

在后宫永远没有姐妹情深，有的只是你死我活的争斗。也正是因为这样，窦皇后和宋贵人及梁贵人之间的生死较量在所难免。粗粗一看，三人应该是棋逢对手、旗鼓相当才对。但这场后宫大较量显然是不公开的，因为宋贵人相比窦皇后拥有三大优势。一是拥有先入为主的优势。她比窦皇后和梁贵人入宫要早个一年半载，都说一招鲜吃遍天，同样的道理，入宫早（哪怕只早一天），论资排辈就靠前了。二是拥有"母以子贵"的优势。宋贵人因为"先入为主"，肚子也很争气，很快就为刘炟生了第一个儿子刘庆。而窦皇后什么都争气，唯独肚子不争气，入宫后，肚子一直空空如也。与此同时，和窦皇后同一天入宫的梁贵人也在皇恩雨露浩荡之下，生有一子，名为刘肇。三是拥有"子以母荣"的优势。汉章帝建初四年（79），也就是马皇后病逝后，在皇后窦氏无子的情况下，汉章帝刘炟立长子刘庆为皇太子。刘庆当了太子，那是国家的储君啊，母以子贵，子以母荣，刘庆是准太子，那宋贵人也是准皇后的最有力的后备人选。

总之，一句话，窦皇后虽然拥有皇后这独一无二的优势，但宋贵人拥有"先入为主"等三大不可动摇的先天优势，梁贵人也拥有"人脉资源"（皇子刘肇）这一独特优势。相比之下，窦皇后觉得自己非但没有优势，反而处于绝对的劣势，特别是刘庆当上太子后，窦皇后知道不能再等、不能再拖了，否则，她离"废后"也就不远了。

可是，要扳倒宋贵人和梁贵人，处于劣势的窦皇后如果一味蛮干那是不行的，弄不好会搬起石头砸自己的脚。既然力拼不行，窦皇后想到了智取：联合实力相对较弱的梁贵人，共同对付宋贵人。

于是乎，窦皇后很快通过多方面的"攻心"攻下了梁贵人的心。稳住梁贵人后，窦皇后和梁贵人联手也只能和宋贵人打成平手。而要想彻底打败宋贵人，还得想其他办法，寻找其他"贵人"的相助。

当然，窦皇后并没有烦恼多久，宫里的贵人不用去远方寻找，窦皇后的妹妹就是"贵人"，但光拥有贵人还不够，能帮得上的她基本上都可以搞定了。都说"打虎亲兄弟，上阵父子兵"，关键时刻，窦皇后想到的贵人是自己的家里人。

于是乎，窦皇后很快把温柔砖拍向了汉章帝刘炟——大吹"枕边风"，很快效果就彰显出来了，窦皇后的哥哥窦宪、弟弟窦笃双双得到了刘炟的重用，窦宪被任命为侍中、虎贲中郎将，窦笃被封为黄门侍郎。窦氏兄弟出入宫省，赏赐累积，广交宾客。昔日的豪门窦氏呼之欲出。

而窦宪和窦笃显然也没有令窦皇后失望，两人很快成为洛阳城里权势熏天的政治新秀。时来运转的窦宪更是风骨傲然地继承了他爷爷窦穆的血统精神，很快就干了一件与其相上下的"大实事"——强买强占了沁水公主的园林。

沁水公主是汉章帝刘炟的亲妹妹，窦宪居然敢在太岁爷头上动土，显然是吃了熊心豹子胆。然而，沁水公主是聪明人，她知道窦皇后此时正是最受宠的时候，窦宪也是初生牛犊不怕虎，是人气最旺的朝中后起之秀，此时如果向刘炟申述，一边是爱情，一边是亲情，会令刘炟左右为难，尴尬万分。与其去自讨无趣，不如退一步海阔天空。就这样，深明大义的沁水公主最终选择了忍气吞声。

窦宪的"初试牛刀"取得了成功，进一步证明了窦皇后受宠爱的程度，此后变得更加骄横跋扈。

而窦皇后为了确保对宋贵人这场较量的胜算，除了"打虎亲兄弟"之外，还来了个"上阵母女兵"——搬出了母后沘阳公主。

窦皇后和家人很快到密室开了一次家庭会议，制定了一套阴谋陷害宋贵人的行动方案：全方位地搜集有关宋贵人的情报，哪怕是蛛丝马迹也不能放过。然后，从细微处着手，运用联想和推测进行充分挖掘，吹毛求疵，找出敌人的漏洞和破绽，狠狠抓住不放手，往死里打，往绝处推，不一箭穿心绝不善罢甘休。

方案方针确定后，接下来是大力宣传、付诸行动。沘阳公主利用自己皇戚的优势，充分发动宫内的婢女太监；窦宪利用自己善于交际的能力，集中动员宫外的狐朋狗友。一张密不透风的网悄然铺开了，只等毫不知情的宋贵人往里钻。

功夫不负有心人，很快，各路"耳目"收集而来的情报源源不断地汇总到了"总参谋长"——窦皇后这里。接下来，窦皇后马上召集家人进行了第二次家庭会议，分析研讨收集而来的情报。经过火眼金睛式的筛选，一条情报引起了家人的注意力。情报的大致内容是这样的：宋贵人的娘家人某天突然心血来潮，给宋贵人捎来了一只纯天然的兔子。宋贵人对这种纯天然食物很感兴趣，很快就把兔子进行了清蒸火炖，然后就大饱口福了一顿。

事情就是这么一个小事，小到毫无新意、毫无波澜、毫无悬念可言，根本就不值一提。窦家人却认为这件事虽然小，但很有挖掘价值。吃什么不好，偏要吃兔子。兔子跟狐狸可以挂上钩，窦家人开始也想从中做点文章，但最终考虑到把什么"狐狸精"之类的东西强加到宋贵人身上，一来太勉强，二来太老套，毫无新意可言，不能起到出奇制胜的效果。好在窦家人都是头脑开窍之人，很快就把宋贵人吃兔子的事上升到了政治高度，并且马上以书面形式向汉章帝刘炟打了个小报告。报告大致意思是说，宋贵人利用兔子头学习巫术，修行邪法，图谋不轨，祸害后宫。

应该说，我们不得不佩服窦家人，一只小小的兔子，居然可以联想得这么丰富，联想得这么有深度，联想得这么有高度，联想得这么有厚度。

宫中最忌讳的就是巫蛊这样荒谬的东西，历朝历代，卷入其中的人结局多半是凄惨悲凉的。因此，接到窦家人打的小报告，刘炟高度重视，立马作出批示：调查。刘炟的想法和做法都是好的。然而，窦家人既然要从宋贵人吃兔子这件事下手，作为突破口，那肯定会想到这一切，该怎么做肯定早就做好了。

果然，因为面对的是宋贵人这样的贵人，刘炟不敢怠慢，亲自带人去搜查宋贵人的寝宫。结果自然是不言而喻的——顺利。在宋贵人的"贵地"里找到了兔子头和残骨剩骸。

吃兔子肯定会留下皮毛骨骸。其实，这时候兔子的骨骸是不是宋贵人留下来的已经不重要了，因为窦家人可以无中生有，让一切都变成自己想要的结果。于是乎，这残渣剩骨就变成了铁证如山——修炼邪术。刘炟望着狰狞的兔子头，脸色也变得狰狞起来，当下就发出了怒吼声，把宋贵人打入了冷宫。恨屋及乌之下，他把无辜的刘庆也"请"出了太子宫，让他去承禄观面壁思过。

2. 赶尽杀绝

为了防止宋贵人母子死灰复燃，窦皇后自然不会心慈手软、手下留情。而是充分发挥能说会道的优势和特长，对汉章帝刘炟大吹枕边风。事实证明，窦皇后的枕边风胜过七级台风，刘炟很快被震得招架不住了，于是乎，在当年六月向天下百姓颁布了废储诏书。诏书的大致内容是：皇太子刘庆，近段时间来不但身体很不好，而且精神也有恙，显然是不能够胜任未来皇帝的繁重工作的，现在只好先改任他为清河王，到下面去修身养性，希望能尽快疾去体安。

欲加之罪，何患无辞。此时的刘庆还只有四岁，怎么就变得身体和精神都不能胜任皇帝这项工作了呢？对此，朝中一些正义之士提出了自己的看法。刘炟的回答却是很干练果断：三岁看小，七岁看老。四岁的刘庆现在就变得这么弱不禁风，还能指望他将来当一个好皇帝吗？

刘庆被废后，宋贵人姐妹被从冷宫打到了"暴室"。

暴室是汉代官署名，属掖庭令管辖，其职责是织作染练，故取暴室为名，宫中妇女有病及皇后、贵人有罪，都幽禁于此室，因此亦称暴室狱。按理说宋贵人母子双双被废，又被打入了万劫不复的暴室，已经是霜打的茄子——蔫了。窦皇后可以长长舒一口气了，可以高枕无忧了，可以安心地当她的皇后了。然而，此时的窦皇后并没有因此收住手中的屠龙刀，并没有放弃对宋贵人赶尽杀绝的心思。斩草不除根，后患无穷。为此，窦皇后拍出了对宋贵人的最后一砖。

为了避嫌，窦皇后找了个宦官来替自己拍出这最后一招的致命之砖，这个宦官名叫蔡伦。

蔡伦当时不过是一名小小的宦官，为了前途着想，他选择了主动抱窦皇后的大腿。

蔡伦的任务是去暴室"关照"宋氏姐妹。当然，名义上是"关照"，实际上却是"督查"，每天给宋氏姐妹小鞋儿穿，用各种无奇不有的方式折磨摧残她们。从此，宋氏姐妹每天除了有干不完的活儿，受不完的苦，还有忍不完的气。很快，蔡伦有了一个响当当的绰号——毒手摧花。

人都是血肉之躯，更何况是娇滴滴的美人儿，哪里受得了这么大的劳动强度？哪里受得了这么刻薄的人格污辱？哪里受得了这么多人的冷潮热讽？有一种委屈叫欲哭无泪，有一种失望叫绝望！委屈，宋贵人还是可以忍受的，但儿子刘庆被废后，她心中最后的依托也就不存在了，希望变失望，失望变绝望，绝望的宋贵人最终选择了一条绝路——自杀。

胜利虽然早已预料，但胜利来得如此之早，还是令窦皇后有点儿意外。而在这场战争中，功勋簿里，有梁贵人的一份功劳，毕竟，没有梁贵人的倾力支持和帮助，窦皇后的"宫心计"也不可能实施得这么顺利和快捷。因此，大获成功的窦皇后很快对梁贵人处处关照，处处关心，以姐妹相待。

"投之以李，报之以桃。"受宠若惊的梁贵人于是决定献出儿子刘肇给窦皇后，以"报答"窦皇后的情意。当然，梁贵人之所以这么做，原因有二：一是窦皇后膝下无子；二是宋贵人倒台后，梁贵人突然有点儿唇亡齿寒的悲切感。为了寻找"依托"，梁贵人决定把自己的宝贝儿子刘肇过继给窦皇后。

前面已经说过，当年汉明帝刘庄的马皇后肚子不争气，没有生儿子时，收了其他宫女的儿子做养子，结果养子顺利当上了太子，最后还登上了皇帝宝座，也正是因为这样，马皇后一直牢牢稳定了自己的权力不动摇，地位不动摇，最终成为一代贤后。窦皇后显然处处以马太后为榜样，此时梁贵人送子的举动正符合她的心意。

套用一句不适当的话，梁贵人和窦皇后是一个愿打一个愿挨，结果在过继这件事上，自然是一拍即合。

梁贵人原本以为忍痛割爱地牺牲自己的儿子，会为儿子换来一个美好的前途，为自己在后宫换来一个坚不可摧的"第二把交椅"。事实上，刘肇过继给窦皇后，果然马上飞黄腾达。很快，刘炟就让刘肇接替了刘庆被废后空缺的太子位置。宋贵人彻底倒台了，继子又被立为太子，按理说窦皇后和梁贵人应该是双喜临门才对。然而，事实证明，梁贵人打的如意算盘早就在窦皇后的掌控和预料之中。而她之所以这么配合梁贵人，那是她觉得梁贵人还有利用价值。

过继之事成功后，窦皇后马上露出狰狞的真面目，手中的屠龙刀对准了梁贵人姐妹。是啊，此时后宫中最具威胁的宋贵人姐妹死了，只要除去了梁氏姐妹，其他宫女都对她构不成任何威胁，更何况梁贵人是继任太子刘肇的亲生母亲，梁贵人不除去，到时候一旦刘肇登基后认母归宗，那她不是辛辛苦苦几十年，都替别人做嫁衣裳了。

事实证明，梁贵人根本就不是窦皇后的对手。窦皇后在搞定宋贵人时，发动了几乎所有的亲人，包括两个重要的外来人，一男一女，蔡伦和梁贵人。此时对付梁贵人，窦皇后知根知底，根本就没有这么大动干戈，大张旗鼓，大力宣传，而是连发动宫内外监视刺探情报的步骤都省略了，直接写匿名信给刘炟，内容用六个字可以概括：诬陷梁竦谋反。

从梁贵人的父亲梁竦这里寻找突破口，窦皇后的心计之深可想而知。

此时的刘炟早已被窦皇后迷得丢了魂儿，只剩下残留的身躯空壳。面对诬陷，刘炟二话不说，直接下令把梁竦打入死狱，然后派汉阳太守郑据去进行严审。

梁竦原本就是一介书生，平日里喜欢寄情山水之间，结果证明，他的抗饿能力很一般，不出几天居然就来了个"眼睛一闭不睁，一辈子就过去了"，没几天就不明不白地死在了狱中。

对于负责审理该案的官员来说，梁竦活着，那是负担；死了，才是正确的。因为死了，死无对证，正好可以说他畏罪自杀。结果也正是这样，"审查官"郑据很快把梁竦的死向汉章帝刘炟进行了汇报，四个字：畏罪自杀。畏罪自杀的后果很严重，刘炟很生气。也正是因为这样，梁贵人姐妹很快被扣上了同犯家属的帽子。

梁竦死了，后果很严重，罪犯的家属，日子不好过，是要被株连九族的。相见怕见偏偏又见，相爱怕爱偏偏又爱。此时，梁贵人躲进宫中成一统，她最怕见的人就是窦皇后，后宫之大竟无藏身之处，因此，很快又和窦皇后见面了。这一次见面，窦皇后笑盈盈地只说了一句话:与其苟延残喘地活着,不如体体面面地死去。

别人的话要钱,窦皇后的话要命。何去何从,梁贵人知道,活着将会受到更多、更大、更残酷的折磨,最后的结果还是只有一个:死。可是真要去死,她又不甘心,如花的岁月、如花的年龄、如花的容貌,就这样凋零飘散吗?思来想去,梁贵人终究是想不明白,为什么牺牲了亲生儿子却换不来后半生的幸福?为什么自认为走得最好的一步棋却成了致命的败着?为什么只在转眼间一切的荣华富贵便成了过眼云烟?……梁贵人郁闷啊,痛苦啊,受伤啊,结果连上吊之类的痛苦都免了,直接就去阎王那里报到去了。

梁贵人死后,她的婶婶,也就是刘炟的姑姑,舞阴公主也受到了牵连,被打入冷宫——迁移到新城被软禁起来。至此,窦皇后以摧枯拉朽之势一举将后宫中最具威胁的两大情敌陷害致死,只剩下了一个"活死人"——废太子刘庆。本来窦皇后早就对他虎视眈眈,但对于这个没妈的、像根草一样的儿子,刘炟产生了怜悯之心,下了"重点保护令",把他和准太子刘肇放在一起寄养。而刘肇也对刘庆很友爱,兄弟俩亲密无间、形影不离。再加上刘庆年纪虽小,似乎在母后惨死后早熟了,平常慎言慎语,让窦皇后根本找不到任何破绽,因此暂时保全了性命。

3. 木秀于林,风必摧之

朝中百官的眼睛是雪亮的,窦家人的所作所为,他们尽收眼底,只是很多人都很识时务地选择了沉默。但凡事都有例外,譬如第五伦就是个例外,他是光武帝刘秀时就提拔的后起之秀,人如其名,据说其人具有货真价实的"五伦":一是君臣有义;二是父子有亲;三是夫妻有情;四是兄弟有序;五是朋友有信。能做到这些,自然很受重才的刘秀的赏识。在汉明帝刘庄时更是得到了"开国三剑客"的美誉,到汉章帝刘炟时,第五伦作为朝中"大哥大"的身份和地位依然是不可动摇的。历经三朝的第五伦尽职尽责，为朝中事鞠躬尽瘁。虽然在对外的政策和思想方面存在有待商榷的地方，特别是他认为西域只是传说，耿恭等人被围困时，不主张主动救援让人难以理解。然而，第五伦就是第五伦，他所表现出来的奉献敬业精神是令人敬佩的。特别是看到窦家势力日益壮大、胆大妄为、无法无天时，第五伦虽然姓第五，此时却是第一个敢站出来公然和窦家叫板的人，无论勇气和胆识都是可嘉的。

第五伦把矛头首先对准了窦家的中流砥柱窦宪。司空第五伦上疏皇帝对窦氏外戚的胡作非为表示担忧，他的上书大致有三层意思。

第一层意思：欲抑先扬。在说窦宪不好之前，先赞扬他两句再说：一是说窦宪玉树临风，英俊潇洒，风流倜傥，人见人爱，花见花开，现在很多人都看好他美好的政治前途；二是很多人因此成了窦宪的追随者，拥有很好的人气。

第二层意思："近朱者赤，近墨者黑。"然而，这些奔走于外戚窦宪门下的官员，道德高尚、为人正直的少得可怜，劣迹斑斑、寡廉鲜耻的多如牛毛。他们中很多在政治仕途上受到过压制，有些因为巴结前朝外戚而获罪的人，现在又想依附当朝外戚而东山再起。这些人的智商很低，情商很高，人品最差，和那些上街避雨、喝酒解醉的人差不多。窦宪成天被这群鼠目寸光、溜须拍马的人围在中央不是一件好事。长此以往，是要自毁前程的啊！

第三层意思：苦海无涯，回头是岸。真心希望陛下能够严加管束，让窦宪闭门谢客，不要再结交官僚士子，不要再助长他的骄奢淫逸之习气。如此，窦宪可以永葆荣华富贵，而这也是国家之福、窦氏外戚之大幸啊！

应该说第五伦的上书直击窦宪的软肋，说得非常中肯。然而，这时迷失方向的其实不是窦宪而是刘炟。刘炟总是希望看到窦皇后高兴快乐，为了能博窦皇后一乐，他什么都可以干。显然，这时一切不利于窦家的言论他都不愿听。

见自己精心准备的上书如泥牛入海杳无音信，第五伦失望之余，却没有放弃对自身理念的追求，对国家的热爱。接下来接二连三地进行上书，直到上书到第五轮时，为了让自己的说法更有力度，他自然把窦宪强占沁水公主园林的事进行了说明。

为了证实第五伦的说法，刘炟亲自带上窦宪，美其名曰：散步。走着走着，他们走到了沁水公主园林边，直到这时，原本有点儿受宠若惊的窦宪这才明白——原来刘炟散步之意不在情，在乎园林之间也。

"林子大了，什么鸟都有？"果然，刘炟语出惊人。

"嗯。林子大了，什么鸟都有。"窦宪面红耳赤，不知道如何作答，只得含糊地应答着。

"沁水公主把这园林照看得不错啊！你看，这红的花，绿的树，黄的果……不错啊。"刘炟像是在自言自语。

"嗯。红的花，绿的树，黄的果……不错啊。"窦宪机械地应答着。

"但如果林子里突然出现了狼豺虎豹怎么办？你愿充当打虎英雄吗？"刘炟问。

"嗯，打虎英雄……"窦宪的脸已变黄。

话问到这里打住，刘炟不用再问了，他通过"望闻问切"，已知晓其中缘由。回到宫中，刘炟对窦宪痛骂道："打狗还得看主人，你现在这种做法让我感到悲哀。你简直和赵高的指鹿为马有得一拼！你如果不知道检点，不懂得收敛，我要捏死你就像捏死一只蚂蚁一样简单。"应该说刘炟的话说得很严重了，大有怒其不争之意。

然而，在骂完窦宪之后，刘炟对第五伦说的话却是："你这些年为国为民操劳，辛苦了。现在年纪也一大把了，该是享清福的时候了！我真的不愿看到你一直这么辛苦下去，你还是回老家养老去吧。"

话说得很委婉，内心却很坦承，窦宪的行为虽然很不检点，但他有个好姐姐窦皇后。此时如果对窦宪下手，那很显然会惹得捧在手心怕掉了含在嘴里怕化了的窦皇后不高兴啊！要知道千金难买一笑，为了窦皇后，刘炟只能"逆来顺受"。

因此，可以说此时的窦宪是属于"不动产"，私下教育批评可以，却经不起第五伦一轮又一轮的攻击。既然窦宪不能动，那只有撵第五伦走人了。

就这样，第五伦"被退休"了。当然，在下诏书之前，刘炟还对第五伦进行了最后的劝解，希望第五伦能对窦家人特别是窦宪的事儿睁一只眼闭一只眼，得过且过算了。

"公有私乎？"刘炟问。

"昔人有与吾千里马者，吾虽不受，每三公有所选举，心不能忘，而亦终不用也。吾兄子常病，一夜十往，退而安寝；吾子有疾，虽不省视而竟夕不眠。若是者，岂可谓无私乎？"第五伦答道。

一问一答，对话戛然而止。刘炟是想问第五伦，窦家的公事可以私下解决吗？第五伦却坚决地回答，叫我公事私了，我做不到。既然做不到，那没办法了，你待在宫中一天，就一天不得安宁，只能送你走了。但鉴于第五伦三朝元老的身份和地位，以及在政坛的影响力，刘炟还对第五伦进行了丰厚的赏赐。

一是赏钱：赏赐钱五十万，公宅一区；二是赐俸禄：赏赐两千石的终身俸禄；三是送保险：赐免三代被诛的丹书铁券。

由上述可见，刘炟已经仁至义尽。只是，第五伦走时，脸上却满是苦笑，白发在寒风中格外刺眼。他定定地看着刘炟，心里有千言万语，却一字不曾说出口。直到走出城门时，第五伦落寞地回过身来，突然泪流满面地说了一句话：别了洛阳。

四个字，字字如金，字字胜金。

沧桑、感触、无奈、心碎……第五伦的内心肯定在滴血，可是个中辛酸又有谁知？

第五伦走了，沁水公主哭了，窦宪更嚣张了，刘炟却愤怒了，他知道窦宪不可重用后，开始寻找人才，极力打造自己的"嫡系部队"。于是，一个叫周纡的人浮出水面，他被刘炟任命为洛阳令（京城的最高地方行政长官）。

周纡，字文通，下邳徐县（今江苏徐州境内）人。他自小勇猛好斗，经常结交胆大敢为之人，长大后更是性格刚毅，面露霸气。他勤奋好学，尤其喜欢韩非的法学。

汉明帝刘庄年间，他当上了小小的芝麻官——唐县县令。一到任首先给大小官员一个下马威："朝廷不认为我无能，派我来治理本县。我仇视贪官污吏，决心除暴安良。谁要以身试法，我将立即处决。"周纡是这样说的，也是这样做的。很快，唐县掀起了一场惩治贪官污吏、捉贼除霸的风暴。数十名为害百姓的贪官污吏及豪贼违法乱纪的确凿证据被掌握在手，周纡不徇私情，经过公正断案，将他们一一斩首。当地民众无不欢欣鼓舞，拍手称快。一时间，唐县境内大小官吏恪尽职守，不敢有半点扰民之事，官吏清正廉洁蔚然成风，盗贼销声匿迹，百姓安居乐业，海清河晏，歌舞升平。

因政绩卓著，周纡很快被提升为博平县令。到任后，经查贪污受贿的官吏很多，他发现一个拘捕一个，然后严刑拷问，只要证据确凿，就没有一个活着出狱的。周纡凭着敢打硬拼、嫉恶如仇的声威晋升为齐国相。他也十分严厉残酷，一味动用酷刑。后来因滥用酷吏而出现冤案，再次被降为博平令。

刘炟相中的就是周纡的"酷吏"身份。前面已经说过，东汉建都洛阳以来，因功臣豪绅大多都聚集在这里，而且他们有的居功自傲，家奴狗仗人势，巧取豪夺；有的豪绅似匪徒恶霸，欺压百姓，滥杀无辜，导致京都治安很乱。除光武帝刘秀时的董宣外，担任洛阳的其他人都没把洛阳的治安管好。因此，自古就有京都官难做的说法。

现在，刘炟提拔周纡担任洛阳令，显然是有深意，说大点儿是管整个洛阳的治安，说直白点儿却是专查窦氏等外戚贵族人家。

都说新官上任三把火，周纡上任后，很快就来摸底调查：当地大族的户主姓名。下属官吏哪敢怠慢，便顶着风雨晴晒，走街串巷，把洛阳城里所有豪强的姓名摸清底细后上报到了周纡这里。原本以为会得到周纡的赞赏，但哪料到，周纡对名单只看了一眼，便怒喝道："我问的是像马家、窦家那样的皇亲国戚，难道叫我去管那些卖菜的贩夫吗？"

一声怒喝，掠人胆魄。下属官吏瞧着他的脸色行事，争着抢着做激烈严酷的事。效果也是相当明显：那些显贵的皇亲国戚全都变得小心翼翼，京都一派太平。

然而，凡事有个度，严厉是好事，但如果严厉过了头那就是坏事了。很快，周纡就和窦氏外戚势力的二号人物窦笃来了个"真情对对碰"。

事情大致是这样的。一天晚上，窦笃突然心血来潮，来了个"夜游止奸亭"，结果正好碰到巡逻的周纡。都说秀才遇到兵，有理说不清。窦笃虽然不是秀才，周纡虽然也不是兵，两人一见面却还是来了个说不清。周纡说，止奸亭晚上禁止游人参观，要来白天再来。窦笃说，我以前天天晚上都来止奸亭兜风，你一来就改变了，这是哪门子的规定？周纡说，没有哪门子规定，是我规定的？不服咋的。窦笃说，当然不服了，你不要以为你很牛，我窦家人根本就不拿你当官差。周纡说，你等着。窦笃说，你等着……

两人没完没了地争斗了一晚无果，窦笃将此事上报给了刘炟，请皇帝来主持公道。

刘炟听说后很生气，叫你周纡当洛阳令，专门督视窦氏外戚，是叫你收集可靠信息和证据，以备急需之用，而不是叫你无中生有，无事生非，主动去招惹麻烦啊。人家去散个步兜个风，犯了哪门子法？这事如果让窦皇后知道了，我怎么向她交代？想到这里，刘炟马上叫人把周纡抓起来送到了诏狱（皇家监狱），听候审讯。

当然，刘炟这样做，只不过是为了给窦家一个交代。过了一些日子，等窦家人怒气稍歇后，刘炟又把周纡无罪赦免了。

然而，窦皇后很快就知道了这事，她又充分发挥自己的特长——枕边风。她的枕边风此时已胜过九级台风了，自然是风到石开。结果周纡虽然死罪可饶，但活罪难逃，洛阳令却不能再让他当了。于是乎，刘炟只能无奈地叫周纡卷起铺盖回家种地去了。后来，周纡再次被召用为御史中丞，他也成了窦氏的收尸人。当真是世事难料。

（三）权臣那些事儿

1. 几朝天子一朝臣

汉章帝章和二年（88），三十一岁的汉章帝刘炟死了。年仅十岁的皇太子刘肇继任为皇帝，是为汉和帝。

实权在握的窦太后时来运转，一跃成为皇太后的她代年仅十岁的刘肇主持处理东汉王朝的工作，成为"垂帘听政"的先驱者。

她上任后马上做了两件事。

第一件事，极力打造崭新的窦氏集团。窦太后主持天下后，窦氏外戚势力立即如芝麻开花节节高，又开始了新一轮的鸡犬升天。窦太后的兄弟窦宪、窦笃、窦景、窦瑰等并居机要。

曾被汉章帝"雪藏"好几年的窦宪，经过短暂的沉寂，再度发迹，负责朝廷的日常工作，连皇太后的诏书颁发都要经过他；朝中禁军皆归窦笃掌握，皇宫内外的安保工作由他全权负责；窦氏后起之秀中的"双子星座"窦景和窦瑰职务是中常侍，负责文书传达和联络工作，宫中的风吹草动，都在两人的监视之下。

结果，效果显而易见：窦太后从此号令天下，莫敢不从。

第二件事，极力打压朝中的"反动"人物。窦氏集团为了打造至高无上的权力，马上开始了"结其羽翼、排除异己"的行动。身为太尉的邓彪被任命为太傅，"令百官总己以听""累世帝师"的桓郁"授经宫中，所以内外协附，莫生疑异"。

这样一来，窦宪得势。谒者韩纡因为在明帝永平年间审理窦宪之父窦勋一案秉公办事，一直是窦家难以言说的痛，此时，尽管韩纡早已死了，但窦氏集团并没有就此了结此怨，而是将仇恨进行到底，结果韩纡的儿子成了父债子还的牺牲品,窦氏集团用其头颅为窦勋祭坟,上演真真切切、扎扎实实、风风火火的"血祭"。

与此同时,刘炟的兄弟广平王刘羡、六安王刘恭、重熹王刘党、下邳王刘衍、梁王刘畅五位王爷也成为政治牺牲品。

就在窦太后双管齐下、窦氏集团水涨船高时,窦氏集团却很快上演了一场窝里斗。

窦宪"一飞冲天",气焰嚣张到了无法无天的地步。除了朝中文武百官、皇室宗亲,其他人他一个都不放在眼里。这个时候,一个人的怒发冲冠,让窦宪马上体会到了什么叫"坠落的姿势"。

这个怒发冲冠的人便是窦太后。原因很简单,窦宪得罪了窦太后,因为窦宪杀了一个不该杀的人——"五王闹洛阳"的刘畅。

梁王刘畅和广平王刘羡、六安王刘恭、重熹王刘党、下邳王刘衍在汉章帝死后,齐刷刷地进京来了,上演的是一出"五王逼宫",结果却变成了"血祭"。五王按理说轰轰烈烈,死得并不冤枉。但在窦太后眼里,刘畅却死得冤枉。

原来,英气逼人的刘畅仗着亲王的关系,早已沦为窦太后的相好,老好人汉章帝日理万机,废寝忘食地工作,披星戴月地干活,被戴了"绿帽子"也不知情。汉章帝死后,只有十岁的刘肇即位,刘畅觉得这是和窦太后"再续前缘"的好机会,这才急匆匆地往京城赶。为了不"打草惊蛇",他和四个宗亲王打出了联合的旗帜。结果窦宪不知天高地厚,大肆诛杀五王时,把"无辜"的刘畅也给咔嚓了。

刘畅死了,窦太后先是心痛,然后发怒,后果很严重,窦宪吃不了兜着走,立马受到了处罚:一是把窦宪革职;二是把窦宪"拘留"。

直到这时,窦宪才如梦方醒,知道犯了大错,惹了大祸。他知道自己如果不采取及时可行的措施和对策,等待他的将是更为严重的"问罪",被砍头也不是不可能。想到这里,身陷囹圄的窦宪马上提起了"上诉"。别人"上诉"是为了给自己开脱罪名,窦宪"上诉"却是为了"将功赎罪",具体表现为:

首先，他以诚恳的态度主动认错道歉，向窦太后承认了自己的过失；其次，他以诚挚的态度展开亲情攻势，请求窦太后宽恕自己的过失；最后，他以诚信的态度主动提出要求，请求亲自领兵去攻打北匈奴。

事实证明，窦宪的"亡羊补牢"战略还是立竿见影的，窦太后不看情人看亲人，不看朝臣看局势，最终还是答应了窦宪的请求。

汉和帝永元元年（89）六月，窦太后封窦宪为车骑将军，为主帅，执金吾耿秉为副帅北伐匈奴。

结果，三路大军的行军过程很顺利，很快便在涿邪山会师。当然，汉军之所以这么"一帆风顺"，那是因为他们没有经受考验，沿途连半个北匈奴人的影子也没看到，不用一刀一枪，能不顺利吗？

看着光秃秃的涿邪山，窦宪没有心思发感慨，而是急得直跺脚，大吼道："我不是来旅游的，如果不带战利品回去，我如何交差（立下了军令状）？我的头颅难保矣！"

"主帅勿忧。"耿秉安慰道，"北虏远遁，那是因为害怕。只要他们害怕，就意味着我们的机会来了。"

"什么机会？"窦宪绝望的眼神中发出一丝光亮来。

"他们跟我们玩捉迷藏游戏，我们就跟他们玩扮猪吃虎的游戏。"耿秉顿了顿，接着道："北虏藏身的大致范围在安侯河（今蒙古人民共和国鄂尔浑河）以西，我们现在先在这里安营扎寨，再调兵遣将向北探索前进，必能破敌。"

窦宪一听大喜，随即来了个两步走。

第一步，安营扎寨。这个是项基本活，过程单调结果单一。

第二步，投石问路。这个是项技术活，过程和结果成正比。

窦宪派去"投石问路"的先锋为"三剑客"：副校尉阎盘，司马耿夔、耿谭（耿秉之弟）。兵力：一万精兵铁骑。进军方式："三剑客"行军时各自分散，战时速度会合，齐头并进，互为掎角，互为依靠，步步为营，步步推进。

"三剑客"果然不负窦宪厚望,在稽落山(今蒙古人民共和国境内)终于找到了躲藏的北单于。结果北匈奴被打得丈二和尚摸不着头脑,只好选择"不羞遁走"。

北匈奴败了,窦宪第一时间得到消息,马上采取大规模行动,率大部队来了个"千里大追踪"。结果勇往直前的汉军一直追到私渠比鞮海(今蒙古人民共和国境内),一路上杀敌共计一万三千余人,收获降兵降民共计二十余万人,俘获马、牛、羊等牲畜共计百余万头。

收获这么多的战利品,获得如此成就,窦宪不由得大喜过望。他登上燕然山(今蒙古人民共和国境内),先是"指点江山",然后在碑文上来了个"刻石勒功",至此窦宪成功达到了"戴罪立功"的目的,而他的仕途也迎来了新的转机。

2. 至暗时刻无人知

第二次凯旋后,窦宪早已完成"质"的蜕变,由戴罪之身变成了有功之臣。他和窦太后的"嫌隙"也因此烟消云散。随后,大将军窦宪掌握了大汉王朝的军权,成为朝中名副其实的"摄政王"。窦太后封官也在此时形成了自己独有的"潜规则":一是亲属,二是听话。结果,窦氏家族的高官遍布整个朝廷上下,达到了"刺史守令,多出其门"的地步。

"一人得道,鸡犬升天。"窦氏家族因为仗着上有"铁杆保护伞",下有"团伙看场子",巧取豪夺、贪污贿赂、投机倒把等坏事干尽。窦笃晋升为特进,可以选拔官吏,享受三公的礼遇;身为执金吾的窦景越发肆无忌惮,公然指使手下恶奴抢夺财物,掠人妻女,使得京城里商贾关门歇业,如避寇仇,一天到晚提心吊胆;身为光禄勋的窦瑰为富不仁……

至于窦宪本人,塞外的戎马生涯并没有让他脱胎换骨,不见他提拔一位后学英俊、疆场功臣;不见他对国家的水旱灾害、黎民疾苦表示过关心，他只知居功自傲，傲视满朝公卿。

窦氏家族的所为，搅得京城的政治和社会秩序一塌糊涂。然而，迫于窦氏淫威，官员们敢怒不敢言，谁也不敢举报。唯有以司徒袁安、司空任隗、尚书仆射郅寿和乐恢四人为首的几位官员敢于逆流而上，以大无畏的英雄气概与窦氏集团展开激烈的对抗。四人弹劾窦氏集团的一些不法分子，因为证据确凿，事实胜于雄辩，窦太后为了给世人一个交代，不得已进行处罚，结果被贬官或免职的竟然达四十余人。

这显然"触怒"了以窦宪为首的窦氏集团的根本利益。因此，本着以牙还牙的方式，他马上把目标瞄准这四人，采取各个击破的策略。他首先对四人中身份和地位较低的尚书仆射郅寿和乐恢动手，结果两人根本就没有还手之力，很快被窦宪以"莫须有"的罪名杀害。而对于这一切，"三朝元老"袁安和任隗除了表示强烈不满和抗议外，竟然爱莫能助，毫无办法。

另外，司徒府的属官周荣是反窦的坚定分子。司徒袁安弹劾窦景及与窦宪争论的奏表，全由周荣草就。窦氏宾客、时为太尉府属官的徐来恐吓周荣："你为袁公心腹，排挤窦氏，窦门刺客遍布城中，你出入可要小心啊！"周荣没有被他吓倒，他早已把生死置之度外。他强硬地回答道："我周荣是长江、淮河地区的一介书生，有幸能在袁安属下任职，纵然被窦家所害，也心甘情愿！"除此之外，他告诫妻子：万一自己遭到不测，不要收殓尸体，以警醒朝廷。

梁讽曾为窦宪的司马，去北匈奴招降纳叛，也尽了自己的一份力量，后来因为忤意，就被窦宪处以髡刑（即剃光头发），武威太守又秉承窦宪的意旨杀了梁讽。

可以说窦宪用实际行动证明了什么叫一手遮天，什么叫睚眦必报。

光阴荏苒，汉和帝永元三年（91）十月，十四岁的和帝刘肇要西去长安祭祀汉家陵园，让窦宪与他在长安相会。窦宪前来"迎驾"时，一些趋炎附势的官员竟然向窦宪叩拜，伏身口称"万岁、万岁、万万岁"。幸好尚书韩棱正色说道："同上面的人交往，不可谄媚；同下面的人交往，不可轻慢。与人相交，在礼仪上应不卑不亢，哪有人臣被称为万岁的制度！"这才阻止了这次荒唐的闹剧。

这次闹剧对刘肇幼小而脆弱的心灵产生了强烈的震撼，他萌生出强烈的参政欲望。是啊，四年来，他已经完成了儿童向少年的转变。普通百姓家十四岁的孩子都还停留在"少年不识愁滋味"的阶段，但刘肇却深深体会到了什么叫"人在皇宫、身不由己"。为了改变这种状态，他向窦太后委婉地提出了"参政"的想法。

没想到这次"投石问路"，被窦太后一口回绝："你现在还小，官场如战场，就让你舅舅他们先多替你担当一下吧。等你成年了，再让你做主宰太平盛世的天下之王，好吗？"

窦太后的语气很平和，意思却不容反驳。

接着，刘肇充分发挥不灰心不气馁的优良作风，再向舅舅窦宪进行了"讨教"。结果，窦宪可没有窦太后那么温和，他怒吼道："你也不看看自己的能力，还想参政，我看你是身在福中不知福。"

被窦宪一骂，年仅十四岁的刘肇彻底醒了。他明白了这样一个道理：要想从窦氏手中把权力棒"交接"过来，"等"那是永远不可能的事，只有一条路可走，那就是"夺"。

而要想夺权，必须培养自己的"亲信"。朝中虽然也不乏袁安、任隗这样的正义之士，但更多的是趋炎附势之辈，如果在朝中"赤裸裸"地寻找自己的亲信，弄不好就会打草惊蛇，弄不好会阴沟里翻船，弄不好会死无葬身之地。对此，年少却充满智慧的刘肇决定就地取材，选的亲信居然是宦官郑众。

郑众不但是个宦官，而且是个有残疾的宦官。据说在入宫时受到了非人的折磨，能保全一条性命已经是奇迹。

刘肇选择这个残疾人做"挡箭牌"，一是可以避人耳目，二是因为郑众不是一般人。如果说残疾是他最大的缺点，那么品德就是他最大的优点。他忠于朝廷忠于汉室，就是不忠于窦氏集团。也正是因为这样，当刘肇向郑众示好时，郑众很快便成了他的"内线"。

有了"内线"郑众的支持和帮助，刘肇可以及时准确地掌握窦太后和窦宪等人的最新动态，这为他实现梦想跨出了坚实的一步。

初试牛刀取得不错效果后，刘肇本着一个好汉三个帮的原则，继续他的"亲信"寻找之旅。很快，他把目标瞄准在了自己的异母哥哥、前废太子清河王刘庆身上。

这时的皇室宗亲王，几乎被窦氏集团一网打尽：五大藩王被斩，其他亲王沦为布衣或归隐山林。

相对于其他宗亲选择"中隐隐于市"和"小隐隐于野"，清河王刘庆就显得与众不同。他痛失太子之位后，并没有忌恨刘肇，而是对专权的窦氏集团深恶痛绝。因此，相对于别人的明哲保身，他选择了"大隐隐于朝"，一直蛰伏在朝中，不显山也不露水。这时，他和刘肇两人就像是干柴烈火，一点就着。两人很快达成了生死同盟，六个字：同患难，共进退。

事实证明，这个刘庆果然不是一般人物。他虽然也还是个十多岁的孩子，但谨慎而不失机智，沉着而不失稳重，成了铲除窦氏外戚集团的"骨干力量"。他找来一本《汉书·外戚传》对刘肇进行"洗脑"，目的是让刘肇树立良好的人生观、大局观、政治观，让其树立坚定的信念和信心。他的"启蒙教育"无疑让原本迷惑的刘肇茅塞顿开。

3. 窦氏集团的末日

在找到两个好帮手的同时，汉和帝刘肇再接再厉，很快把目标瞄准在另一位"奇人异士"身上，这个人的名字叫丁鸿。

丁鸿，字孝公，颍川郡定陵人。

丁鸿的父亲丁綝在王莽末年担任颍阳县县尉。后来以"匡复汉室"为己任的刘秀带起义大军打到颍阳城，但颍阳城因为占据天时、地利、人和的优势，久攻不下。这让力求速战速决的刘秀很是苦恼，他甚至一度产生放弃攻打颍阳的想法。然而，就在刘秀准备班师回朝时，丁綝却叫住了刘秀,说了这样一句话:"我要依靠你。"正当刘秀不知所以时,丁綝在城头挂起白旗,然后打开了城门……

刘秀高兴之余对丁綝进行了嘉奖。随后丁綝带领兵士强渡黄河,先后为刘秀攻下河南、陈留、颍川三郡二十一县,一路可用势如破竹、顺风顺水来形容。

光武帝建武元年(25),丁綝被拜为河南太守。等到封功臣时,刘秀叫大家各言所乐,诸将都占丰邑美县,只有丁綝愿封本乡。有人不解问道:"人家都想占县,你却只求乡,这是为什么?"丁綝笑道:"从前孙叔敖嘱咐儿子,受封时一定求瘠薄之地,今我能薄功小,得到乡亭就很不错了。"刘秀对他这种"孔融让梨"般的举动大为赞赏,封他为定陵新安乡侯,食邑五千户,后来改封为陵阳侯。

都说虎父无犬子。相对于父亲的宽厚和礼让,丁鸿却是聪慧和明达。他十三岁时,拜桓荣为师,学习《欧阳尚书》,三年后毕业,也没有找工作,而是穿上布衣,挑着行李,不远千里游学天下,直到父亲丁綝去世才停止这种"漂泊流浪"的生活。

丁綝死后,按规定丁鸿应世袭受封,他却上疏朝廷,希望把封国让给弟弟丁盛。然而,朝廷没有批准他的"善心"。但丁鸿是个说一不二之人,埋葬完父亲后,丁鸿把孝服往庐墓一挂,来了个"留信而别",信中曰:"鸿贪经书,不顾恩义,少而随师学习,生不供养父母,死不能尽孝道,皇天先祖,并不保佑帮助,身受大病,不堪茅土。前次上疏言明病情,愿辞爵给弟弟,奏章搁置没有回批,时间迫近当袭封爵土。谨自放弃袭爵,到外寻求良医。如果病治不好,死在沟壑算了。"

这便是历史上著名的"丁鸿逃封"这一典故的由来。

再后来,丁鸿逃封东海,遇到了莫逆之交的老同学鲍骏。丁鸿觉得自己这样落魄,没脸见老同学,于是来了个"相见不相识"。但鲍骏却不吃这一套,他挽住丁鸿来了个"笑问客从何处来"。寒暄过后,鲍骏道:"从前伯夷、吴季札处在乱世,所以得申其让国之志。《春秋》之大义，不因家事废王事，现在你以兄弟的私情而断绝父亲不灭的基业，可说是聪明吗？"

丁鸿很受感动，流泪叹息，于是返回国都，开门教授学徒。

此时，鲍骏也上疏朝廷，称丁鸿经学学得很好。丁鸿慢慢受到朝廷的注意。

汉明帝永平十年（67），汉明帝召见丁鸿，丁鸿很珍惜这次难得的机会，面试中讲述《文侯之命》，被汉明帝惊呼为神人，很快就封他为侍中。三年后，丁鸿，兼任射声校尉。汉章帝建初五年（80），被提拔为少府。

丁鸿在十六年的仕途生涯中，做得最多的一件事就是演讲。他每进行一次演讲，就会得到一大批"粉丝"，结果这些"追星族"便成了他的门客，到最后，丁鸿的门客达到数千人。

汉和帝永元四年（92），袁安病逝。临死前，袁安在发出"但悲不见窦氏灭"的感慨同时，对丁鸿寄予了"厚望"，极力推荐丁鸿继任司徒一职。然而，窦太后并没有批准他的请求。

正是因为袁安的"临终一推"，丁鸿引起了汉和帝刘肇的注意。于是，刘肇马上和他进行了飞鸽传书，很快就"俘虏"了他。

俗话说，一个好汉三个帮。人小鬼大的刘肇拉拢了残疾人郑众、大小孩刘庆、书生丁鸿三个帮手。

就是这个极为不起眼的四人组却成了不可一世的窦氏集团的掘墓人。

与此同时，窦宪看到汉和帝越来越不安，窦氏集团的"大哥大"产生了"废而立新"的想法。他也找了两个得力帮手：一个是他女婿射声校尉郭举的父亲长乐少府郭璜，另一个是穰侯邓叠。

三人平常就狼狈为奸，此时自然一拍即合，于是决定对刘肇进行"屠龙"，另立新君。策划方案很快就提上了议程。

然而，他们三人的阴谋很快被刘肇的"内线"郑众探知。刘肇一听吓得面如土色，不知所措。正在这时，丁鸿出来帮他"解忧"了。他借日食给刘肇上疏，引用《诗经》教会了刘肇三个关键词：

第一个关键词：日中则昃，月盈则食。

解析：臣下听说太阳为阳精，守实不亏，君王之象征；月亮为阴精，盈虚有一定规则，是臣子的表象。所以发生日食，是因为臣在君上，阴凌于阳；月满不亏，是因为臣子骄盈的缘故。

第二个关键词：变不空生，各以类应。

解析：凡威权不可以放下，利器不可以假人。远看往古，近看汉兴，倾危之祸都是由此产生的。因此，三桓专鲁之权，田氏擅齐之政，六卿瓜分晋室，诸吕掌握汉室，统嗣几次变更，哀帝、平帝末年，宗庙不能祭祀。所以虽有周公之亲，而无周公之德，不能行其权势。现在，大将军窦宪，虽想束身自约，不敢僭越权势，然而天下远近的百姓都恐惧承旨，刺史两千石初除谒辞，求通待报，虽奉了符玺，也不敢马上便去，久的能拖到几十天。背着王室，走向私门，这是上威降低、下权势盛的缘故。人道悖于下面，效验现于上天，虽有隐谋，神明照察其情，垂象见戒，以警告人君。近来，月满先节，过了十五还不亏缺，这是臣下骄傲横溢、违背君王、专功独行的缘故。陛下没有察觉，所以上天再次警示，应该畏惧，以防大祸临头。

第三个关键词：敬天之怒，不敢戏豫。

解析：如果敕政自责，杜渐防微，那么凶妖就会消灭，害除而福降了。臣听说天不可以不刚，不刚则三光不明；王不可以不强，不强则宰牧纵横。应该趁大变之际，改政匡失，来附和天意。

丁鸿的上疏给了刘肇力量，他知道情况紧急，已到了只争朝夕的地步，于是当机立断，决定先下手为强，进行"反屠龙"。

汉和帝永元四年（92）夏，汉和帝刘肇在北宫组建了"指挥部"，以迅雷不及掩耳之势发动了"政变"。首先，他命令丁鸿带领禁卫军封闭城门，武装保卫南、北两宫。随后，派人去按名单抓捕窦氏的同党，不走"司法程序"，直接下狱格杀勿论，窦氏集团的党羽郭璜、郭举、邓叠、邓磊等人被一网打尽。最后，命谒者仆射去窦宪家里收了他的大将军印章，再去他兄弟家里下发了几张"通知书"，把他们罢官，统统撵到各自的封国去了。

整个"政变"过程波澜不惊，平淡得像一次日常演习，强大的窦氏集团只在一瞬间就灰飞烟灭了。这其中，除了刘肇准备充分之外，正确选择时机也是重要因素之一。当时窦宪北征匈奴得胜回朝没多久，手下亲信整天花天酒地，开庆功，想着升官发财还来不及呢，谁会想到皇帝会在这时候突然发难？

窦氏兄弟被遣送回封地只是第一步，皇帝不会让他们在封地颐养天年，谁都知道他们的末日已经为期不远。刘肇考虑到窦太后对他有养育之恩，没有把他的几个舅舅明正典刑。他借鉴了当年窦太后对付宋贵人和梁贵人的方法，向他们的封地专门派遣了会渲染恐怖气氛的官员，整天"开导"他们。在官员们的日夜"开导"下，窦宪、窦笃、窦景全部自杀。

窦氏集团仅有两个"幸存者"：一是窦太后，这位失去了窦宪等羽翼的"母老虎"，就像被拔了牙一样，再也没有食肉的权力，只剩下了吃饭的义务了；另一位是夏阳侯窦瑰，因为他是窦氏集团的另类，当了官也没有和其他窦氏成员同流合污，忠厚、勤劳、朴实、孝顺，最重要的是"检敕宾客，未尝犯法"。因此，刘肇对他网开一面，非但免除了对他的处罚，而且封他为罗侯（罗县，属长沙郡），使他得以保全。这当真验证了"好人有好报"这句话。

顷刻之间，外戚窦氏的势力毁灭殆尽。世事风云莫测，窦氏兄弟短短几年的飞黄腾达好似一枕黄粱美梦，朝野上下无不拍手称快。

十、汉亡的历史密码

（一）外戚是把"双刃剑"

1. 邓绥：我毁誉参半

东汉有一个很"特别"的皇后，她一生有很多作为，却毁誉参半。她政治才能出众，却没有圆满的结局，她谱写了一曲悲情的巾帼之歌，她的名字叫邓绥。

邓绥出身好。她所在的邓家位列东汉四大家族之列。邓绥的祖父是东汉开国功臣太傅邓禹，父亲邓训是护羌校尉，母亲是光武帝刘秀的皇后阴丽华堂弟的女儿。也正是因为政治背景出众，乖巧伶俐的邓绥一出生就备受世人关注。

邓绥体贴人。从小便知书达礼的邓绥被奶奶太傅夫人视作掌上明珠。一次，奶奶要亲自给她剪头发，因老眼昏花，不慎弄伤了邓绥的头，邓绥却一声不吭。事后，有人问邓绥为什么忍痛不说。邓绥回答："我不说出来并不是感觉不到疼痛，而是为了不让奶奶为这件事难过，这才忍住不说的。奶奶喜爱我才给我剪头发，我不能让她老人家难过。"小小年纪的邓绥如此善解人意、体贴他人，令人佩服。

邓绥才识高。因为家境好，邓绥从小便受到了良好的教育，读书习字、琴棋书画无所不能。相传她六岁的时候便能读史书，十二岁便通晓《诗经》《论语》。邓绥的母亲不想她天天苦读，一心想让她精于妇道。于是，善解人意的邓绥白天时就按照母亲的要求学习女红，晚上继续诵读经典，父亲为此对邓绥很是赞赏。

汉和帝永元四年（92），十二岁的邓绥遭受了人生第一次大的打击，父亲因病去世，她感觉天要塌下来了。为此，她为父守孝三年。

三年之后，十五岁的邓绥迎来了人生当中的第一次"大考"，她被选入宫。被选的原因很简单，一是长相秀美。这时的她"长七尺二寸，姿颜姝丽，绝异于众，左右皆惊"。二是才华出众。邓绥每每出口成章。

如此集才貌于一身的她入后宫，被汉和帝视为"宝物"，对她宠爱有加，入宫第二年就晋升为贵人。邓绥不骄横，她虽然有显赫的家世，但在宫中一点都不骄横，非常谦恭谨慎，做所有的事情都严格按照规章制度，连对宫里的下人都以怜惜宽容的心态相待，对待汉和帝的第一皇后阴皇后更是加倍小心。

阴皇后可不是一般的人，她出身名门望族，她父亲的祖父是光烈皇后阴丽华的哥哥阴识，她母亲的祖父是光武帝刘秀的开国大臣邓禹，这样特殊的皇亲国戚身份是寻常人无法相比的。阴皇后还是少女时便名溢满京都。汉和帝永元四年，十三岁的她入宫后，凭借出众的样貌与才华脱颖而出，成功获得了汉和帝的宠爱，晋封为贵人，不出两年，被封为皇后，一时风光无二。

按照辈分算，邓绥是汉和帝的第一皇后阴皇后的姑母。阴皇后比邓绥早四年入宫，因为是出自阴氏家族，所以一入宫就被封为贵人。和帝非常喜爱她，在邓绥被封为贵人的那一年，阴氏被册立为皇后。但自从阴氏当上了皇后，和帝对她的宠爱反而减少了很多，这是因为新入宫的邓绥不仅异常美丽，而且博学多才，善察圣意。

阴皇后因为嫉妒而怀有越来越多的愤恨之心。邓绥受宠日盛，使得阴皇后担忧嫉妒，屡次想加害她。邓绥处事更加小心谨慎。一次，邓绥生病，和帝体恤她，就特许她的家人入宫探视。邓绥却拒绝了。宫廷宴会的时候，其他后妃都装扮明丽，唯独邓绥打扮素淡。偶尔和阴皇后穿的衣服颜色相同，她必定重新换上不同颜色的衣服。皇子们在后宫内接连夭折,邓绥知道后,多次流泪叹息,并一再给和帝选进才人,好让皇家没有子嗣的忧虑……凡此种种,使得和帝更加觉得邓绥通晓大体,可爱可敬。

俗话说:"自作孽不可活。"汉和帝永元十四年(102),阴皇后的祖母向她献计,以巫蛊之道诅咒邓氏速死或使皇帝无子,以保全皇后之位,结果被告发。和帝大怒,废掉阴皇后。阴氏家族因此被下狱治罪,阴皇后的父亲自杀而死,兄弟等人有死在狱中的,有被免去官职流放的。当年冬天,邓绥被册立为皇后。邓绥一再推辞不受,和帝不准,她才正式接受皇后玺绶。

邓绥居皇后之位依然节俭务实。以往每逢国家大型节日或者岁末,各地及小国都争相贡献珍稀宝贝以示祝贺。邓绥不想让这种奢侈之风延续,建议贡品用纸墨代替。和帝按照惯例要对邓家兄弟封赐也被邓绥推辞掉。所以,邓氏家族人始终都没有获得很高的官职。

延平元年(106),汉和帝驾崩,仅二十五岁的邓绥的人生再次迎来转机。和帝因为十几个皇子先后在后宫死掉,所以担心有人故意加害皇家子嗣,就把后来生下的皇子送到民间秘密抚养。这件事只有皇后等少数几人知道,因而在和帝死后,邓绥把才生下来一百天左右的刘隆(汉殇帝)抱回宫中,立为皇帝。邓皇后升级为邓太后,因为皇子太小而临朝听政。这个小皇帝不到一年就夭亡了,邓皇后和其兄立汉章帝之孙刘祜为皇帝,是为汉安帝。

此后近二十年,邓绥虽然是"垂帘听政",成了朝中一切权力的主宰者。她因为生性仁慈,在代管朝政期间做了许多贤德的事情。对此,范晔在《后汉书》中对邓绥赞誉有加,不惜花费大量笔墨对她的一生进行描述,这在皇后中也算特例。

汉安帝建光元年(121)春,垂帘听政十六年之久的四十岁的太后邓绥偶染风寒,很快就一病不起。临死前,她对汉安帝留了三道遗言。

一、我死后,希望陛下能大赦天下,以弥补我心中的内疚。

二、我死后,希望陛下能宽恕邓氏家族的子弟们。

三、我死后,希望陛下能格外开恩,让我能和先帝(刘肇)合葬在一起。

汉安帝是个孝顺的人,没有不答应的理由,邓绥去世后,一边大赦天下,一边为邓太后举行了隆重的葬礼仪式,把她葬于洛阳北邙山上。

汉安帝刘祜终于守得云开见日出,摆脱了邓太后的阴影。他如同一条苏醒的蛇,一朝灵蛇出洞,上演的自然是"嗜血的皇冠"。具体过程归纳起来可以分为三步。

第一步:投石问路。

邓太后尸骨未寒,汉安帝就追封自己的生父刘庆为孝德皇帝、生母为孝德皇后、嫡母为甘陵大贵人,以此来试"邓氏集团"的反应。结果,此时的邓氏集团都还沉浸在"大姐大"这一"龙头"突然离去的悲伤中,对汉安帝的投石问路根本没有什么反应。

眼看投石问路效果还不错,汉安帝马上上演第二步:含沙射影。

为了彻底扳倒邓氏集团,汉安帝采取"清其外围,层层推进"的策略,先是找依靠邓氏集团的宦官集团下手。这个时候,宦官集团的"大哥大"郑众已经死了,取而代之的是"二号人物"蔡伦。结果汉安帝对这位发明造纸术的人才,既爱又恨。爱就不用说了,那是因为蔡伦用聪明智慧发明创造的一张薄薄的纸取代了厚厚的竹片,创造的是人类文明进步的奇迹,这样的人才想不爱都难。而恨是因为当初蔡伦诬陷祖母宋贵人,致使他的父亲沦为"废太子",从而使父亲悲苦到老,这样的小人想不恨也难。

俗话说:"君子报仇,十年不晚。"此时的汉安帝当然没有忘记血海深仇,他立即对蔡伦动手了,把他交给司法部门审讯。结果自知没有好果子吃的蔡伦选择了服毒自尽,一了百了。看样子,"善有善报,恶有恶报,不是不报,时候未到"这话诚不虚也。

当然,汉安帝打击蔡伦的目的是为了铲除邓氏集团的羽翼,报了仇的汉安帝一边追封祖母宋贵人为"敬隐皇后",一边趁热打铁,上演第三步：旱地拔葱。

的确，没有邓太后这个"水源"的滋养，邓氏集团早已陷入了"旱地"的三伏天。这个时候汉安帝还不"拔葱"，更待何时？

俗话说："权归臣兮鼠变虎，君失臣兮龙为鱼。"这个时候，积极参与"拔葱"的正是当年邓太后打压下的受害者，他们联手状告邓氏集团胡作非为，无法无天，罪大恶极。

欲加之罪，何患无辞。更何况，邓氏集团早已恶贯满盈，罪恶昭彰。于是，汉安帝当机立断，开始一网打尽的"拔葱行动"，本着循序渐进的原则，又分为两道工序。

一、斩草。先是把邓氏集团的中流砥柱上蔡侯邓骘降为罗侯，并将其举家遣归封国；随后对邓氏集团中的另一位重量级人物尚书邓访举家流放。再接着对邓氏集团的骨干成员一顿贬斥——将西平侯邓广宗、叶侯邓广德、西华侯邓忠、阳安侯邓珍、都乡侯邓甫德贬为庶人……

二、除根。降的降，贬的贬，罚的罚，这仅仅是汉安帝对邓氏集团下手的开始，紧接着才是真正"亮剑"的时候。他指使地方官员威逼引诱，逼邓广宗与邓忠自杀身亡。汉安帝的这招杀鸡儆猴的战术果然高明，很快邓骘与邓凤便很"识时务"地选择了步邓广宗与邓忠的后尘。接下来，邓绥的堂弟河南尹邓豹、度辽将军舞阳侯邓遵、将作大匠邓畅相继自杀……最终，邓氏集团的骨干成员为了免去"羞辱"，几乎在一夜之间消亡殆尽。

只有两个"漏网之鱼"，一个是汉安帝阎皇后的姨表兄弟邓广德。另一个是当年曾经劝邓绥归政而被开除邓氏宗籍的乐安侯邓康，邓广德因为"裙带关系"得以"明哲保身"，而邓康因为"敢于摸老虎屁股"重获重用，一跃成为太仆。为了安抚天下，汉安帝摆出圣明天子的模样丢卒保车，将逼死邓氏兄弟的"狗腿子"地方官装模作样地处理了一通，召邓家其余的成员尽数返京，明为解决后顾之忧，实为"软禁"。另外将"含冤而死"的邓骘等人进行厚葬。

2. 阎姬：我自掘坟墓

汉安帝刘祜时，他的皇后阎姬是一位不简单的人物，她是继邓太后之后的又一位"女强人"。

阎姬之所以能成为接班人，那是因为她具备优势：她不但长得貌美如花，而且能歌善舞，琴棋书画，样样精通，堪称一流的才女。同时，她母亲与邓绥之弟西平侯邓弘的夫人是同胞姐妹，这是阎姬发迹的"敲门砖"。

阎姬的祖父阎章，精晓国家典章制度，在汉明帝永平年间任尚书，当时他的两位妹妹被明帝选入宫中，封为贵人。因此，阎章一跃成为皇亲国戚。然而，由于汉明帝为人正直，为防止外戚专权，采取了"权无私溺之授"的策略，结果阎章非但没有借妹妹的光"高升"，反而"直降"，成了职比两千石的中上级军官——步兵校尉。阎姬的父亲阎畅生有四个儿子，却只有一个女儿。也正是因为独生女的关系，阎姬一出生，就被父母视为掌上明珠。

阎姬拥有相貌、才华、出身三大得天独厚的优势，她也选择了重走邓绥的"后宫之路"。汉安帝元初元年（114），"才色"兼备的她被选入掖庭。

这时候，汉安帝已经二十出头，正值精力盛旺之年。但由于朝政大权由邓太后邓绥"接管"，沦为傀儡皇帝的他，只好选择隐忍和消沉以迷惑邓太后。于是乎，只能以"醉人"女色来打发他"空闲"的时光。

阎姬入宫后，被汉安帝惊为天人，在度过如胶似漆的"蜜月"后，汉安帝立马给了她"名分"——立为贵人。

汉安帝元初二年（115），阎姬转正，以势不可当的气势被立为皇后。

汉安帝只能宠幸她阎姬一个人，对于有威胁的"情敌"，她毫不手软，采取一切手段和办法进行打压，甚至不惜亮出手中的"绝情剑"

和"屠龙刀",置人于死地,以确保她独一无二的皇后地位不动摇。

也正是因为这样,后宫的"后起之秀"李氏很快就成了她的"牺牲品"。

随后,在阎姬的极力推荐下,汉安帝将她的父亲阎畅封为北宜春侯,食邑五千户。

杀了一个最有威胁的"情敌",提拔了一个最亲的"直系",阎姬的铁腕手段取得了良好的效果。随后,她对其他宫妃的打压更加肆无忌惮。

但此时的汉安帝早已被阎姬的容颜遮住了双眼,对她的行为听之任之。

各种不利因素都消灭于萌芽状态了。结果是后宫很快出现了这样一个怪现象,各个如花似玉,正值芳华之年的嫔妃都是一年半载了也没有谁为汉安帝生下一儿半子来。

"高明"的阎姬还没来得及为自己的"摧花毒手"高兴,"打击"就接踵而至了。原来,因为其他嫔妃迟迟没有"动静",李氏生的刘保既是长子,也是独子,在没有竞争对手的情况下,在当时还在位的皇太后邓绥的主持下,年仅五岁的刘保毫无悬念地于汉安帝永宁元年(120)登上了太子之位。

从刘保上任第一天起,阎姬就失眠了。刘保的母后李氏是她杀死的,刘保日后的"转正"日,就是她的穷途末日。

对此,阎姬想把刘保这根眼中钉肉中刺除掉,但无奈此时刘保有邓绥"罩着",她再疯狂,也不敢造次,只有独自懊恼,黯然神伤。

然而,阎姬苦恼的时光并没有维持多久。一年后,邓太后病死,汉安帝终于夺回了原本就应属于自己的权力,开始主宰天下。

阎姬原本失神的双眸顿时有了光彩,她仿佛溺水的婴儿抓住了一根救命稻草,对汉安帝大献殷勤,通过她的"温柔攻势",汉安帝很快将她的四个兄弟加官晋爵。这样,阎显、阎景、阎耀、阎晏并列为卿校,典掌禁兵。汉安帝建光二年(122),她又将阎显加封为长社侯,食邑一万三千五百户，追封早死的母亲为荥阳君。阎姓兄弟家的孩子，也全被拜为黄门侍郎。

也正是因为这样，在邓氏集团灰飞烟灭时，新的阎氏集团呼之欲出。

羽翼渐丰，毒辣的阎姬开始对自己的"最大威胁"——太子刘保下手了。她采取的战术很明确，只有两个字：诬告。罪名也只有两个字：谋反。

当然，保险起见，阎姬不可能直接出面，于是她找了两个帮手，分别是大长秋江京和中常侍樊丰。江京和樊丰原本就跟太子刘保的乳母王男不和，后来发展到了剑拔弩张的地步，两人一不做二不休，索性找了个罪名，靠阎姬撑腰，杀死了王男。刘保为此体会到了人生中的第二大痛（第一痛是失去生母李氏）。刘保当了太子后，江京和樊丰感到不妙，恐怕日后会被追究害死王男之责任，四个字：惧有后祸。

此时，阎姬拉他们两个下水，自然是干柴烈火，一点就着。于是乎，"密谋三人组"就这样形成了。

欲加之罪，何患无辞？更何况这个时候的汉安帝已误入花丛中不可自拔，被阎姬的温柔乡勾走了魂，也蒙蔽了双眼。接到"密谋三人组"打来的小报告后，汉安帝高度重视，立马派人去调查。

然而，他不会料到，这时朝中大多是拥后派了，调查组慑于皇后的淫威，哪里敢坚持"实事求是"，而是选择了"随波逐流"，上报给汉安帝的回复是：太子刘保谋反证据确凿，属事实。听到"调查组"的报告后，汉安帝刘祜怒了，立即召集朝中大臣，召开了会议，商议废太子一事。

结果朝中大臣这时大多选择了中立。耿宝等人都是阎姬极力打造的心腹之人，他们仗着阎皇后这棵大树，在朝廷沆瀣一气，狼狈为奸，气焰熏天，肆无忌惮，无恶不作。对此，朝中大臣敢怒而不敢言。曾有"关西孔子"美称的大学者、太尉杨震多次上疏揭发这帮人的丑行，结果遭到了耿宝等人的强力反击，最终被逼得自杀身亡，落得个尸骨露于野的下场。

有了杨震这个前车之鉴,朝中大臣自然谨言慎行了许多。这次他们自然知道汉安帝是铁了心要废太子刘保,与其作无谓的反对,不如识时务地闭上嘴巴。

果然,尽管主留派的言论很精彩,但汉安帝刘祜一点儿也听不进去。最终,他没有让这场辩论再继续下去,马上以快刀斩乱麻的方式,对太子刘保挥了挥手,就是这一挥手,从此太子是路人——被废;就是这一挥手,从此太子是庶人——贬为济阴王。

至此,阎姬的"毒手摧花"取得了决定性胜利,一个强大的阎氏集团称霸朝野。

3. 窦妙:我身不由己

话说汉桓帝是位另类皇帝,他不但在政治上重用宦官,一手打造了宦官集团,使得朝政腐败如斯。同时,他在后宫也是实行公开"竞聘"上岗,共立三任皇后。

汉桓帝的第一任皇后叫梁莹,是梁太后和大将军梁翼的妹妹,属于政治联姻。汉桓帝对梁皇后不但不喜欢,而且很厌恶。梁氏集团倒台后,梁皇后被彻底打入冷宫,后忧愤而死。

汉桓帝的第二任皇后叫邓猛女。结果邓猛女和郭贵人因为争风吃醋展开"情敌"大战,汉桓帝一怒之下,将邓皇后变成"废后",随后邓皇后经受不了这么大的打击,郁郁而死。而"幸存者"郭贵人并没有成为真正的"胜利者",汉桓帝也把她打入了冷宫。最终落得和梁皇后一样悲愤而亡的下场。

汉桓帝的第三任皇后叫窦妙。窦妙是汉章帝刘炟的皇后窦氏的孙女,所以一入宫窦妙就凭着显赫的家室被立为贵人。但是,汉桓帝并不是很喜欢窦妙,他讨厌这种政治背景强大的女人,而是喜欢一个身份低贱卑微的采女田圣,他甚至想立田圣为皇后,结果遭到了大臣们的强烈反对。汉桓帝迫于压力，无奈之下只好立窦妙为第三任皇后。但汉桓帝对她冷漠至极，而是专宠田圣，令窦妙有苦难言。

汉桓帝永康元年（167），当了二十二年皇帝的汉桓帝刘志突然病逝。年仅二十岁的皇后窦妙顺理成章地高升为皇太后。晋升为皇太后的窦妙没有闲着，马上做了两件事。

第一件事就是：清君侧。汉桓帝尸骨未寒，梓棺尚在前殿之时，窦妙便露出凶残的本性，亮出了早已磨刀霍霍多时的"屠龙刀"了，可怜的田圣便化作一缕冤魂随风飘散了。结果窦妙斩杀田圣这一招很快起到了杀鸡儆猴的作用，后宫佳丽无不识时务地"臣服"于她。

摆平了后宫最大的威胁后，窦妙做了第二件事：立新皇。汉桓帝刘志尽管后宫佳丽无数。然而，可悲的是，他居然没有一儿半子，真不知是他自身的原因，还是后宫"潜规则"的原因。

国不可一日无君，窦妙决定在册立太子上动脑筋，出妙招。为此，她马上找她的父亲窦武进行了一次"房中对"，商量立太子的事。最终两人达成了如下共识：十二岁的刘宏是太子的最佳人选。

如果只用一句话来形容刘宏，那么他就是一个不折不扣的"穷矮挫"。

"穷"是因为他是皇家血统疏远的没落王孙——他是汉章帝玄孙，曾祖父是河间王刘开，父亲刘苌与汉桓帝刘志是堂兄弟，官职却只是一个三等侯爵的解渎亭侯，到他这一代时更是落寞至极。

"矮"是因为他父亲早死后，他继承了解渎亭侯的封号。一个小小的村官，比之皇室宗亲的飞黄腾达来说，当真是矮人何止一等啊。

"挫"那是因为他因穷苦而卑贱，因为矮人一等而常遭白眼，颇受打击。常常感到痛不欲生。

窦妙和窦武之所以会对刘宏"情有独钟"，那是因为刘宏虽然拥有穷、矮、挫这三大特点，还有两"最"，在有资格继承帝位的皇族中，以他最年轻和最昏庸。

年轻最有朝气，最具有培养能力，同时，年轻也很容易被控制和制服。昏庸是指糊涂和愚蠢，毫无才干。昏庸同样也很容易被控制和制服。

窦妙要想以皇太后的身份执掌朝政，走以前窦太后、邓太后、阎太后的路线，主宰天下，就必须选立一个既年轻又昏庸的幼主作为傀儡，作为代言人，作为挡箭牌。

大计已定，接着就是付诸行动了。窦妙马上派中常侍曹节拿着皇太后诏书，带着宫廷护卫及禁卫军一千余人，前往河间去迎接刘宏到洛阳来。

于是乎，很快出现了这样的滑稽一幕，原本没机会富在闹市，只能"穷居深山"的刘宏时来运转，从一个小小的村官来了个一步登天——成了一国之君。

刘宏被风光地接到洛阳后，很快风光地登上皇帝的宝座，他便是汉灵帝。

刘宏即位后，在临朝听政的"主宰者"窦妙的"授意"下，对全国最高权力机构的任职进行了如下安排：

窦武被封为大将军、闻喜侯；

陈蕃被封为太傅；

胡广被封为司徒（宰相）；

王畅被封为司空；

刘瑜被封为侍中；

冯述被封为屯骑校尉。

与此同时，窦武的儿子窦机，侄儿窦绍、窦靖等人也都封侯爵。窦妙还对前往河间迎接新皇帝的中常侍曹节进行了奖赏——封二级侯爵长安乡侯，曹节便是日后三国时曹操的曾祖父。于是乎，一个新当权的窦家班，就这样打造完成了。

当然，如果你认为窦武将会重步梁冀的后尘那就大错特错了，事实上正直的窦武掌握兵权后，恪敬职守、兢兢业业，很好地树立起了标杆，全军作风焕然一新。而敬业耿直的太傅陈蕃掌握行政大权后，同样任劳任怨，日理万机，为秉公办事立起了榜样。也正是因为陈蕃和窦武同心合力、同心同德、尽心尽力、尽职尽责地辅佐皇室，同时又征召天下闻名的贤才李膺、杜密、尹勋等人入朝为官,共同处理朝政,朝中风气为之大变,大有焕然一新之气象。

天下的百姓见此,惊喜交加,老泪纵横,无不感叹苍天有眼,无不感怀岁月不居,无不感动黎民有救,于是乎,无不抻长脖子殷切地盼望太平盛世的来临。

然而,正所谓树欲静而风不止,事实证明陈蕃和窦武的"新官上任三把火"只不过是一阵风,来得快,去得更快。原因是正在这个关键的节骨眼上,有一个人横空出世。她如风般快捷的脚步,如风般顽强的作风,如风般不懈的手腕,如风般不屈的斗志,彻底搅乱了朝中正要形成的正义正气之风,反而使歪风邪气进一步扩散开来。

这个人有着非一般的名字,她叫赵娆;这个人是个非一般的人物,只是一介女流;这个人有着非一般的名号:"天子乳娘";这个人在做着非一般的战斗:集体战斗。

这个时候的汉灵帝才十三岁,还需要有人呵护。进宫时,除了跟着亲娘还有乳娘赵娆。从汉灵帝正式登基的那一天起,赵娆乳娘的身份也水涨船高,成了宫里尊贵的"赵夫人"。而这位"赵夫人"名义上是"保姆",实际上她却显示出了"国母"的风范:长相俊美、才能高强、反应机警、办事老练。总之,一句话:善于拍马屁,懂得阿谀奉承,为了日后能飞黄腾达,她马上来了个三步走:

第一步,施展"柔术",极尽温柔之能事,对临朝听政的皇太后窦妙展开了强烈的攻势。老练奸猾的赵夫人很快将年轻稚嫩的窦妙"俘虏"。

第二步,赵夫人充分发挥善于交际的特长,通过拉拢手段把宫中负责"行政"的女尚书统统纳为义结金兰的姊妹花,对窦妙形成了合围之势。

第三步,她充分施展女人特有的"媚功",对朝中新贵中常侍"双子星座":王甫及封了二等侯爵的曹节暗送秋波,结果三人很快组成了同盟军,一方面,三管齐下,进一步博取窦妙的"芳心",在仕途上扶摇直上;另一方面,狼狈为奸,大肆卖官鬻爵,真金白银源源不断地流入自己腰包。

也正是因为这样，大批来路不明、身份不明、出入不明的贪官污吏重新拥入了东汉王朝，朝中很快陷入腐败污浊的深渊。当时的皇域洛阳很快流传了这样一首童谣："城上乌，尾毕逋。公为吏，子为徒。一徒死，百乘车。车班班，入河间。河间姹女工数钱，以钱为室金为堂。石上慊慊舂黄粱。梁下有悬鼓，我欲击之丞卿怒。"

这是一首烧饼歌式预言的童谣。具体解析如下：

"城上乌，尾毕逋。"说的是汉桓帝刘志的掌权时代就像乌鸦一样黑暗，贪污而腐败，贪婪而腐朽。

"公为吏，子为徒。"说的是这段时间东汉边疆大乱，叛变频起，大军征讨，广征民兵，爹被征去当低级雇员，儿子被征去当兵。

"一徒死，百乘车。车班班，入河间。"是指千余禁卫军去河间迎接刘宏的宏大场面，随后坐上宝座的壮举。

"河间姹女工数钱，以钱为室金为堂。"是指刘宏的乳娘赵娆等人贪得无厌，卖官鬻爵，她们的眼里只有钱，除了要钱，还是要钱。

"石上慊慊舂黄粱。"是指皇太后窦妙本人，说她豪华奢侈，教人剥黄粱（俗称"地波萝"，只有福建才有产）佐餐。黄粱好吃，但不常有，但皇太后要吃，那便常有了。可是这个常有却是需要"有偿"服务的。要知道福建省南部距皇城洛阳，直线距离一千五百公里，曲线距离四千五百公里以上。万水千山，羊肠小道，就算是快马加鞭，走一趟也要近两个月。这么长时间的劳苦跋奔，还要保持进贡御用水果的新鲜，花费的人力、物力、财力可想而知。

"梁下有悬鼓，我欲击之丞卿怒。"是指当时人民不堪宫廷、官府的剥削和官员们的层层暴虐，想击鼓申冤，可是丞卿之类，为了保住自己的乌纱帽，对这些胡作非为的乱臣贼子，虽然义愤填膺，却无可奈何。

总而言之，这首童谣反映出东汉王朝到了刘志、刘宏两位皇帝时，社会已彻底腐败如斯，人民生活在水深火热之中。

（二）没有最庸，只有更庸

1. 大臣，卿很忙

朝中的正义之臣一个个消亡殆尽后，汉灵帝身边几乎是清一色的宦官集团势力。这个时候，汉灵帝似乎也对天下人对宦官的仇恨有所察觉，于是做了一件大实事。就是这件大实事，再度引发了朝中一个忠义之臣的绝唱。

汉灵帝熹平四年（175）三月，十九岁的汉灵帝终于做了一件大事。他命令儒学大师校正"五经"（《诗经》《尚书》《礼记》《易经》《春秋》），同时命议郎蔡邕用古文、大篆、隶书三种字体书写成样本，再让石匠刻在石碑上，竖立在太学门前，使一代代学子都能以此作为"五经"的正本。碑凡四十六块，这就是著名的《熹平石经》。

也正是汉灵帝的这一决定，成就了蔡邕。经过呕心沥血，他写完古文、大篆、隶书三种字体的五经之日，也完成了他的蜕变，成为我国东汉旷世奇才，著名的大文学家、大史学家、大音乐家、大画家、大书法家。据说石经刚立，每天都有一千多人乘车前来观看、临摹以及抄写，使车辆挤满大街小巷。从此，历史记住了他的名字。后人对他的字的评价是"骨气洞达，爽爽有神力"。随即，汉灵帝命工匠修理鸿都门（东汉时称皇家藏书之所为鸿都），工匠用扫白粉的帚在墙上写字，蔡邕从中受到启发而创造了"飞白书"。这种书体，笔画中丝丝露白，似用枯笔写成，成为一种独特的书体，唐代张怀瓘在《书断》中评论蔡邕"飞白书"时说"飞白妙有绝伦，动合神功"。

那么，这个蔡邕又是何许人也？

蔡邕，字伯喈，陈留郡圉县（今河南省开封市杞县境内）人。汉顺帝阳嘉二年（133）出生于一个世代官宦家庭。十四世祖蔡寅辅佐汉高祖刘邦而被封为肥敬侯。六世祖蔡勋在西汉末年为郿令。他的父亲虽然官位不显，但娶的妻子弘农袁氏属于阀阅世家。生活在这样一个世代大家的环境中，他自幼受到良好的教育。蔡邕少时即博学，通经，熟悉汉代史事，好辞章、术数、天文、音律等。二十岁时，师事年已六十二岁、名重当时的重臣胡广。从此，他得到了朝廷有关要人的关注。但蔡邕进入仕途生涯后，并非一帆风顺。

下面，我们先来看蔡邕的三次仕途生涯。

第一次仕途生涯：半路而归。

汉恒帝延熹二年（159）秋，二十七岁的蔡邕被征召进京。按理说，能够得到朝廷的垂青，对于蔡邕来说，无疑是一个千载难逢的展露才华的机会。但是，年轻的蔡邕没有特别兴奋，因为这次赴京，多少带有一点儿屈尊的意味。

八月，以帝舅之尊横行霸道的大将军梁冀终于咎由自取，招致杀身之祸。所谓有首策之功的中常侍徐璜等五人并封列侯，专权选举，从此执掌大权。结果朝中正义之臣李云、陈蕃等人为此和宦官集团展开了殊死搏斗。

蔡邕深深地感到，自己第一次被征召进京，就已在无形中被卷进矛盾的旋涡之中。他自己也知道，徐璜等人之所以对自己有所垂顾，并非要委以重任，而是听说自己擅长鼓琴，就敦促陈留太守招用以为他们鼓琴弹唱，娱宾遣兴。这对于立志"拔萃出群，扬芳飞文"的蔡邕来说，多少是一个讽刺。一路上，秋雨泥泞，许多贫民饥困冻饿，殒命街头。此情此景，让胸怀大志的蔡邕百感交集，抑郁难遣。行至偃师，就再也不想前行了，他于是称病而归，提前结束了自己第一次的进京之行。

蔡邕第一次踏上仕途、失意而返时并未空手而归，他有感而发，创作出了《述行赋》，后来成为其辞赋代表作。《述行赋》中"贵宠扇以弥炽兮，佥守利而不戢。前车覆而未远兮，后乘驱而竞入。穷变巧于台榭兮，民露处而寝湿"的描写，与杜甫的"朱门酒肉臭，路有冻死骨"有异曲同工之妙，当真是不枉此行。

第二次仕途生涯。

此后，蔡邕在家乡闲居十年之久。回乡之初，他静下心来，玩味着这一年多来的是是非非，深感"利端始萌，害渐亦牙"，于是想到东方朔的《答客难》、扬雄的《解嘲》、班固的《答客戏》、崔骃的《达旨》，退而撰著《释诲》来安慰自己："心恬淡于守高，意无为于持盈。"

当然，自幼受到的传统教育，使他不可能完全离群索居，不交当世。一方面，他在悉心收集乡邦文献的同时，也在密切关注着乡贤在朝廷中的陟降。另一方面，他也在时刻留心着京城政局的重要变化，说明他没有一刻忘却现实。三十一岁那年，尚书朱穆卒，他连续写下《朱公叔鼎铭》《朱公叔坟前石碑》《朱公叔谥议》三篇影响较大的文字。

多年的用心终于得到回报。四十岁那年，蔡邕又被召回京城，参与续写《东观汉记》。此后六年在京城度过，这是蔡邕学术生涯中最为辉煌的时期。其间，最重要的事件，或者说蔡邕的最大功绩，就是极力倡议刊刻《熹平石经》，对儒家经典进行了一次系统的整理，影响极为久远。

蔡邕没有因此就在仕途生涯上飞黄腾达，反而再次遭遇了挫折。

当时，因为宦官把持朝政，全国上下的官场一片黑暗腐败，州郡的官场人士互相结党，做出营私舞弊、排斥异己的事，结果幽、冀两州成了政治斗争最严重的地方，官员与官员之间明争暗斗，没有人能坐稳这里的刺史的位置。对此，朝议认为"州郡相党，人情比周"，规定婚姻之家及两州人士不得互相监临。随后，又制定了"三互法"，规定诸州郡行政长官，不仅不能任用本籍之人，而且两州人士及婚姻之家也不能交互任官。其目的是防止官吏互相勾结庇护。结果"三互法"政策一出台，出现的结果是"禁忌转密，选用艰难"，致使幽、冀两州太尉一直"悬而未定"。

蔡邕为人正直，性格耿直诚实，眼里容不下沙子，对于一些不好的现象，他总是敢于对灵帝直言相谏。对此，刚刚写完石经样本的蔡邕，并没有闲着，马上站出来，来了个上疏，说了两层意思：

州郡一日不可无刺史。我认真地观察了幽州和冀州的情况，本来这二州是盛产铠甲和战马的地方。这些年来，却遭受兵灾和饥荒，这两州的物力和财力逐渐损耗殆尽。如今两州刺史空缺多时，官员和民众翘首以待，导致万里山河一片萧条，没人管理，应该早点确定刺史才对。

如今应该重申朝廷的权威与神灵的精神控制，让幽、冀两州的人明确国家的法令。以前对方相互推选的刺史，尚且畏惧不敢结党营私；有了朝廷的权威与神灵的精神控制，加上"三互法"的限制，以后不必再去担心！我希望陛下能上效先帝，撤销最近下达的三互禁令，对于各州的刺史，凡是有才能的人都应该及时重用，不应该受资历、三互的限制，使之成为定制。

总之，一句话，蔡邕希望汉灵帝"不拘一格用人才"。结果，他的建议如石沉大海，杳无音信。

随后，年少轻狂的汉灵帝也许是受蔡邕的影响，迷恋上了文学，于汉灵帝熹平六年（177），撰写了《皇羲篇》五十章。为了扩大宣传和知名度，汉灵帝来了个两步走。

一是召开研讨会。具体办法：筛选太学中能创作辞赋的学生，集中到鸿都学府大门下，对《皇羲篇》进行学习、研究、探讨。

二是刻成石碑。具体办法：召来刻写文字的工人和擅长书写鸟篆字体的人，让这些人把《皇羲篇》刻成石经。

然而，因为这两步走，在负责人侍中乐松和祭酒贾护的"精心挑选"下，前来的学生中都属于"三无"人员，一是无才，二是无德，三是无能。结果每当灵帝召见时，这些"三无"人员充分发挥三寸不烂之舌，以口若悬河的态度，净做趋炎附势的事，通过"吹、捧、抬"的方式把汉灵帝夸上了天，让汉灵帝听后春风满面。汉灵帝高兴之余，立马给这些拍马屁的小人进行封官加爵。眼看汉灵帝整天和这些人唱"双簧"，蔡邕立即来唱"对角戏"：皇府里的下属官员，应该挑选有盛德的人来担任，岂能录用浮夸务虚的丑恶之徒？为了国家社稷，应该把他们都遣送原籍，以便辨明诈骗和虚伪的小人。

蔡邕的奏章呈上去之后，汉灵帝非但没有采纳，反而对蔡邕由热变冷，由敬重变厌恶，由重用变疏远。他此时觉得应该多享受美酒、美女、美景，应该让"孝敬""懂事"的宦官进一步管理朝政，替自己分忧解难。为此，他还开始了自己的梦想之旅，他准备完全"交权"后，在宫中开一个集贸市场，自己转行来当"市场"的管理员，那样多风光啊。

都说人逢喜事精神爽，同样，人逢梦想精神爽，于是，他马上来了个行动，再来了个大手笔，改"熹平"七年（178）为"光和"元年，并且大赦天下，以示皇恩浩荡。

改了年号之后，他的行动还在继续，设立鸿都门学府，把那些浮夸之辈的学生全部派到各州郡，有的被任命为刺史（州长），有的被任命为太守（郡长），有的留京担任尚书（部长）和皇帝的机要侍中（秘书），甚至于有的被封为侯。一时间，朝廷陷入一片混乱之中。

这时候，连老天似乎都看不惯这个腐败如斯的朝廷了，光和元年六月二十九日，继之前的"青龙"事件后，这时又出现了"黑龙"事件，有一道龙形状的黑气如流星般直坠而下，落到了汉灵帝的温德殿中，把正寻欢作乐的汉灵帝吓了个半死。

蔡邕见状，本着恪尽职守的原则，对汉灵帝进行了第三次上疏，陈述了六件事。

第一，行祭如旧。建议：郊祭"五帝"，是为了"导致神气，祈福丰年"；庙祭祖宗，是为了"追往孝敬"。这些都是帝王的"大业"，应当排除一切禁忌，按故典行祭。

第二，广开言路。建议：国之将兴，能听到至言，从而"内知己政，外见民情"，要"博开政路"，使"抱忠之臣展其狂直"。

第三，督察贤奸。建议：应当恢复朝廷遣使的办法，"纠举非法"，同时"更选忠清，平章赏罚"。对官吏要进行年终考核，处分优劣，"使吏知奉公之福，营私之祸"。

第四，广求贤才。建议：不能以"书画辞赋"的"小能小善"取士，而要取"通经释义"的人才。

第五，考察治民的长史。建议：应"以惠利为绩，日月为劳"。以政绩的优劣，定赏罚升黜。

第六，慎选太子官属。建议：须知今虚伪小人，"假名称孝"，应当"搜选令德"。

蔡邕认为，天上投下黑龙，天下就有怨恨，这预示着海内将会大乱。天灾人祸与官吏良莠有着密切关系。

为了让自己的论述更加具有说服力，他还说了三个关键词。

一、在其位谋其政。我希望陛下忍痛割爱，专心治理国家，以此来报答上天的厚望。

二、上梁不正下梁歪。陛下既然能亲自带头约束限制不正之风，左右近臣也会跟着效仿，如此就会上下谦和，以此来堵塞灾祸之源。天道将会亏待自满的人，神灵也会把幸福赏给谦和的人。

三、君子坦荡荡，小人长戚戚。君臣之间如果不能严守秘密，皇上自有泄密的戒律，臣子会有丧生的灾祸。请陛下千万不要泄露我的奏章，以免让尽忠的官员与奸佞小人结怨成仇。

总结陈词：只有革除吏制的弊端，惩治不法官吏，选择贤良任用，才能消除天灾人祸，还天下太平盛世。

应该说蔡邕上疏的语气坚定而沉稳，犀利而直白，汉灵帝看了奏章后，若有所思，若有所叹，转入"内寝"费思量去了。结果一直"如影相随"的宦官曹节趁机偷看了奏章，他这一看不打紧，惊得云里雾里，目瞪口呆，于是马上"泄密"。很快，蔡邕"诽谤"宦官的事就泄露出去了。于是，众宦官自然对蔡邕"横眉冷对"，恨不能除之而后快。

当然，聪明的宦官集团并没有因此而采取"群而攻之"的下下策，而是进行了"暗攻"。这个打手就是中常侍程璜。

程璜之所以甘当打手，那是因为他跟蔡邕有不共戴天之仇。蔡邕动了他的女婿阳球。身为大匠（相当于建设部部长），阳球素来和蔡邕的叔父蔡质不和，担任卫尉的蔡质一直看不惯无法无天的阳球，多次和他公然"作对"。两人闹得剑拔弩张之际，程璜却认为蔡质之所以敢在太岁头上动土，那是因为有幕后推手蔡邕在，于是"迁怒"于他。此时眼看蔡邕成了宦官集团忌恨之人，便来了个"拔剑而起"，采取的战略还是诬蔑："蔡邕、蔡质为了自身利益，多次要求刘郃徇私舞弊，结果都被正直的刘郃婉言拒绝了。这却触怒了蔡邕，他们怀恨在心，蓄意中伤，猪狗不如。"

身为皇亲国戚的大鸿胪刘郃原本与蔡邕叔侄井水不犯河水，此时居然被程璜拿出来当工具用。

汉灵帝一听，高度重视，马上叫蔡邕到宫里来进行"单兵较量"——质问。

对此，蔡邕先是一惊，然后一怒，说了四点，大意为：

一、我这个人啊，愚昧而又憨直，无知而又耿直，无畏而又率直，做人做事都坚决按原则办，丝毫没有顾及日后的灾祸。

二、知我罪我，其唯春秋。陛下如果怜惜我是一个忠臣，就应该加以保护。如果放任诽谤延续下去，那么臣就会死无葬身之处。

三、我今年已有四十六岁，马上"奔五"，我死不足惜，死后如果能以"忠臣"名义相托，那么，也死得其所。

四、我死后，唯一担心的是，恐怕陛下从此以后再也不能听到忠言了。

尽管蔡邕以"壮士断腕"的大无畏气魄对汉灵帝进行了交心交底的"坦诚布公"，却无法让已被蒙蔽双眼的汉灵帝"回心转意"，汉灵帝很快就把蔡邕和蔡质变成了"阶下囚"。

天真而率性的知识分子，涉足末世宦海，正如狂风暴雨中的一叶扁舟，完全任凭命运的摆弄，最终难免倾覆的结局。这是末代士子常有的共同命运，蔡邕亦不例外。

2. 皇上，朕很忙

汉灵帝很忙，在忙什么，忙两件大事。

一是搞工程建设——改革后宫；二是抓经济收入——卖官鬻爵。

首先，我们来看汉灵帝改革后宫这件事。

中国古代皇帝大都拥有后宫三千佳丽，但是，有的皇帝面对三千佳丽，日复一日，夜复一夜，如此这般地召幸嫔妃感到十分厌倦，便想方设法实行创新。于是，中国皇帝后宫的历史上就出现了荒淫无耻的一幕幕。

一个是晋朝的开国皇帝晋武帝司马炎推出的"羊车临幸嫔妃法"。另一个是隋炀帝杨广发明的寓性生活于娱乐之中的"任意车"。

然而，纵观两千年来历朝历代的皇帝，在荒淫无耻的宫廷生活上最富有"创意"的皇帝却是汉灵帝。闲话少说，下面且来看汉灵帝颇具"创意"的改革后宫的三部曲。

一是对后宫服饰进行了人类历史上最伟大的一次改革：开裆裤。这事说起来也很简单，就是本着回归童真童趣的精神，把全体嫔妃和宫女花花绿绿的衣服全部简化成开裆裤。宫廷女子都穿着开裆裤，为的就是让皇帝临幸起来方便，连衣服都不用脱。

汉灵帝在位时的大儒郑玄，就曾在《周礼》注中为皇帝精心制出过一份临幸日程表："女御八十一人，当九夕。世妇二十七人，当三夕。九嫔九人，当一夕。三夫人，当一夕。后，当一夕。十五日而偏。"也就是说，皇帝要在短短的半个月里和这一百二十一个女子颠鸾倒凤。看来这份任务实在艰巨，做皇帝的得费心费力才行，也难怪东汉那么多皇帝都短命而亡了。不过，由此也可以看出，只要不是皇后，即使贵为夫人九嫔，也得大家一起任皇帝当众乱搞，这么一比，小小宫女穿个开裆裤，就实在算不了什么了。

二是兴建"裸游馆"。汉灵帝与众多的姬妾在西园裸体游玩，为了盛夏避暑，他突发奇想，命人盖了个"裸游馆"。昏君的一大特点就是脸皮厚，通常会厚到不知羞耻的地步。汉灵帝修这座裸游馆并没有任何难为情的感觉，反正自己有的是钱，一动工就是上千间房屋的规模。为了增强视觉效果，他还让人采来绿色的苔藓并将它覆盖在台阶上面，引来渠水绕着各个门槛，环流过整个裸游馆。还特意在里面种植荷大如盖的莲花，高一丈有余，荷叶夜舒昼卷，一茎有四莲丛生，名叫"夜舒荷"。又因为这种莲荷在月亮出来后叶子才舒展开，又叫它"望舒荷"。晚上月亮出来后，这种荷花舒展开放，装点在裸游馆里如同人间仙境。有了仙境，自然就得有仙女，汉灵帝充分发挥自己的想象力，他选择玉色肌肤、身体轻盈的歌女执篙划船，摇漾在渠水中。在盛夏酷暑，他命人将船沉没在水中，观看落在水中的裸体宫娥们玉一般华美的肌肤，然后再演奏"招商七言"的歌曲用以招来凉气。

于是，莺莺燕燕们便品丝调竹，轻歌曼舞起来：

"凉风起兮日照渠，青荷昼偃叶夜舒。唯日不足乐有余，清丝流管歌玉凫，千年万岁喜难逾。"

三是修建了空前绝后的"流香渠"。这道渠里流的东西不是一般的水，而是女人的洗澡水。这些洗澡水是用西域进贡的茵墀香烧热，然后叫宫女们跳进去洗个痛快，水最终全部流到"流香渠"里。汉灵帝规定，宫女年龄在十四岁以上十八岁以下的，都要浓妆艳抹，随时准备脱掉衣裳，和他一同裸浴。

"假如一万年都如此，就是天上的神仙了。"

汉灵帝与美女在裸游馆的凉殿里裸体饮酒，一喝就是一夜，醒来常常发出上面的感叹来。当然，也常常有醉得"不醒人事"的时候。

宫廷的内侍为了把汉灵帝"叫醒"过来，往往采取两个简单而实用的办法。一是把一个大蜡烛扔在殿下，把他从梦中惊醒。另一个办法就是学鸡叫来唤醒他。

后来汉灵帝的"裸游馆"被董卓纵火烧了。

下面，再来看汉灵帝的第二件黑暗大事：卖官鬻爵。

汉灵帝之所以这么做，是有原因的。

身陷囹圄不言穷。汉灵帝当初还是解渎亭侯时，苦于家境贫困，对钱的渴望十分强烈。再穷不能穷教育，再苦不能苦孩子。因此，他常常发出"长大后，我一定要成为天下第一富翁"的豪言壮语来。

身为君王不言富。等到他当上皇帝以后，常常叹息桓帝不懂经营家产，没有私房钱。

心有所想就有所动，为了满足其欲望的需要，他很快做出了令人震惊的大举动，开始大肆卖官敛财，作为自己个人的积蓄。

也正是因为想到了卖官这一致富的门路，汉灵帝马上付诸行动。首先，他在西邸衙门公开出卖官爵，并按照官位等级，收取不同的价格。禄二千石的官位，需交二千万钱；四百石的官位，需交四百万钱；而以德行应选者，也需交一半或三分之一的钱。凡是卖官所得到的钱，都在西园另外设立一个钱库贮藏起来。有人曾到宫门上疏，指定要买某县的县令。根据每个县的大小、贫富等好坏情况，交钱的多少还可以像商贾一样讨价还价，县令的价格多少不等。有钱的富人先交现钱买官，贫困的人到任以后照原定价加倍偿还。汉灵帝还私下命令左右的亲信出卖三公、九卿的官职，每个"公"卖一千万钱，每个"卿"卖五百万钱。这当真是天下怪事年年有，那年特别多啊。

也正是因为这样，汉灵帝公然卖官，朝廷腐败如斯，全国百姓陷入水深火热之中，用一句话来形容汉灵帝就是：见过堕落的，没过这么堕落的；见过无能的，没见过这么无能的。东汉末年的官场，就这样被胡作非为的汉灵帝刘宏搞得乌烟瘴气。

（三）天下大势，合久必分

1. 归去，来兮

历史上有两种英雄。一种是代表被压迫生灵的杰出人物，如奴隶起义、农民起义等领袖；一种是代表统治阶级的杰出人物，如历代的开明君主及其有所作为的臣属。

东汉末年农民运动的领袖张角属于前一种，倡导五斗米道的张鲁也曾属于这一种。

张角是东汉末年早期道教——太平道的首领。他组织发动的黄巾军大起义，敲响了东汉王朝的丧钟，他是受尽凌辱压迫的广大农民反封建大潮的先行者。

张角组织发动的黄巾军起义，在宗教的旗帜下聚集了大批为理想而战的农民，范围遍及大半个中国，尽管最后被东汉统治者纠集的地主武装镇压了下去，但起义运动沉重打击了腐朽的封建力量，导致了东汉政权的土崩瓦解。

倡导五斗米道的张鲁也是早期道教首领。张鲁没有参加和发动黄巾军起义，但他在汉中地区建立的政教合一的政权，是黄巾军起义追求的太平社会理想在中国土地上的一种试验。尽管凭美好愿望建立起来的政权最终破灭了，但这一和封建统治阶级抗争达三十年的太平社会的存在和实践，表现了农民阶级对崇高社会理想的向往和追求。尽管他们在历史天幕上如耀眼的流星一闪而过，但其英雄业绩永垂不朽！

张角作为黄巾军起义领袖和封建统治秩序的破坏者，官修史书没有为他立传。但是这样的英雄人物，其光辉是掩盖不住的。我们在《后汉书》和《三国志》的有关篇章中，多少还是可以看出张角创立太平道和发动黄巾起义的一些基本情况。

据《后汉书·皇甫嵩传》等有关记载，张角，巨鹿（今河北平乡以北及晋州一带）人，是太平道的创始人。太平道属于早期道教，主要是民间巫术和黄老哲学相结合的产物。《太平经》是其早期经典。张角以大贤良师的身份，"奉事黄老道，畜养弟子""持九节杖"，教病人"跪拜首过"，用"符水咒语以疗病"。病人饮符水，"病者顺愈，百姓信向之"。尽管这种用请祷、饮符水的治病办法只能起心理治疗的作用，但对于饥寒交迫、贫病交加、走投无路的民众，这种心理疗法也是一种精神安慰。太平道以这种方式吸收了大批信徒。

为下层民众解除病痛、消灾免祸,不是太平道的最终目的。张角创立太平道的最终目的是为了实现"去乱世、致太平"的理想。为此,他派了大弟子云游四方传道,并取得了显著的成绩。《后汉书》说:由此可见,仅十余年的时间,太平道吸收的信徒已达数十万,其势力范围已经遍布全国八大州郡。在这基础上,张角把四方数十万人编组成为三十六方,每一方都是军事、政治、宗教合一的单位,各方都有首领,并接受张角的统一领导。张角还在起义前夕,传播各种神秘的预言,以加强起义者的信心。

一切准备就绪,原定甲子年即汉灵帝光和七年(184)三月五日京师内外起义军同时并起,但由于起义军叛徒唐周告密,起义被迫提前在二月举行。"角等知事已露,晨夜驰敕诸方,一时俱起,皆着黄巾为标帜。时人谓之'黄巾'。"一时间"遐迩动摇,八州并起",参加起义者就有三十六万人之多。起义军在张角、张宝、张梁三兄弟的率领下,"燔烧官府,劫略聚邑,州郡失据,长吏多逃亡。旬日之间,天下响应,京师震动"。

"苍天已死,黄天当立""汉行已尽,黄家当立",黄巾军起义的目的就是为了推翻东汉王朝的统治,建立农民自己的政权。

黄巾军起义后,汉灵帝心灵受到了震动和创伤,痛定思痛的他派出皇甫嵩、卢植、朱儁去平乱。事实证明,这是昏庸的汉灵帝的唯一英明之举,三位绝世名将的联手,可以用齐力断金来形容,在皇甫嵩和朱儁打败颍川的起义军后,卢植一路高歌猛进,成功拖住了河北黄巾军的主力,而且还有将黄巾军首领张角一举击溃的机会。

然而,事实证明,汉灵帝的难得聪明只是回光返照的一现,因为他很快又"糊涂"了。

原因当然是宦官。原来,在黄巾军起义刚刚爆发时,汉灵帝恐慌之余立即召集群臣商议对策。结果皇甫嵩来了个挺身而出,提出了自己鲜明的观点:应该解除对党人的禁令,并拿出皇帝私人所有的钱财以及西园骥厩中的良马，赏赐给出征的将士。

汉灵帝就这一事询问中常侍吕强。吕强是宦官集团中屈指可数的"好人"，在此国家危乱之时，他自然支持皇甫嵩的观点，并且说了这样一句话：只有解除对党人的禁锢才能平息叛乱。

对此，病急乱投医的汉灵帝终于接受了皇甫嵩和吕强的建议，大赦天下党人，已经被流放到边疆的党人及其家属都可以重返故乡，征调全国各地的精兵征讨黄巾军。

然而，和党人有着不共戴天之仇的是宦官集团。这个时候，他们没有能成功阻止汉灵帝解禁党人，于是把火发在了"叛徒"吕强身上。宦官集团在赵忠和张让的带领下，联合夏恽等宦官对吕强来了个"落井下石"。使用的还是惯用伎俩：诬陷。"莫须有"的罪名有三：

一、吕强与党人有勾结关系；

二、吕强经常阅读《霍光传》；

三、吕强的兄弟全都是贪官。

面对宦官集团的诬陷，汉灵帝觉得吕强是十恶不赦的"不法分子"，先是派中黄门带兵包围了吕强家宅，然后再"请"吕强入宫。

吕强见状，心里叹道，是福不是祸，是祸躲不过，该来的终究会来。嘴里说道："我死之后，必有大乱。大丈夫要为国家尽忠，怎能去面对冤狱呢！"

吕强选择了宁死不屈，宁死不辱，说完自己的"绝唱"后就选择了自杀。

对此，赵忠、夏恽等人还是觉得不解恨，将诬陷进行到底：吕强畏罪自杀，这证明他的罪行确实有。

对此，糊涂的汉灵帝再次上演两步走：一是逮捕吕强的亲属，二是没收其全部财产。

也正是因为这样，党人虽然解禁了，但宦官集团还是牢牢地把持了朝中大权。也正是在这种情况下，汉灵帝还是觉得宦官是最可信的人，是最可爱的人，也是最可用的人。于是，在派出三大将出征后，他马上派出由宦官集团组成的"督察组",分赴到最前线去监督指导战斗,了解情况。

而卢植就要上演对张角最后一击时,小黄门左丰的到来,彻底改变了这一切。

"机不可失,失不再来。现在正是一举歼灭敌人的绝好机会啊。"眼看"钦差大臣"横行阻拦,卢植急道。

"知己知彼,方能百战不殆。"左丰笑道,"这里的战局情况,且容我回朝通报天子,再做定夺。"

"延误战机,这个损失你担得起吗?"卢植吼道。

"抗旨不遵,这个罪名你担得起吗?"左丰吼道。

卢植并没有与左丰再争执下去,因为他很快被前来"劝架"的部将拉到了一边。

"将军知道左丰为何跟您唱反调吗?"

卢植道:"他什么都不懂,只知道纸上谈兵罢了。"

"纸上谈兵倒也罢了,还有一个很关键很重要的因素在里面。"部下直言不讳地道,"左丰没有别的爱好,唯一爱好就是两个字:钱财。将军如果投其所好,送些金银财宝给他,自然什么事都没有了。如果不这样做,将军这番和他面对面的冲撞,他定会怀恨于心,到时候到皇帝身旁吹一下耳边风,那就吃不了兜着走了啊。"

"要钱没有,要命一条。"卢植听了,拂袖而去。

事情的发展果然如此,没有捞到一点好处,反而受了一肚子窝囊气的左丰前脚回到朝中,后脚就直奔皇宫,诬告卢植:通敌卖国,欲图不轨。

这个时候的汉灵帝被黄巾军这一搅已是方寸大乱,听了左丰的话,很生气,后果很严重。立马下旨革除卢植的乌纱帽,押进京城关入大牢受审,并且定了个"减死罪一等",直到黄巾军起义失败后,皇甫嵩等人为卢植辩冤,朝廷才又重新恢复卢植的尚书官职。卢植临终前嘱咐儿子们,他死后只用布单裹体、土穴埋葬、不用棺椁,一切从简。

他的儿子遵其遗嘱将他葬在涿州城东卢家洑附近。

卢植被撤职，顶替他的是东中郎将、陇西人董卓。

此时征讨黄巾军，董卓虽然没有在钦点的三大将之列，但也属于一路"诸侯军"。此时，在卢植无辜受累丢掉乌纱帽后，他脱颖而出成为主将也在情理之中。此时，卢植被革职，朝廷下诏，拜董卓为东中郎将，火速围剿河北黄巾军。

由于汉军这一折腾，原本处于崩溃边缘的张角选择逃之夭夭，而改让自己的弟弟张梁防守，同时调兵遣将，修缮防御。

这时的汉军新换帅，军心不稳，二来新任主帅董卓对黄巾军的认识还不够，所以，董卓再和黄巾军交战，便进行了长期的僵持战。

就在北部战线的朝廷军和黄巾军进入了"冬眠期"时，南方战场却是冰火两重天，在皇甫嵩用火惊天动地的一攻后，整个战局彻底扭转。大胜后的皇甫嵩和朱儁并没有小富即安，而是继续进击汝南。与黄巾军在汝南（今河南省濮阳市西南）、陈国（今河南淮阳一带）、阳翟（今河南省禹州市）、西华（今河南省周口市西华县）打了四仗，全都大获全胜。特别是在阳翟和西华大破波才和彭脱，黄巾军散乱，收复三郡。至此，闹得最凶的颍川黄巾军，主力已经遭全歼。皇甫将军上表，将功劳归于朱将军，汉灵帝下诏封朱儁为西乡侯，迁镇贼中郎将。

至此，在皇甫嵩和朱儁的联手下，张角的黄巾军"品"已去掉一角，成了个"吕"。为了让张角的"吕"字变成"口"字，两人分兵继续前进，皇甫嵩进击东郡，朱儁进击南阳。

结果朱儁大军还没到前线，前面又传捷报，南阳太守秦颉击破占据宛城的黄巾军张曼成部，斩张曼成。与此同时，皇甫嵩击破东郡黄巾军，生擒其帅卜巳，斩首七千余级。

随着张曼成部的惨败，皇甫嵩、朱儁也乘胜向汝南和陈国的黄巾军发起了进攻。

皇甫嵩、朱儁乘胜进攻盘踞在汝南和陈国的黄巾军，黄巾军的将领波才,到了颍川郡首府阳翟被歼灭,朱儁部攻打黄巾军另外一位将领彭脱部于西华,同样也取得了大胜。黄巾军的剩余部众或投降、或逃散,如此一来,南阳、汝南、颍川三郡的叛乱全部被平定。

黄巾军的"品"字瞬间变成了"口"字,只剩下河北的张角率黄巾军主力部队进行最后的抵抗。

这时,在南方巴郡又出了另外一个类似于张角的张修。张修用法术为人治病,所用方法大致与张角相同。他治病时,让病人出五斗米作为酬劳,因此人们称他为"五斗米师"。到了同年七月,张修聚众造反,攻打郡、县,当时人称他们为"米贼"。张修的起义,对处于逆势中的张角起到了"遥相呼应"的作用。

而这时在北方战场上的董卓却遭到了张梁等黄巾军的顽强抵抗,迟迟拿不下广宗(今河北省邢台市)。对此,汉灵帝在嘉奖南线作战成功的功臣皇甫嵩和朱儁的同时,对北线的战将进行了处罚。

首先是把久攻广宗不下的罪责找了个"背锅侠"——安平郡王刘续。处死他并撤销其封国,理由是通敌叛国:刘续被黄巾军俘虏,安平郡人将他赎回。

其次,用皇甫嵩接替"毫无建树"的董卓,成为北方战线的最高统帅。

眼看就要上演皇甫嵩和张角的"龙虎斗"了。然而,正在这个节骨眼上,自称为"天公将军"的张角突然病故。

张角死后,他的三弟"人公将军"张梁接替他的位置,代管军事。张梁所统部众,是冀州黄巾军的精锐,在张角死后,打出了"报仇雪恨"的牌子正要有所作为,结果和前来"剿匪"的皇甫嵩来了个"不是冤家不聚首"。

两军比拼的结果是,黄巾军三万多人被杀,五万多人被逼进冰河中淹死,焚烧黄巾军车辆辎重三万余辆,张梁被斩首。张宝也孤掌难鸣,最终战死。黄巾起义军的主力部队虽然遭到残酷镇压,但其余部仍在各地此起彼伏,连绵有十余年之久。直到三国时期,各地还有黄巾军的余部在活动。如青州、冀州等地的黄巾军坚持斗争二十年之久，青州黄巾军后来为曹操收容和改编。可以说张角的黄巾军起义，间接成就了一代奸雄——曹操。

2. 东汉灭亡是怎么炼成的

压迫—反抗—压迫—反抗……任何末代皇朝都离不开这样的循环。东汉衰败如斯，汉灵帝昏败如斯，广大百姓被压迫得走投无路了，因此才会爆发大规模的黄巾军起义，尽管因为起义军队伍太不"专业"而失败，但在镇压起义军队伍后，汉灵帝却并没有因此而"改过自新、重新做人"，而是选择了将"昏庸"进行到底，继续重用宦官，打击忠臣，继续鱼肉百姓，继续搜刮民膏，而百姓为了生存只能选择继续起义。

也正是因为这样，自黄巾军起义之后，各地起义之声不断。

最先呼应的是益州巴郡的五斗米道，他们在领袖张修的策动下，攻占了郡城。五斗米道是太平道的一支。益州四面险要，太平道却传播甚快。张角发动中原黄巾军起义之际，益州有不少号称黄巾者与之响应。张修和张角一样，也用治病的方法传播太平道。"草根"出身的他自称"五斗米师"，因为他让病家出五斗米入教，并在一间静室之中思过忏悔，然后将罪过写成三份，一份埋于山上，一份埋于地下，又一份沉于水中，称为"三官手书"。教团之中，设"祭酒""鬼吏"，前者传习道经，后者为人治病。他们的道经不是《太平经》，而是《老子》，祭酒们按照宗教的思想重新解释这部哲学著作，使之成为宗教圣经。经过几代祭酒的解释，后来形成一部称为《老子想尔注》的道经。黄巾军起义失败不久，张修的起义也被益州地方官吏及豪强们平定，张修本人被杀。可他人虽然死了，但他的五斗米道得到更广泛的传播，在当时形成了一种宗教信仰。

随后黄巾军起义的"后继者"主要有河北博陵人张牛角、河北常山人褚飞燕，以及黄龙、左校、张白骑、刘石、雷公、浮云、白雀、杨凤、于毒、五鹿、李大目等大小头目，举不胜举，他们的奇怪姓名，有的至今无法破译。大致上雷公、大目为声大、眼大者，白骑、飞燕为骑白马与身轻如燕者，白雀为宗教名称者。他们的根据地是以黑山为中心的河北上党、赵郡、中山、常山、河内等地的山谷地带，各部少则六七千人，多则两三万人。

张牛角和褚飞燕联合进攻瘿陶（今河北省宁晋县西南），张牛角被流箭射中，临死之前，他命令部下拥护褚飞燕为统帅，同时让褚飞燕改姓张。褚飞燕原名为褚燕，因他身轻如燕，又骁勇善战，所以军中称他为"飞燕"。

张飞燕接管了张牛角的队伍之后，山区分散的起义军纷纷归附到他的麾下，部队逐渐扩大到接近百万人马，官府诬之为"黑山贼"。黄河以北的各郡县，此时都受到"黑山贼"的侵扰，朝廷却无力派兵围剿。

就在朝廷正为"黑山贼"苦恼时，张飞燕却主动找上门来，表达了自己的意思：求和。说得再直白点叫投降。张飞燕为什么要率"黑山贼"投降呢？原因有二：

一是以和为贵；

二是以退为进。

朝廷不但立马接受了张飞燕求和的请求，而且马上对这位识时务的"起义者"进行了奖励：封他为平难中郎将，给予他的主要权限有两个：

一是管辖河北山区的行政及汉安事务；

二是每年可向朝廷推荐孝廉。

当然，尽管如此，朝廷还是随时"注意"着张飞燕的一举一动。张飞燕在"投降"站稳脚跟后，开始有步骤有预谋地"实现"自己的梦想——扩展势力，扩展地盘，扩展梦想，部署向京师进逼的战略计划。

汉灵帝派出了早已磨刀霍霍、恭候多时的朱儁，任命他为河内太

十、汉亡的历史密码

守,最终,朱儁再次不负众望,干净利落地彻底消灭了张飞燕及其部众。此后,朱儁历任光禄大夫、屯骑、城门校尉、河南尹,仕途可谓一帆风顺,平步青云。然而,这种态势并没有保持多久,很快因为汉灵帝的早逝,他便体会到了从天上到地狱的感觉。

当然,汉灵帝在死去之前,还有一件事要做,这件事关系到东汉江山的"后继人"问题——立太子。

汉灵帝一生荒淫无度,嫔妃众多,所生皇子也有十几个,但存活下来的只有两个:刘辩和刘协。

最初,汉灵帝在立何皇后为自己的第二任皇后后,何皇后不是省油的灯,毒杀了汉灵帝的最爱王美人。虽然最终在宦官集团的帮助下,汉灵帝对何皇后网开了一面,汉灵帝从此却"哀莫大于心死",把何皇后打入了"冷宫"——对这位母夜叉采取的是"三不"政策:不闻不问不看。非但如此,汉灵帝对何皇后生的儿子刘辩采取的也是"三不"政策:不封不用不立。

也正是因为这样,汉灵帝在立太子时,想也没有想,便把首选目标定在了王美人所生的刘协身上。

在嫡长制的世袭制度下,刘辩是长子,是皇位的当然继承人,而现在要废嫡立庶,自然不是一件很容易的事。因为这时候何皇后尽管失宠,她的身份却还是摆在那里的——后宫之主。尽管何皇后失意,但她的实力还是摆在那里的——她的两位哥哥大将军何进和车骑将军何苗掌权于外。

也正是因为这样,汉灵帝不敢乱来,立刘辩,心不甘;立刘协,心不敢。就在他左右为难、费思量时,整天沉溺于酒色的他突然病重,知道大限将至的他在临死前,上演了"临终托孤"。托孤对象自然是他最心爱的女人的宝贝儿子刘协,被托付人是蹇硕。

原来,汉灵帝末期,已感觉到世运不济,东汉政权岌岌可危,于是他亲手组建了一个以"西园八校尉"为核心的卫戍部队,任命"壮健而有武略"的小黄门蹇硕为上军校尉,统率这支部队。蹇硕借汉灵帝的威力发号施令,连何进也要受其命令,可见其权势之大,四个字可以形容:狐假虎威。

此时,汉灵帝临终前把刘协托付给自己的心腹蹇硕,让他拥立刘协为帝,也是一种无奈的选择,或许真到这一刻,汉灵帝才会体会到了什么叫:人在皇宫,身不由己。

汉灵帝中平六年(189)四月二十四日,汉灵帝走完了他短暂而可耻的一生,他在嘉德殿留下的亿万卖官的赃款,结果很快被他宠幸的宦官集团私吞。

汉灵帝死时,只有"托孤人"蹇硕在场,他不想做"收尸人",而是想做"人上人"。

为了完成汉灵帝的"托孤",更为了能实现自己的"梦想"——位极人臣,蹇硕决定先下手为强,诛杀兵权在握的何进后再立刘协。

对此,蹇硕精心设下了一个局,在汉灵帝停放灵柩的殿中,蹇硕秘派刀斧手埋伏四周,打算在"恭迎"何进入殿拜奠时,乘机动手将其杀死。

结果因为保密工作不到位,何进还在前来拜奠的途中便听到了消息,于是马上来了个两步走。

一是向后转,逃回自己的大本营,确保自己的人身安全万无一失。

二是集合军队,向何皇后汇报。何皇后位居正宫,占有优势,于是与何进一起拥兵入宫,升朝议政,以迅雷不及掩耳之势立即宣布十四岁的皇长子刘辩为皇帝,史称汉少帝。何皇后以太后身份临朝,何进与太傅袁隗辅政,负责军国事务。

蹇硕的计谋失败后,并不心甘的他找宦官赵忠和宋典等商量先下手为强,商议一起捕杀何进。这几位都是见风使舵之人,此时觉得跟着蹇硕干,是提着脑袋在冒险,于是乎,赵忠和宋典等人上演了"大义灭亲"的真实版,出卖了蹇硕。结果何进这一次没有再手下留情,立马派兵捕杀了蹇硕,接管了西园禁军。

何进以皇帝舅舅身份辅政,不久又拉拢了"累世宠贵,海内所归"

的袁绍、袁术，权力日益膨胀。骠骑将军董重看着何进横行朝廷，心中十分不平，董太后也愤恨不已，发誓除掉何氏外戚。何太后却先下手，与何进设毒计，除掉了董氏。

蹇硕、董氏虽除，但宦官的势力并未彻底铲除。袁绍看到这一点，便向何进献计尽除宦官，何太后却没有同意。袁绍几次进言，何进都未置可否。袁绍于是私自行事，诈托何进之命，致书州郡，命其抓捕中官亲属，归案定罪。何进无奈之下按照袁绍的建议，召集天下豪杰带兵入京，何太后被迫解散中常侍、小黄门，只把几个与何进关系好的宦官留在宫中。何进、袁绍的行动引起了张让等人的恐慌，他们得悉何氏正在密谋诛杀宦官之事，于是发动宫廷政变，杀死了何进。

何进部将吴臣、张章获悉何进被杀，急忙调集军队包围了皇宫。虎贲中郎将袁术也率兵攻打宫殿，放火烧了南宫、九龙门及东西宫，逼迫宫中交人。

张让和段珪等人见状，只好挟持何太后、少帝刘辩、陈留王刘协往宫外逃。结果在逃命的过程中，张让和段珪等人只顾自己的安危，跑丢了"人质"何太后、少帝刘辩和陈留王刘协。尽管张让和段珪等人上演了夜走小平津，逃到了黄河岸边，这一条黄河却成了他们的葬身之地。面对逼近的追兵，自知难免一死的他们，最后只好投入滚滚东去的黄河之中。

鹬蚌相争，渔翁得利。而这时，听说朝廷有变的董卓带领大军正行进在赶往洛阳的途中，听说少帝失散，便率公卿到北芒阪找到了少帝刘辩和陈留王刘协。

这个时候的刘辩虽贵为天子，但已被吓得"语不可了"，而刘协虽比刘辩小五岁，却能把他们的遭遇详叙原委，无所遗漏。再加上刘协为董太后抚养长大，董卓心中便产生了废掉刘辩、更立刘协的想法。

九月初一，董卓率领公卿到崇德殿，强迫何太后诏策废除少帝，贬为弘农王；立陈留王刘协为帝，是为汉献帝。

这一幕是在汉灵帝中平六年（189）九月十六日发生的，离汉灵帝之死只有一百四十天。

一年后,已经摇摇欲坠的东汉王朝又发生了"董卓之乱",中央大权逐步落到了董卓等权臣手上,从而揭开了东汉末年军阀混战的序幕,东汉也名存实亡。

三十年后,也就是汉献帝建安二十五年(220),一代枭雄曹操之子曹丕逼迫汉献帝让位,在洛阳称帝,国号"大魏",自称魏文帝,东汉正式灭亡。

3. 刘备的"蜀汉"算不算汉朝史

众所周知,汉朝分为"西汉"和"东汉",其中西汉又称前汉,是由刘邦历经千辛万苦打下来的,历经二百一十年。而东汉又称后汉,则是由刘秀建立的,共历经一百九十五年。西汉和东汉中间还存在一段昙花一现的政权——王莽的"新朝"政权,只存在了十七年。

汉献帝建安二十五年春,曹操薨于洛阳,其子曹丕于同年十月发动舆论攻势,胁迫汉献帝禅让,建立魏朝。至此,东汉灭亡。

曹丕篡位后,刘备没有再犹豫,马上在成都称帝,国号为"汉",是为"汉昭烈帝",年号"章武",建立了"蜀汉"政权。

然而,后人却有这样的疑问,刘备建立的"蜀汉"到底算不算汉朝史呢?

单从表义上来看,是存在"两个合理性"的。

第一,如果从时间上来看,是相吻合的。

刘备建立的"蜀汉"是从蜀汉章武元年(221)到蜀汉景耀六年(263)。刘备称帝的原因很简单,曹丕代汉自立为帝了,他于是火急火燎地在成都称帝,史上称之为"蜀汉"。

因此,如果简单从两汉与蜀汉在时间的衔接上来看,从刘备蜀汉章武元年建立蜀汉,到蜀汉景耀六年刘禅投降魏司马昭,历经二世二帝的国祚存在了四十三年,刘备建立的蜀汉似乎也可以当作汉朝的延续。

第二，如果从身份血统上来看，也是相吻合的。

刘备从起事那天起，就一直对外打出这样的口号："吾乃中山靖王之后。"

那么，令刘备引以为傲的中山靖王究竟是谁？

中山靖王刘胜是汉景帝的儿子，他和汉武帝刘彻属于同父异母的亲兄弟，而刘备自称为中山靖王刘胜的后裔——第十七世孙。

然而，刘备到底是不是中山靖王刘胜的后裔，却值得置疑，甚至可以说时至今日仍是一个谜团，但刘备从出道一开始就一直这么说，目的就是为了匡复汉室，很多人也都认为刘备应该是刘氏宗亲的后裔。

因此，如果论血统，刘备所建立的蜀汉是延续大汉天下也是符合情理的。

当然，虽然以存续时间、血统论，刘备的"蜀汉"都和大汉朝延续有千丝万缕的联系，但刘备的"蜀汉"却最终没有归入大汉朝延续之列，这又是为什么呢？

史书是这么解释的："汉朝，是继秦朝之后的大一统王朝，分为西汉、东汉时期，共历二十九帝，享国四百零五年。"

在这句总括的话中，为汉朝定性的最关键的句子就是：继秦朝之后的大一统王朝。

说得再直白点，就是说能够算入汉朝范围内的，必须符合"大一统"这一重要条件。

如果不能满足实现"大一统"的局面，再厉害的刘家皇室后裔都是白搭，都不能被算作历史正统的汉朝之列。

而刘备建立的蜀汉恰恰就是没有实现"大一统"这一终极目标，因此，不能被算作汉朝的延续。

要知道在秦末农民起义中，刘邦在参与推翻秦朝统治后，又在长达四年的"楚汉战争"中，打败了强大的对手项羽，此后，完成了大统一的他掌管天下，建立了属他自己的朝代——汉朝。

西汉末年，再生意外的插曲——外戚王莽篡权，改国号为"新"，是为"新朝"。而这也宣告刘邦建立的西汉灭亡了。

建立新朝后，王莽开始大刀阔斧的改革，想通过这种方式，走上快速发展之路，结果恰恰相反，改革改得整个国家乌烟瘴气，民不聊生。哪里有压迫哪里就有反抗，于是天下各地义军四起，掀起了反莽浪潮，结果大家都知道，王莽最终死于这股乱潮之中。

只持续了十多年的新莽政权灭亡后，汉高祖刘邦九世孙、汉景帝之子长沙定王刘发后裔刘秀于乱世纷争中崛起，由弱到强，完成了"跨州据土，带甲百万"的大转变，最终于河北鄗城（今河北省邢台市柏乡县固城店镇）千秋亭即位称帝，是为汉世祖光武皇帝，建元建武，国号依然为"汉"，史称"东汉"。

如果论资历，论血统，论发迹之路，三国时期的刘备的情况其实和刘秀"似曾相识"，但刘备和刘秀不同的是实力。因为刘秀经过长达十二年的南征北战，最终大获成功，降铜马，灭赤眉，后又消灭隗嚣、公孙述等割据势力，完成了"大一统"的终极目标，从而让天下归一，重新融为一体。

此后，刘秀励精图治，提倡"柔道"治国，做了一系列的改革措施，改革官制，整饬吏治，优待功臣，与民休息，发展经济，大兴儒学，推崇气节等，创造了历史上的"光武中兴"局面。可以说刘秀在建国和兴国上都是完美的。

然而，三国时期的刘备，却一直被困在蜀地这一亩三分地上，王朝疆域范围也只是：北至武都、汉中，东抵巫峡，南包云、贵，西达缅甸东部。

此后，他一直没能跨出"北伐"这道坎，就连"神算子"诸葛亮也无计可施，六出祁山北伐都以失败告终，最终累死在北伐的征途中。

刘备建立的蜀汉，只是三分天下的"一分"，南北长期对立，离统一天下还很遥远，刘备王业的"不成气候"可见一斑。而诸葛亮在《后出师表》中对一统天下渴望之极："先帝深虑汉、贼不两立，王业不偏安，故托臣以讨贼也。"

客观来讲，刘备虽然自称汉朝的皇帝，或者说他认为自己所建立的蜀汉就是汉朝的延续，未来是要匡复汉室的，但这只是他的"一厢情愿"，只是刘备给跟随他一起"闯江湖"的弟兄们画的一个"大饼"而已。

画饼充饥也好，成王败寇也罢，最终刘备也没能实现匡复汉室，因为他并没有打败曹魏，没有能实现"大一统"的目标。

而他的儿子刘禅更是十足的庸君，当他在出城投降司马昭被封"安乐公"后，以及"乐不思蜀"的沉迷中，已经把刘备"大一统"的目标彻底化为泡影。

总之，因为没有实现天下的"大一统"，刘备的蜀汉政权只相当于近代的军阀割据，当然是不能算得上汉朝的延续。

有唐代刘禹锡诗词为证：

天地英雄气，千秋尚凛然。
势分三足鼎，业复五铢钱。
得相能开国，生儿不象贤。
凄凉蜀故妓，来舞魏宫前。